匡亚明 主编 中国思想家评传丛书

何启 胡礼垣评传

张礼恒 著

南京大学中国思想家研究中心

南京大学出版社

中国思想家评传丛书

何启先生(1859~1914年)

何启之英籍夫人雅丽氏

胡礼垣先生(1847~1916)

《中国思想家评传丛书》序

匡亚明

伟大的中华民族在长达5000年连绵不断的曲折发展过程中，像滚滚东流的长江那样，以磅礴之势，冲破了重重险阻，奔腾向前，现在更以崭新面貌，雄姿英发，屹立于世界民族之林。这是人类历史上的一个奇迹。产生这一奇迹有诸多原因，其中十分重要的一点，就是我们勤劳、勇敢、智慧的各族人民，在长期的生产活动、社会活动、思维活动和对外交往以及抗击外来侵略过程中，逐渐创造、积累、发展了具有以生生不息的内在思想活力为核心的优秀传统思想文化。这是一种伟大、坚强的精神支柱，是我们民族凝聚力和生命力之所在，是历史留给我们所有海内外炎黄子孙引以自豪的无价之宝。

当然，和各国各种不同传统思想文化一样，在中华民族的思想文化传统中，也是既有精华，又有糟粕，因而全盘肯定或全盘否定，不对；一知半解、信口开河或裹足不前、漠然置之，也不对。郑重而严肃的态度应该是对它进行实事求是的科学的研究和分析，取其精华，弃其糟粕，继承和弘扬这份瑰宝，振兴中华，造福人类。人类历史发展的连续性，就是在不断去粗取精、继往开来和改革创新过程中实现的。继往是为了开来，开来不能离开继往。民族虚无主义和复古主义，都是违背历史发展的辩证规律的。

现在我们国家正处在一个新的继往开来迈向四化的关键时刻。继往就是继民族优秀传统之往，开来就是开社会主义现代化建设之来。对中国传统思想文化从广度和深度上进行系统研究，实现去粗取精的要求，正是继往开来必须完成的紧迫任务。我认为这是中国各族人民，首先是文化界、学术界、理论界义不容辞的光荣职责。但面对这一时间上长达五千年，内容上涉及人文科学、自然科学等各个领域的传统思想文化，将从何着手呢？毛泽东同志早在 1938 年就说过："从孔夫子到孙中山，我们应当给以总结，承继这一份珍贵的遗产。"①这是很有远见而又切合实际的英明建议。从孔子到孙中山这两千余年是中国历史上思想文化最丰富的时期，如果总结了这段历史，也就基本上总结了五千年传统思想文化的主要内容。当然，基本上不等于全部。孔子以前和孙中山以后的情况，可以另行研究。因此，我认为首先最好是在时间上从孔子开始到孙中山为止，方法上采取《中国思想家评传丛书》的形式作为实现这一任务的开端。这就是从这段历史的各个时

① 毛泽东《中国共产党在民族战争中的地位》，《毛泽东选集》第 2 卷，人民出版社 1952 年，522 页。

期、各个领域和各个学科(包括文、史、哲、经、教、农、工、医、政治等等)有杰出成就的人物中,遴选二百余人作为传主(一般为一人一传,少数为二人或二人以上合传),通过对每个传主的评述,从各个侧面展现那些在不同时期、不同领域中有代表性人物的思想活力和业绩,从而以微见著、由具体到一般地勾勒出这段历史中中国传统思想文化的总体面貌,揭示其积极因素和消极因素的主要内涵,以利于开门见山、引人入胜地批判继承、古为今用,也为进一步全面系统地总结中国传统思想文化打下基础。自从毛泽东同志提出上引建议后,半个世纪以来,不少专家学者已从各个方面做了许多工作,但对全面完成这个任务来说还远远不够,还要在深度和广度上继续努力。作为“抛砖引玉”,本《丛书》只是这个继续努力所应完成的工作的一部分。《丛书》凡二百部,约四千万言,自 1990 年开始陆续出版,争取十到十五年全部出齐。

《丛书》所以用“中国思想家评传”命名,主要是考虑到中国传统思想文化中的核心是生生不息的内在思想活力,而历史事实也反复证明,凡是在各个不同时代不同领域和学科中取得成就者,大多是那些在当时历史条件下自觉或不自觉地认识和掌握了该领域事物发展规律的具有敏锐思想的人。他们取得成就的大小,取决于思想上认识和反映这些规律的程度如何。思想并非先验之物,它所以能反映和掌握这些规律,主要是通过社会实践和对前人思想成果的借鉴和继承。思想一旦形成,反过来在一定程度上又对实践起决定性指导作用。韩愈说的“行成于思,毁于随”[①],列宁说的“没有革命的理论

① 韩愈《进学解》,中华书局《四部备要》东雅堂本《韩昌黎全集》卷 12,3 页。

就不会有革命的运动”①，这些话，虽所处时代和所持立场不同，所要解决的问题的性质也不同，但就认识论中思与行、理论（思想的高度概括）与实践的关系而言，确有相通之处，即都强调思想对实践的指导意义和作用。因此我们以“中国思想家评传”命名，就是力图抓住问题的核心，高屋建瓴地从思想角度去评述历史人物，以便对每个传主在他所处时代的具体情况下，如何在他所从事的领域中，克服困难，施展才华，取得成功，做出贡献，从思想深处洞察其底蕴。历史上各个时代富有思想因而能在有关方面取得成就的人，直接阐述自己思想观点的论著虽亦不少，但大量的则是其思想既来自实践（包括对前人、他人实践经验的吸取）、又渗透在自己创造性实践之中，集中凝聚在他自己的业绩和事功上，而没有留下论著。另一些人却只留下著作而无其他功绩，对这些人来说，他那些有价值的著作就理所当然地是他的伟大业绩和事功。如果论述一个人的思想而不联系他的业绩（包括著作），必将流于空洞的抽象；同样，如果只讲一个人的具体业绩而不结合他的思想活动，又必将成为现象的罗列。评价思想和评价业绩，两者不应偏废。而不断在实践中丰富和深化的思想活力则是经常起主导作用的因素，强调这个因素，引起人们的正视和反思，正是我们的主旨和目的。当然，思想和思想家，思想家和实践家，都是既有区别又有联系的不同概念，忽视这一点是不对的。《丛书》的重点则是放在两者的联系和结合上。至于如何使两者很好联系和结合而又着意于剖析其思想活力，各占多少篇幅或以何种方式表达，则自当由作者根据传主的具体情

① 列宁《怎么办》，《列宁选集》第1卷，人民出版社1976年，241页。

况创造性地作出妥善安排。

自从人类历史上产生了马克思主义，不仅全人类解放和发展有了划时代的明确方向，学术研究也有了更严密的科学方法，即辩证唯物主义和历史唯物主义的世界观和方法论。根据这一科学方法，在研究和总结中国传统思想文化，特别是联系到《丛书》的撰著时，我认为下列几点应特别引起重视。

一、坚持实事求是的原则。实事求是是贯串在马克思实际活动和理论研究中的主线，离开了它也就离开了马克思主义。只有切实掌握了客观情况，才能得出正确的认识和判断。前者为"实事"，后者为"求是"，二者相结合，就叫实事求是。事不实则非夸即诬。为了弄清情况，就必须对情况的本质与现象、整体与局部、真与伪、精与粗，作出区别、梳理和取舍，这样才能掌握情况的实质，达到"实事"的要求；然后进一步加以分析研究，找出事物本身固有的真相而非主观臆测的假象，并验证其是否符合人民利益和人类历史前进方向，是否反映科学、技术、文化、艺术的发展规律，这样才能得出正确的认识和判断，达到"求是"的要求。实事求是是治学的基本功夫，是对每个传主的功、过、是、非作出公正评价的必要前提。不论古今中外，对历史人物过高或过低的不公正评价，大都由于未能认真坚持实事求是原则的缘故。

二、坚持批判继承的原则。马克思主义学说就是批判的学说，而批判是为了继承、发展和创新。这就需要我们在实事求是的基础上，既要继承发扬传主业绩和思想中的积极因素，又要批判清除其消极因素。凡传主业绩和思想中体现了诸如爱国主义、民主意识、科学见解、艺术创造和艰苦奋斗、克己奉公、追求真理的精神，即在符合历史前进要求的"立德"、"立功”、“立言”诸方面有显著成就等积极因素者，必须满腔热情地加以继承和弘扬，并紧密结合当前社会主义建设实际，使之深入人心，蔚然成风；凡反映有诸如封建迷信、专制独裁、愚昧落后、丧失民族尊严和违背科学进步等消极因素者，必须以历史唯物主义的观点加以批判，清除其一定程度上至今尚起作用的消极影响，而消极因素经过彻底批判后可转化为有益的教训；凡积极因素和消极因素相混者，更当加以认真清理和扬弃，既发扬其积极因素又摒弃其消极因素。我们力求一点一滴、切实认真地探索各个传主思想和业绩中珍贵的积极因素，使之成为全国各族人民正在从事的继往开来伟大历史工程的组成部分。

三、坚持“百花齐放”“百家争鸣”的原则。“百花齐放”和“百家争鸣”，是发扬学术民主、促进学术繁荣的正确原则和巨大动力。前者强调一个“齐”字，后者强调一个“争”字，是表示学术上平等、民主和自由的两种不同状态；前者突出的是统一与和谐，后者突出的是区别与争论；两种状态又统一于不断地相互促进和相互补充、转化的持续发展提高过程之中。“百花齐放”、“百家争鸣”的原则体现在撰著评传时，应从“齐放”和“争鸣”出发，综合中外各个时期对有关传主的不同评价，吸取符合客观存在的对的东西，摒弃其违反客观存在的不实的东西，然后创造性地提出经过自己独立思考的、赶前人或超前人的一家之言。同时，对整个《丛书》而言，也有个共性、个性又统一又区别的问题。这就是一方面作者应把“实事求是”“批判继承”和“百花齐放”“百家争鸣”这几点作为大家的共性（统一与共识）；另一方面，对每部评传的立意、结构和行文（文体、文风和文采等），则主要是作者的创造性思维劳动和雅俗共赏的文字表达艺术的成果，是彼此的个性(区别)，不宜也不应强求一律。评传作者都有充分自由去发扬这一个性，力求在对每一传主的评述中探索和展示其积极因素，使之和正在变革中国面貌的伟大社会主义建设实践融为一体，丰富其内容，促进其发展，而不是仅仅停留在对传主思想业绩的一般性诠释上。

我认为，以上三点大体上可以表达《丛书》所遵循的主要指导思想，但也不排除用其他思想和方法得出的有价值的研究成果。

感谢所有关心和支持《丛书》工作的单位和个人，特别感谢《丛书》的名誉顾问和学术顾问。他们的热情关心、支持和指教，使《丛书》工作得以顺利进行。更要感谢所有承担评传撰著任务的老中青学者，他们都以严谨的治学态度，作出了或正在作出对学术、对民族、对历史负责的研究成果。没有他们的积极合作，《丛书》工作的开展是不可能的。《丛书》副主编和中国思想家研究中心、南京大学出版社，在制定《丛书》规划，约请和联系国内外学者，审定书稿以及筹划编辑出版等方面，克服重重困难，做了大量工作，他们的辛勤劳动是《丛书》能按预定计划出版的必要前提。

现在《丛书》开始出版了，我作为年逾八旬的老人，看到自己迫于使命感而酝酿已久的设想终于在大家支持合作下实现，心情怡然感奋，好像回到了青年时代一样，体会到“不知老之将至”的愉悦，并以这种愉悦心情等待着《丛书》最后一部的问世；特别盼望看到它在继承中华民族传统思想文化的珍贵遗产方面，在激励人心、提高民族自尊心和爱国主义思想方面，在促进当前建设有中国特色的继往开来的社会主义现代化物质文明和精神文明的历史性伟大事业中，能起到应有的作用。我以一颗耄耋童心，默默地祝愿这一由一批老中青优秀学者经长年累月紧张思维劳动而作出的集体性学术成果能发出无私的熠熠之光，紧紧伴照着全民族、全人类排除前进道路上的各种障碍，走向和平、发展、繁荣、幸福的明天！

热诚欢迎国内外同仁和各界人士不吝赐教，以匡不逮。是为序。

1990 年 10 月 7 日

内容简介

继承与创新是本书的写作宗旨。本书力求在前人研究的基础上，准确地把握何启、胡礼垣二人的思想脉络，最大限度地展现何启、胡礼垣二人丰富多彩的人生历程与内心世界。

本书共分四部分。第一部分为研究综述篇，全面、系统地回顾了五六十年来国内外学者对何、胡的研究，就总体而论，这方面的研究还是很薄弱的，无论是从出版专著、发表论文的数量与质量来看，清楚地显现出这一现象。第二、三部分为生平篇，分别探讨了何、胡的人生之路，以及作为文化边缘人在社会整体转型期复杂的思想脉络。第四部分为思想篇，重点分析了何、胡二人的大同思想、民权思想和宗教哲学思想。

本书认为，何、胡二人是近代中国最具代表性的启蒙思想家，他们提出的社会整体改革方案在同时代人中是罕有匹敌的。何、胡思想既是中西合璧的产物，又是世俗与宗教的结晶，更是现实与梦幻的组合。构成要素间的多元性与排列组合的无序性，注定了何、胡思想在现实世界的尴尬与无奈。当旧世界被历史的车轮碾过之后，何、胡思想只能成为历史坐标上的符号。

Abstract

This book aims at both inheritance and innovation. On the basis of present studies the book tries to grasp the outline of He Qi and Hu Liyuan's thought accurately, and present their rich life and inner world to the maximum extent.

The book is made up of four parts. The first part makes a systematic and overall review of the studies on He and Hu at home and abroad in the last fifty years or so, which shows that studies on them are still very weak. The second and third parts give a description of their life respectively, and analyse how He and Hu, as people on the cultural edge, select their mental state when society is undergoing a whole transformation. The fourth part analyses their ideology, especially their thought of Da Tong, civil rights, religion and philosophy.

He and Hu are the most representative enlightenment thinkers in modern China. They propose a scheme of social reform, in which society is considered as an organic whole. In this respect few people can match with them at that time. Their thought is the combination of the East and the West, the distillate of common customs and religion, the composition of reality and fancy. But their thought is so multiple and jumbled that they couldn't be accepted by the real world. After the old world is run over by the wheel of history, their thought can only become a symbol on the historical coordinate.

目 次

CONTENTS

第一章 研究综述篇

一、大陆及港台的研究概况

国内学者包括大陆学者、港台学者对何启、胡礼垣的研究，很早以来就已经开始，大致算来已经有五六十年的时间。但就总体而论，研究还是很薄弱的，无论是从出版的专著，还是发表的论文来看，均清楚地显现出这一现象。

专著方面，就笔者目前所见仅有一本。这便是台湾学者许政雄先生撰写的《清末民权思想的发展与歧异——以何启、胡礼垣为例》（台湾文史哲出版社，1993 年 2 月版）。在该书中，许先生简要回顾了 20 世纪 90 年代以前，国内外学术界对何、胡二氏研究的现状，重点探讨、论述了何、胡二氏在清朝末年、民国初年对民权思想的新见解，并辨析了何、胡二氏民权思想与前人、同时代的人们的不同之处。

论文方面，就数量而言，不过 20 篇。主要的有：任继愈先生的《何启、胡礼垣的改良主义思想》。任文从四个方面，探讨了何、胡二氏改良主义思想：对洋务派的抗议——改良主义的经济思想；改良主义的民权思想；对封建文化的抗议；对帝国主义的认识。结论是：

> 何启、胡礼垣思想反映了当时华侨民族资产阶级的利益，提出了他们的经济政治的要求，而这些要求也就是当时国内民族资产阶级的要求。他们有一定的反帝的情绪，但对帝国主义是害怕的，因而对帝国主义采取了妥协态度。他们也反对封建主义，由于阶级力量的薄弱，他们不可能有彻底的反封建的思想。由于剥削阶级的偏见，他们看不见农民的力量，对农民采取轻视的态度。他们不是向统治者夺取政权，而是向统治者祈求开放一部分政权，以满足民族资产阶级的要求。
>
> 他们鼓吹西方资产阶级的政治制度，揭发封建制度的腐朽情况，暴露了洋务派的反动面目，反对顽固保守封建思想，提倡向西方学习，这些思想在客观上对戊戌维新运动起了配合的作用，等他们看到改良没有希望时，对后来的辛亥革命也有一定的同情。①

李泽厚先生在其论著《中国近代思想史论》中，从经济、政治、文化教育等方面对 19 世纪改良派的变法维新思想作了辩

① 《中国近代思想史论文集》，上海人民出版社，1958 年，75～91 页。

证的分析，既肯定了改良派的进步性，将改良派与顽固派的论争称之为“是一场典型的封建主义反动正统思想与资本主义改良派先进思想的争执”。但同时又剖析了改良派思想的局限性：

> 首先，在他们具体的经济政治主张中，到处都反映着他们对封建统治者的依靠：在政治上是君主立宪，在经济上是寄托于政府的“振作”和“保持”。他们对外国侵略者也表现了认识不足，如强调“借洋债”（马建忠、陈炽等）“招洋股”（何启、胡礼垣等）以修铁路建工厂等等。他们对人民群众和对待农民革命等问题上，他们没有脱开其地主老爷的敌视立场。①

萧公权先生在《中国政治思想史》中，高度评价了何启、胡礼垣的“体用观”，并与康有为、张之洞的变法主张进行了比较：

> 康长素言变法，以改制托古为根据。张香涛言变法，立中体西用之原则。何、胡立言虽时引中籍以相印证，而其宗旨实在于采取西洋民权思想以彻底改革中国之政治，与康、张等留恋专制与依傍古学者，其态度根本不同。二氏盖深有动于西洋政教文物之盛，故不顾非难，昌言群经之义今日无可宗尚，

---

① 李泽厚《中国近代思想史论》，人民出版社，1979年，63页。

以破旧党及康、张等之尊孔主张。[①]

熊月之先生在《中国近代民主思想史》中，就民权思想这一主题进行了系统的梳理，在与郑观应、王韬作了比较分析后，高度评价了何启、胡礼垣的民权思想：

> 何启、胡礼垣是19世纪后期很有特色的资产阶级政论家。他们长期生活在香港等地，受过资本主义文化的系统教育，比起长期生活在中国内地的一般改良派来，他们民权思想中，西方资产阶级民主思想的刻痕更深。[②]
>
> 何启、胡礼垣的民权思想，在中国近代政治思想史上占有重要的地位，他们最早宣传"公平"思想，最早比较系统地宣传社会契约论和天赋人权论，最早把民主思想扩大运用于反对民族压迫的民族主义。他们毫不掩饰地提出了资产阶级的权力要求，公开、系统地回击了封建专制主义对民权思想的反扑。[③]

李锦全等人在所编著的《岭南思想史》中，大致勾画了何启、胡礼垣政治思想的脉络，且做出客观的评价：

> 何、胡既在政治革新上，以天赋人权和民约论，

---

① 萧公权《中国政治思想史》(三)，辽宁教育出版社，1998年，743页。
② 熊月之《中国近代民主思想史》，上海人民出版社，1986年，158页。
③ 同上，173页。

论证行议院式的君主立宪是新政之核心，与此同时又对张之洞《劝学篇》中鼓吹“三纲”不可动摇的理论，进行了批驳，重申确立平等独立人际关系的必要。①

陈锡祺先生在《关于孙中山的大学时代》中，就孙中山早期思想形成的历程问题，进行了全面的论述，辩证地剖析了何启等人对孙中山思想形成的正负效应。

19世纪80年代改良主义在中国还是一种进步的思潮。何启、郑观应等早期改良派的代表人物，主张政治上效法西方，进行根本改革，主张向西方国家学习先进的科学技术，使中国摆脱贫穷落后状态，这对青年时代的孙中山是起了积极影响的。何启等人所介绍和发挥的一些西方资产阶级政治理论，无疑对孙中山起了一定的启蒙作用，有助于孙中山日后民主革命思想的形成。当然，何启、郑观应等又是思想和经历都比较复杂的人物，孙中山青年时代向一些洋务派人物上书，希望通过这些人物实行改革，虽然这是他自己的一种主观愿望，但其中也有何启、郑观应等人影响的因素。何启后来对孙中山的革命运动表示支持，但所出的主意又带有浓厚的向帝国主义妥协及改良的色彩，并在1900年准备接受港英当局帮助，与李鸿章合作图谋广东独立，很大程度是何

① 李锦全等编著《岭南思想史》，广东人民出版社，1993年，313页。

> 启活动的结果。尽管这种计划并不能代表孙中山的思想，但孙中山对这个计划是同意了的，这与孙、何原来的交往也有关系。所以不能否认，孙中山在大学时代与改良主义者的交往，也有消极的一面。①

何启、胡礼垣对张之洞《劝学篇》的批驳问题，学术界历来是高度赞赏的。近年来，曾有数篇有关这方面的论文出现，其中刘琳先生的《维新思想家批判“中体西用”说的力作——谈何启〈劝学篇书后〉》，范耀登先生的《全面批评“中体西用”论的第一人》堪称代表作。

> 何启的《劝学篇书后》无疑是反对洋务派的宣言书，是维新派的代表作，是资产阶级意志的体现。它从根本上划清了洋务派与维新派的思想界限，对澄清人们的思想，使人们从传统观念中解放出来，起了重要作用。它对戊戌政变后中国沉寂的政治局面，无疑如一声战斗号角，其历史地位与作用必须加以肯定。②
>
> 《新政真诠》写作于1887～1900年间，主要作于1895年之后，正是维新运动高潮前后。无论从时间上，还是思想认识的深度上，他们显然超越了活跃于1860～1895年间的“早期改良派”，某些见解甚至并

① 陈锡祺《孙中山与辛亥革命论集》，中山大学出版社，1984年，61页。

② 刘琳《维新思想家批判“中体西用”说的力作——读何启〈劝学篇书后〉》，《四川师范大学学报》1998年。

不下于当时的维新派康梁等人。康有为还死抱经学不放,依傍古学,“托古改制”;只有严复、胡礼垣、何启等极少数人对新学即资产阶级文化的了解和把握,在某些方面比康有为还要完整些。这主要是由他们的经历、环境不同决定的,他们游历外国多年,西学习染较深,又长期身处香港,言论较少顾忌。在近代“早期改良派”研究中,这应该引起人们充分注意。按照他们的政治主张做下去,是有利于中国走向现代化的。当然,他们对中国传统文化的优秀成分认识不足,对西方资本主义文化的弊端和缺陷,也未能给予揭示和批判,这是很大的历史局限。但在1900年以前,具有这样的世界眼光和观念文化,提出这样的政治主张,已经非常进步了。可以说,他们是中国早期现代化的全面探索者,是维新思潮的杰出代表之一。①

在哲学层面上,对何启尤其是胡礼垣的思想进行研究的,当属丁宝兰先生。在文章中,丁先生从“宣扬神学唯心主义”“批判儒家经学”两个方面梳理了胡礼垣的哲学思想观点,指出:

胡礼垣对于进化论理论本身并没有正确的认识,他把“物竞天择,适者生存”的生物界进化规律类比于人类社会,说达尔文“矫诬上天”,并发表他自己

① 范耀登《全面批评“中体西用”论的第一人》,《汕头大学学报》第16卷第3期。

的看法，他说："夫天之生物，因材而笃，栽者培之，倾者覆之，斯为物之自然，决非物与物竞之谓也。"如果问题仅仅讨论生物进化的理论，错了也只是科学上的是非问题。但是胡氏却咒骂进化论为"魔鬼学"！他说："达尔文于基督之教信仰如何，吾不敢知。但其以唯物之学，而废弃唯心之学，则是以肉身之学，而屏绝灵魂之学也；则是以魔鬼之学，而斫丧至神之学也。"这样胡礼垣就把自己摆到科学和唯物主义的对立面的地位去了。

胡礼垣对儒学经学有相当多的研究，他在方法论上有两点值得注意：一是认为古经只适用于古时，大多数不切合时宜；二是把古经某些经义拿来同西方近代学说相比，或者互相印证，或者以此(彼)评彼(此)。他批判儒家经学较有工夫的，首要的是批判"三纲"之说，其次是批判"宗经"思潮。①

在有关何启、胡礼垣与外来宗教尤其是同基督教的关系问题上，徐霞辉女士从近代中西文化碰撞的角度出发，梳理、评述了西学对中国知识分子的影响，评析了何、胡的"洋教观"，指出：

尽管何启、胡礼垣对基督教及其传教士在华活动的态度不够客观、全面和冷静，比如：未免夸张基

① 丁宝兰《论香港近代思想家胡礼垣的哲学观点》，《哲学研究》1983年3期，60页。

督教对西方文明的促进作用与基督教传教士在华活动的影响和作用;没能明确区分基督教传教士在华活动中单纯的宗教活动与宗教外衣下的政治侵略;对近代西方对华的侵略本质认识不够清醒等等。但是,它表明,执着的基督教传教士通过他们的传西学、兴教育活动对维新思想家产生了积极的影响。①

著名史学家汪荣祖先生在《晚清变法思想论丛》中,除多处提及何启、胡礼垣的变法思想的特色外,还专门写有:"论胡礼垣的大同思想"一文。汪先生认为:

康有为的《大同书》是一部颇有系统的专著。胡礼垣并没有这样一部著作,但他的大同思想是经由各种文学形式(如剧本、诗歌、韵文等)表达出来的,像无数河流,汇集于海。而且,礼垣大同思想的发生远早于有为。②

礼垣大同思想里的文化因子很繁杂,涉及古今中外。他谈孔子、老子,亦谈柏拉图、笛嘉路。值得注意的是他还涉及宗教,尤其回教(他称教主为堪密——按:即穆罕默德)、佛教和基督教。宗教里的"天堂"和"极乐世界"也可以说是一种乌托邦心态,对未来一种归宿的向往。这种心态马汉(Karl

① 徐霞辉《香港早期维新思想家何启、胡礼垣洋教观评析》,《广东职业技术师范学院学报》2002年1期,62页。

② 汪荣祖《晚清变法思想论丛》,(台湾)联经出版事业公司,1984年,183页。

Mannhcim)称作"天国将临心态"(chiliastic mentality),以别于"自由人文心态"(liberal-humanitarian mentality)。前者是"出世"的,甚至是否定世俗文化的;而后者则是"入世"的,肯定世俗文化,且以伦理而非教义作依据。礼垣的乌托邦心态,应属后者,他曾明白地说过:"宗教家以大同为救世,哲学家以大同为利世",他是主张利世的,所以他的大同根底也是归宿于"哲理"的。不过,他相信教义可为"入世"之用,尤其是以慈悲为怀的佛教,最可箴当世国与国争、人与人争的局面。是以,他要援佛入哲——"必合佛、哲二学,同条其贯,方能天下归仁。"①

二、日本、美国研究概况

就笔者目前所掌握的资料来看,国外学者对何启、胡礼垣的研究主要来自于日本、美国。两国学者对何启、胡礼垣的研究从时间上看,大致与中国学者同步,从 20 世纪 50 年代末至 80 年代初断断续续有近 30 年的时间;所关注的问题主要集中在三个方面:何启、胡礼垣的民权思想;何启、胡礼垣的新政建设思想;何启、胡礼垣对张之洞"中体西用"论的批驳。具体说来,日本学者在对何启、胡礼垣研究中所取得的成果有:

① 汪荣祖《晚清变法思想论丛》,(台湾)联经出版事业公司,1984 年,184～185 页。

1. 小野川秀美《何啓、胡禮垣の新政論議》，石濱先生古稀紀念東洋論叢同紀念會，一九五八年。

2. 渡邊哲弘《何啓、胡禮垣の新政論》，《立命館文學》一九七冊，一九六一年十一号，第939～955页。

3. 楠瀬正明《何啓、胡禮垣の民權論》，《北九洲工業高等學校研究報告》一三號，一九八〇年。

4. 日高一宇《近代中國政治思想史研究における方法論的諸問題——楠瀬正明〈何啓、胡禮垣の民權論〉》，《北九洲工業高等專門學校研究報告》一三號，一九八〇年。

5. 佐藤慎一《一八九〇年代の〈民權〉論——張之洞と何啟の〈論爭〉を中心に—》，《中國人間性研究》，一九八三年二月。①

其中，佐藤慎一先生的《1890年代的"民权"论——以张之洞与何启的论争为中心》一文，以张之洞的《劝学篇》和何启的《〈劝学篇〉书后》为例，较为系统地梳理了"民权"思想在近代中国的引进与发展，全面剖析了张、何二人在民权思想上分歧的根本原因，阐明了何启"民权"思想的两大特色：

何启的"民权"论至少有以下两点特色：第一，他的"民权"论明显的是受到洛克影响的自然权理论。

① 许政雄《清末民权思想的发展与歧异——以何启、胡礼垣为例》，(台湾)文史出版社，1993年，12～13页。

> 依他的主张来看，他认为人类有生命权（顾性命之权）和财产权（保其自家之权），而把这两种权当作是自然权（“天托之权”）来主张。所谓“天托之权”反过来说是一种非实定的权利，也就是表示人民对政府的先行权利。何启的说明是，理论上政府是在人民的委托信任下产生的，天子决不是人民的保护者（监护人），而是代替人民行使“权”的人。于是罢黜不好的天子，当然是包含在人民的“权”之中。这使人联想到孟子对革命的认同这一观念，而何启自身也肯定这一儒教民本主义的重要一面。但是在他身上，重要的事是，这个革命的“权”不属于特定社会阶层的集团权利上，而是归属于人人的个人权利上。这是他的“民权”论的第二个特色。①

美国学术界对何启、胡礼垣的研究总体上来说是不够的，所关注的问题也比较狭窄，主要集中在一个问题上，即何启言行对孙中山早期思想形成的影响。

著名汉学家柯文先生在其力作《在传统与现代性之间——王韬与晚清改革》一书中对何启、胡礼垣仅仅是作一简要的介绍，但他提出了宏大的理论框架，即中国现代化运动是以香港——上海为走廊，由沿海向内地展开的。并从总体上分析了何启、胡礼垣等人与孙中山革命党人亲近的内在原因。他说：

① 许政雄《清末民权思想的发展与歧异——以何启、胡礼垣为例》，（台湾）文史出版社，1993年，121页。

> 沿海在推动改革者向革命者转变方面极为重要。沿海的革命者如孙中山和沿海的改革者如何启、容闳,既象征性地也实际上在互相交流(因为他们当中的许多人都来自广东地区)。他们有共同的社会和地理背景,共同的宗教根源,共同的学习经历,共同的世界观念。归根到底,这些特征使得他们互相之间在社会文化方面比同思想与之对立的任何内地人物都更为接近。①

著名国外孙中山问题研究专家,美国学者史扶林先生在其名著《孙中山与中国革命的起源》一书中,用了相当长的篇幅剖析了孙中山思想的演化,指出,在香港求学时期的孙中山的思想属于改良主义的范畴,同时在分析孙中山改良主义思想形成的内在原因时,明确指出,当时作为"支持清王朝的改良主义者"的孙中山的思想明显受到了何启的影响。

> 首先支持这种愿望的是何启博士,他在这方面的经历足以作为孙中山的楷模。由于一年级只有十二个学生,同时,由于何启除了是该校的名誉秘书外,还兼教课,这样,就使这两个人有了充分的彼此熟悉的机会。这个学校的开办紧随着何启决定发表他对于中国政治事务的看法之后。后来,在一位合作者(胡礼垣——引者)的帮助下,他试图影响中国

① 〔美〕柯文著,雷颐、罗检秋译《在传统与现代性之间——王韬与晚清改革》,江苏人民出版社,1994年,244~245页。

> 的读者大众。与此同时，他开始利用香港的英文报纸进行辩论，指出必须用制度上的基本改革来取代政府对军事防务的片面关心。他第一篇用笔名写的文章，对曾国藩的大儿子、前驻伦敦公使曾纪泽的一篇文章进行了反驳。这篇文章代表了这个人的观点，而这个人对孙中山在香港的思想形成时期和此后很长时间都有影响。[①]

此外，易劳逸在其论文中，系统勾勒了 1894 年中日甲午战争爆发前中国政治改良主义的发展演变轨迹，指出，何启作为中国早期改良主义者中的一个“另类”，因其独特的经历、特殊的地域，发表了远比同时代的其他中国人要深刻的多的政治言论，1887 年《曾论书后》的发表，标志着何启作为政治改革家的开始。对清政府普遍看好的洋务运动的揭批，成为中国政治改良主义发展的新起点，《曾论书后》也就成为“标志改革运动转折点的象征”。[②]

涉及对何启、胡礼垣生平、思想研究的还有：

> 1. 布赖恩·哈里森编《香港大学的前 50 年：1911～1961 年》香港，1962 年，6 页 11 页 35 页。
> 2. 阿诺德·赖特编《香港、上海及中国其他商埠

① 〔美〕史扶林著，丘权政、符致兴译《孙中山与中国革命的起源》，中国社会科学出版社，1985 年，21～22 页。

② 易劳逸《中日战争前中国的政治改良主义》，1968 年 8 月《亚洲研究杂志》698 页。

的 20 世纪印象》伦敦，1908 年，109 页。

3. 林达·P·欣《伍廷芳在中国转变中的角色(1842～1922 年)》博士论文，加利福尼亚大学(洛杉矶，1970 年)，131～134 页。

第二章　生平篇(一)
——何启

一、非常之世与非常之人

19 世纪 40 年代成为决定东西方民族命运的分水岭。此时展现在世人面前的是两幅迥然不同的民族画像，一幅是东方大国的步履蹒跚，不思进取，悠然自得的风景图；一幅则是欧美民族奋发向上，积极扩展，锐意进取的写真照。中华民族自诞生以来，凭借其民族的原创力，历经风霜雪雨，缔造出了一个举世无双的中华帝国。上下五千年的历史，是一个英雄辈出的历史，且不说传说中的明君贤主尧、舜、禹，单就彪炳于史册的秦皇、汉武、唐宗、宋祖，还有那跃马挥鞭、弯弓射雕的成吉思汗，雄才大略的明太祖，胸怀大志的康熙、乾隆，中华民族的历史堪称是一部壮美的谱系。当中华民族徜徉在其不绝如缕的历史长河之时，曾与她同时并起，甚至略有提前的三大文明古国，或者沦丧在异族的铁蹄下，或者被湮没在历史的漫漫黄沙中。曾经灿烂辉煌的古代文明，演化成遥远的历史回忆，蜕变为真正意义上的千古绝唱。物产丰盈，无所不有，八方来朝的“天朝上国”成了令人肃然起敬，让人倾心向往的代名词。

然而，无与伦比的中华文明，毕竟是诞生于农业文明。当她走过了少年、青年、中年时代以后，也就自然而然地步入了她的晚年、暮年时期。文化发生学的规律不幸降临到中华民族的身上。著名历史学家汤因比在其不朽之作《历史研究》中，通过对人类业已发生、存在过的 23 种文明的综合比较研究，提出了一个具有普世性价值的模式。他认为诞生、成长、衰落、死亡是所有文明都难以抗拒的命运。[①] 尽管对这种模式后人多有抨击[②]，但数千年间人类诸多文明的兴衰更替，佐证了汤因比模式大致不谬。中华民族五千年的文明史同样也有一个难以跨越的“卡夫丁峡谷”。经过夏、商、周、春秋诸代的开拓、征伐、融合，中国境内的众多民族、部族初步凝聚成一个具有“共同语言、共同地域、共同经济生活以及表现于共同文化上共同心理素质的稳定的共同体”[③]。人类文明的篝火在东方大地上熊熊燃烧。到战国秦汉时期，中华民族的文明形态已经大致定型。在此阶段，中华民族充分释放出其发生

① 〔英〕阿尔诺·汤因比著，曹未风等译《历史研究》(上)，上海人民出版社，1966 年，43 页。

② 〔法〕费尔南·布罗代尔著，顾良等译《资本主义文化论丛》，中央编译局出版社，1977 年，142～147 页。

③ 《斯大林全集》第二卷，人民出版社，1953 年，294 页。

期、发展期所积蓄的巨大能量，在政治、经济、军事、文化思想、艺术等领域创造出了令人叹为观止的辉煌成就。可以说，这是一个伟人辈出的时代，这是一个哲人横空跃起的世纪。中国古典文明呈现出一派群星璀璨、竞相辉映的壮美景观。秦汉以后，中经三国、两晋、南北朝，至隋唐两宋，中国古典文明步入了其绝对化期。在此阶段，单从数量上看，中国古典文明继续保持向前的趋势，但就其独创性的意义而言，却较前大为逊色。先贤们的独创性和智慧真谛在继承者那里逐渐消失，形似而神不似的模仿痕迹日益凸显。表现在文化艺术、哲学思想、价值评判上，概莫能外。其衰落的迹象有三："一是民族生命力的衰退，这是其物质基础和决定性机制。其次是文明创造力的衰退，这是主要的衰落表现。最后是自为文明自为性的消失。"①

明清之际，中国古典文明进入综合期。在此阶段虽也有雄才大略的英明君主涌现，在思想文化、科技创新等领域取得些许成就，但就整体而论，中国古典文明已经败落，中华帝国只是作为文明的躯体而存在，文明机制的原初创造力已经丧失殆尽，人由原先作为文明创造的主人，蜕变成了他所创造的文明的奴仆。"天不变，道亦不变"的古典说教，成为了历朝历代专制王朝恪守的信条。日益僵化的儒家经典，被当成了封建王朝治国的不二法宝。倡行"天朝上国"的闭关锁国政策、狭隘的民族观、短视的世界意识，无不透露出中国古典文明衰老的迹象，散发着陈腐的气息。中华文明面临着严重的水源危机。

在中华文明日趋衰败的同时，西方文明却呈现出勃勃生

① 郑刚《中国人的命运》，广东旅游出版社，1996年，466页。

机。发源于地中海沿岸的古希腊、古罗马文明,历经数千年的汰旧更新,调适整合,冲破了神权的桎梏,迎来了近代人类文明的第一缕曙光。17 世纪中叶以后,昭示着人类社会演进方向的欧洲近代文明诞生于英伦三岛。这是一种锐意进取的新型文明,这也是一种霸道无比的文明。“顺我者未必昌,逆我者必定亡”,成为初登历史舞台的资产阶级新贵们的信条。17 世纪末 18 世纪初完成的工业革命,辅佐西欧资产阶级成就了人类历史上未曾有过的大业。在坚船利炮的导引下,西方近代文明的成果——商品、科技、文化、价值观念等等,在很短的时间内,便漫卷全球,风靡寰宇。早在 19 世纪 40 年代,马克思在《共产党宣言》中就清楚地指出:在不到 100 年的时间之内,资产阶级所创造的生产力,比有史以来人类所有世纪创造的生产力的总和还要多。“资产阶级,由于一切生产工具的迅速改进,由于交通的极其便利,把一切民族甚至最野蛮的民族都卷到文明中来了。它的商品的低廉价格,是它用来摧毁一切万里长城、征服野蛮人最顽强的仇外心理的重炮。它迫使一切民族——如果它们不想灭亡的话——采用资产阶级的生产方式;它迫使它们在自己那里推行所谓文明制度,即变成资产者。一句话,它按照自己的面貌为自己创造出一个世界。”①“它创造了完全不同于埃及金字塔、罗马水道和哥特式教堂的奇迹;它完成了完全不同于民族大迁徙和十字军东征的远征。”②

到 19 世纪 40 年代,疆域辽阔,人口众多的东方大国——中国的完存,成为欧美殖民者完成全球霸业的最大障碍。东

① 《马克思恩格斯选集》第一卷,人民出版社,1977 年,255 页。

② 同上,254 页。

西两大文明碰撞的发生在所难免。这是一次传统与现代的碰撞，这是一种过去与未来的冲突，这更是一场僵化与鲜活的决斗。1840 年人类有史以来最大规模的一场角斗拉开了帷幕，地点就在中国的东南沿海。待硝烟散尽，轰然倒下的是东方，挺立的是西方。至少从明朝中期以来屡次侵扰、屡遭驱逐的西洋“夷狄”们，此次在坚船利炮的开路下，耀武扬威，登堂入室，逼迫清王朝签订城下之盟。面对这场“数千年未有之奇变”，面对这个不请自至的“蛮荒夷狄”，面对这个盘旋神州上空的西洋“幽灵”，“天朝上国”更多的表现是惊诧、愤懑、不解与麻木不仁。当然，每个时代、每个民族总会有一些先觉者的存在。在鸦片战争的硝烟未散之际，甚至在战争进行之初，先进的中国人就已经敏锐地感觉到了来自西洋民族的巨大威胁，将挽救危亡的目光投向了西方。以林则徐、魏源、包世臣等人为代表的先驱者们，发出了亘古未有的“师夷长技以制夷”的呐喊。《四洲志》、《海国图志》所阐发的西洋国家的治国之道，富民之方，也就成为了近代中国的警世明言，醒世箴言。至此，中华民族结束了自我发展、演进的历史，带着沉重的枷锁，扭曲的心灵，在被迫无奈中走出了中世纪，在极不情愿中步入了近代社会。

“非常之世，必有非常之人走着非常之路，以达到个人的欲望和目的，并对社会发展起着新的促进作用。”①历史学家的话语当是对时代环境与个人命运关系的一种透彻诠释。社会的裂变，造成了巨大的真空，为个人的成长、发展提供了前所未有的广阔空间。尤其是在新旧价值观念交杂，正统观念

① 夏东元《盛宣怀传》，四川人民出版社，1988 年，1 页。

摇摇欲坠的特殊时期,更能促成一批新人的诞生。每每在这个转型时期,常常会有一些人凭借着特殊的经历,不同寻常的家庭背景以及独特的人格魅力,在自觉和不自觉中走上时代的前沿,去成就一番前人未曾有过、同时代的人罕能匹敌的事业。本书的传主之一——何启就是这样一位新时代的弄潮儿。

何启,原名何神启,原籍广东省南海县西樵村,1859 年 3 月 21 日(清咸丰九年二月十七日)生于香港。此时此刻,正是第二次鸦片战争惨烈进行之时。欲壑难填的英法政府,不满足于业已取得的阶段性成果,决意要扩大对华侵略战争。一年零 7 个月后,英法联军在英国人额尔金、法国人葛罗的统率下,闯进了北京城,在位的咸丰帝落了个比他老子道光皇帝还要悲惨的结局,先是仓皇出逃,最后客死承德。为了给中国皇帝以永久性的耻辱,为了显示大英帝国、法兰西帝国的赫赫军威,额尔金、葛罗下令火烧清朝皇家花园——圆明园。可怜这座中外建筑艺术的宝库,在三天三夜的冲天大火中化为灰烬。千年古都——北京城变成了人间炼狱。中华民族在半殖民地半封建社会的深渊中继续沉沦。个人命运与民族的进程,在何启的出生与中国近代社会的演进过程中竟是如此的契合。生逢乱世,身处数千年未有之变局,注定了生于香港、长于香港的何启必定要走一条前人没有走过的路。

何启出生在一个特殊的家庭,也是近代中国典型的西化家庭。父亲何福堂,名进善,广东南海县西樵村人。家庭出身贫寒,早年随父亲闯南洋谋生。何福堂头脑聪明,是一个愿意接受新事物的人。在南洋谋生时期,他没有走绝大多数广东人走过的路——先为人帮工,稍有积蓄,或开店铺,成为小业主,或租赁土地,成为农场主。而是走上了一条被时人视为异端的"歧途"——皈依基督教(新教),立志做牧师。先是进入英国人马礼逊创设于马六甲的英华书院(Anglo-Chinese College)学习,凭着天资聪颖,在未毕业时已经熟练地掌握了希伯来语,写得一手好文章,著有《两友相论》、《马太福音注》等书,肄业时即接受洗礼,加入了基督教,1843 年被派往中国传教布道,发展教友。1845 年月 10 月 11 日,因成绩卓著,且又精通教义,在香港合众堂被英国伦敦基督教传道会受封为牧师,获得了主持宗教仪式,管理教务的资格,成为继梁阿发[①]之后的第二位华人牧师。[②] 在香港期间,何福堂的工作是卓有成效的。他当时主要是协助梁阿发在广州、香港等地传经布道,并于 1863 年在香港设立了英国伦敦传教会福音堂。[③]

---

① 梁阿发(1789~1855 年),一称梁亚发或阿发,号学善者,别署学善居士。广东高明(今高鹤)人。1804 年,至广州当雕版印刷工。1810 年起,为英国传教士马礼逊所雇佣,刻印《圣经》汉译本。1815 年 4 月,随英国传教士米怜(Wm. Milne)前往马六甲印书。次年 11 月,加入基督教。1819 年返乡,著有《救世录撮要略解》,宣传基督教教义,被捕罚款。1823 年 12 月,在澳门被马礼逊派充宣教士,成为第一个华人牧师。他曾多次致书英国伦敦布道会,称中国人为"罪恶所迷惑",要求多派传教士来华。1828 年,与另一教徒在家乡创办书塾,传播基督教,被地方官斥为宣传迷信和卖国,逃往澳门。1830 年后,返回家乡著书立说,写有《真道寻源》、《灵魂篇》和《异端论》,并到高州传教。1832 年在广州撰写《劝世良言》。1834 年,赴广州向应考士子散播布道书时被捕,中途逃脱,潜至澳门,再次出洋往新加坡、马六甲,在华侨中传教。1839 年,回广州继续传教。1855 年病死。——参阅石霓《容闳自传——我在中国和美国的生活》,百家出版社,2003 年,21 页。

② 简又文《中国基督教的开山事业》香港,辅侨出版社,1960 年。

③ 王治心《中国基督教史纲》,《近代中国史料丛刊·正编》(635),(台湾)文海出版社,162 页。

基于何进善在宣教及圣道方面的造诣，有的学者称之为“近代中国第一位神学家”。除传教布道之外，何福堂还与理雅各校长一起从事西学东渐、东学西渐的翻译工作。

谈到东西文化交流，必须提及理雅各。理雅各(1814～1897年)，英国著名的汉学家，生于苏格兰，先毕业于阿柏丁大学(University of Aberdeen)，后入海贝利神学院(Highbury Theological College)学习。1839年被伦敦布道会派往马六甲。1840～1843年，任英华书院(Anglo-Chinese College)院长，1843年也即英国人割占香港的第二年，随该院一起迁往香港，30年后的1873年返回英国。从时间上分析，何福堂进英华书院学习时，担任校长的恰好是理雅各，返回香港的时间也与理雅各同期。据此可知，理雅各对何福堂是非常了解、信任、器重的，两人的关系非比寻常。任职香港期间，理雅各在何福堂、王韬①等人的帮助下，将中国的《四书》、《五经》译成英文，名《*The Chinese Classics*》，分28卷，于1861～1886年出版。直至今日，理氏译本仍被当作标准译本。回到英国后的第二年即1875年，理雅各就被牛津大学聘为首任汉学教授，主持汉学讲座，一直到去世为止。此外，理雅各还著有多部有关中国文化传统的著作：《中国人关于鬼神的概念》(*The Notions of the Chinese Con-*

① 王韬(1828～1897年)，江苏长洲(今吴县)人。初名利宾，字紫诠，号仲弢，别号弢园老民、天南燀叟。初中秀才，后任职于英国教会在上海创办的墨海书馆。因化名“黄畹”上书太平天国，遭清廷通缉，逃往香港，为理雅各翻译中国经书，对中国文化西传贡献颇多。后游历英、法、俄、日等国。1874年在香港创办《循环日报》，评论时政，主张变法。传世著作主要有：《弢园文录外编》、《弢园尺牍》等数10种。

cerning God and Spirits, 1852),《孔子的生平和学说》(*The Life and Teaching of Confucius*, 1867),《孟子的生平和学说》(*The Life and Teaching of Mencius*, 1875),《中国的宗教:儒教和道教评述及其同基督教的比较》(*The Religions of China: Confucianism and Taoism Described and Compared with Christianity*, 1880)等。[①] 就理雅各一生的主要活动来看,他应该是一个当之无愧的文化交流的使者。作为其助手的何福堂在沟通东西,传播东西方文化方面自然也就居功至伟,功不可没。

何福堂因为皈依教会而发家。据何启的女婿傅秉常介绍,何福堂在香港传教布道时,有一个姓邓的建筑师看中何福堂精通英语、汉语,在教会中有非凡影响力的便利条件,两人遂合伙经营建筑业、房地产业,结果获利颇丰。这从何家在香港拥有的豪华住宅"华仁居"以及何福堂在 1872 年去世后,众多子女每人所继承的一份大宗遗产可以得到证实。同样,何福堂最终也因为传教而殉职,实现了做上帝合格选民的夙愿。据傅秉常说,一次在去广东佛山传播基督福音时,因同当地百姓发生矛盾冲突,何福堂死于非命。何福堂身后,留有子女 15 人。[②]

据笔者所收集到的资料来看,何福堂的后代在近现代史上有影响的主要是 3 人:何卫臣、何启、何妙龄。

---

① 中国社科院近代史研究所翻译室《近代来华外国人名辞典》,中国社会科学出版社,1984 年,282 页。

② 沈云龙等《傅秉常先生访问纪录》,(台湾)中央研究院近代史研究所,1994 年,9 页。

有关何启哥哥何卫臣的资料，目前的收集、研究基本上是个空白。大概的情况是：何卫臣青年时期留学海外，学成归国，成为香港史上第一位华人律师，在香港执业10年，后迁居英国，1898年病逝。[①]

反倒是姐姐何妙龄及其丈夫伍廷芳为何家争得了更多的荣耀。伍廷芳(1842～1922年)，字文爵，号秩庸，原籍广州市郊芳村，出生于新加坡一个华侨家庭。3岁回国，在香港完成学业，1861年创办了中国第一份华文日报——《中外新报》。1874～1877年留学英国，获博士学位，为中国也是东亚首位法律博士。孙中山曾说："国人得为外国律师者公(伍廷芳——引者注)为第一人"[②]。学成返港后，于1880年2月19日，就任港英政府立法局议员，结束了近40年来香港殖民政府无华人任职的历史。1882～1896年，伍廷芳担任晚清重臣李鸿章的幕僚，参与了中法谈判、中日马关条约的签订，以经理的身份任开平铁路、津沽铁路、关东铁路主持领导。1896～1902年、1907～1909年两次出任清朝第六任驻美公使、第八任驻美公使，倾力保护美洲的华侨、华工利益。辛亥革命爆发后，被独立各省推举为南方和谈总代表，为促成南京临时政府的成立、清王朝的垮台做出贡献。1916年底应大总统黎元洪邀请，担任中华民国外交部长，并代总理一职。为反对张勋复辟，愤而辞职，毅然南下，加入护法运动的行列，担任南方护法军政府外交部长、财政部

---

① 余启兴《伍廷芳与香港之关系》，香港编委会《寿罗香林教授论文集》，1970年，266页。

② 孙中山《伍秩庸博士墓表》，华东师范大学图书馆藏未刊稿。

长。护法运动失败后，投身于孙中山革命党人的旗下，出任外交部长，曾经代孙中山行使大总统之命。1922 年在陈炯明叛乱中受惊吓而死。[①]

何妙龄与伍廷芳的结合是在 1864 年，时年伍廷芳 22 岁，何妙龄 17 岁。何妙龄为何福堂的二女儿，自幼受过良好的西式家庭教育，养成了一种气质高雅、恬静和蔼的高贵性情，颇具大家闺秀的风采。就连高傲的西洋人也不得不交口称赞："著名的伍廷芳公使夫人……在每一个人的眼中都是美丽、娴静和亲切而高贵。……她有高尚的思想和慈善的心肠。她为香港建立了一所医院叫何妙龄医院。"[②]

其子伍朝枢同样也是叱咤中国近现代外交政坛的风云人物。伍朝枢(1886～1934 年)，字梯云，少时留学美国、英国，毕业于伦敦大学。1912 年任湖北省外交司长，次年被选为众议员，后历任外交部参事、外交次长、广东大元帅府外交部长，1919 年代表广东政府参加巴黎和会，1927 年任南京国民政府外交部长，后调任驻美公使。1929 年、1931 年两次以中国首席全权代表身份出席国际联盟大会。后任广东省政府主席兼琼崖特区长官，1934 年病逝于香港。

就伍廷芳前期的起步与后天的成就而言，可以说，与何家缔结姻缘，铺垫了伍廷芳未来事业的基石，影响、决定了伍廷芳早年的发展走向。而伍廷芳在香港与内地乃至国际政治舞台上的巨大成功，则壮大、远播了何家的声誉，使得何家成为

---

① 有关伍廷芳的研究情况，可参拙著《从西方到东方——伍廷芳与中国近代社会的演进》，商务印书馆，2002 年。

② John Stuart Thomson, *The Chinese*, PP. 60～61

国际知名度极高的豪门望族。

生活在这样一个典型的西化家庭,何启自幼便接受了一套完整的新式教育。何启(1859～1914年)[①],字迪之,号沃生,何福堂的第五子(一说为次子)[②],1859年3月21日生于香港。出生后即由理雅各牧师施行洗礼,成为伦敦传道会道济堂的会友。自幼聪明好学,11岁时,连跳四级,成为久负盛名的香港中央书院(Hong Kong Collage)的学生。该院是由港英政府在香港创办的第一所官立中学,1889年改称为维多利亚书院(Victoria College),1894年起,改名为皇仁书院(Queen's College),中英文教育兼有。因成绩卓著,1871年何启被破例允许就读于该校的第一级,1872年毕业。

何启在皇仁书院的收获有二:一是开始接受系统的西式教育,奠定了丰厚的西学根基;二是在此结识了后来成为中国近代史上著名维新思想家的胡礼垣,由此结下了毕生友谊,成为志同道合的知己。

1872年,即父亲去世的那一年,13岁的何启独行数万里,远赴英国留学,成为第二位负笈英伦的香港华人。何启到英国后,先入苏格兰根德郡(Kent)马格特(Margat)的巴尔美学校(Palmer House School)继续中学教育,英文水平突飞猛

① 关于何启出生年代问题,学术界绝大多数人持1859年说,但也有人持1858年说。郑大华点校《新政真诠——何启、胡礼垣集》,辽宁人民出版社,1994年,1页。今从1859年说。

② 余启兴《伍廷芳与香港之关系》,香港编委会《寿罗香林教授论文集》:"其父何福堂,名进善………何启即其次男,生于一八五九年。"1970年,266页。

进。1875 年 9 月，考入苏格兰阿伯丁大学（University of Aberdeen）开始学习医学。

4 年后（1879 年），何启顺利通过毕业考试，荣获该校内科学士及外科硕士学位。再经过伦敦圣汤玛士（St. Thomas's Hospital）医院的严格临床实习，遂成为正式的外科医生。20 岁的何启由此成为香港历史上第一个合格的正式西医。同年，何启被吸纳为英国皇家外科学院的会员（Royal College of Surgeons of England）。

正当何启立志在医学领域有所建树之际，一位英国女子的出现改变了他的志向和一生。此时的何启，以其出类拔萃的学识，风度翩翩的仪表，赢得了一位异国女子的芳心，从而留下了一段跨国姻缘的佳话。据何启的孙子何威说，家族中流传着祖父在英国时颇为风流的故事，说他先后有数名女朋友，直到他在圣汤玛士医院当实习医生，迁居至温布尔顿时认识了雅丽氏（Alice Walkden），多情的何启才专一起来，从此情深不变。

雅丽氏出身名门，谈吐高雅，相貌秀丽，其父为英国贵族华尔登，下议院议员，可谓是地地道道的大家闺秀。两人称得上是郎才女貌，天生一对，地造一双。从此，两颗相互爱慕的心紧紧连在了一起，他们跨越了种族、国度的界线相依相携。雅丽氏毕竟是贵族出身，深知专业选择与步入社会的上层关系甚大。依照英国不成文的惯例，法学院被视为培养贵族的摇篮。换言之，选择了法律专业便有可能跻身于贵族行列，成为受人尊重的绅士。

爱人的言行，常常会左右着另一方的选择，更不用说陷入情网中的男女了。1879 年已经拿到内科学士、外科硕士学位的何启,听从了雅丽氏的劝告,弃医习法,进入伦敦林肯法学院(Lincoln's Inn)研读法律。从何启尔后的发展、起步来看,爱人的设计、规划,帮他架起了一座通往成功的人生天桥。追溯何启后来在香港的发迹原委,他自身所具有的法律专业知识当是最主要的因素之一。

林肯法学院(一译练干大律院)是英国最负盛名的法律学院,它同伦敦的另外三所法学院:内殿法学院(Inner Temple)、中殿法学院(Middle Temple)、格雷法学院(Gray's Inn)并称英国四大法学院。其渊源可以追溯到,"中世纪时成立的律师职业组织。不过,与中世纪的大多数其他律师组织不同的是,四大律师学院一直延续至今,而且依然活跃如故"[①]。林肯法学院校规严格,学生必须住在学院内攻读 12 个学期(3年),并且必须在法学院餐厅内吃完规定次数的晚餐,方可毕业。这是因为,出席晚餐的"皆伦敦最高地位,最有学术德望之人。每日在'吧'(Bar)中会议进餐,不仅授予新入'吧'者以种种学识,且每餐必会谈其有用之经验"[②]。"对于年轻绅士来说,住在法学院内十分重要,不单只为了他所接受的教育,同时也为了同一些出色的人物展开友谊和合作。只要在其中一个法学院出席,是会带来一定的特权的。"[③]凡符合学院规定者,称为大律师(Barrister)。

星转斗移,三个春秋过去了。何启经过潜心攻读,1882 年 1

---

① 〔法〕色何勒-皮埃尔·拉格特、〔英〕帕特里克·拉登《西欧国家的律师制度》,吉林人民出版社,1991 年,17～21 页。

② 刘禹生《世载堂杂记》,中华书局,1960 年,164 页。

③ D. Plunket Barton and others, *The Story of the Inns of Court* (Boston, n, d), PP. 255～304.

月 25 日从林肯法学院毕业，获得律师资格。[①] 何启成为获此殊荣的第二个中国人。第一人为其姐夫伍廷芳。1877 年 3 月，伍廷芳从林肯法学院毕业，获得博士学位，取得大律师资格。

在英国留学 3 年间，何启系统深入地研读了英美法系的精髓，学习了合同法、侵权行为法、刑法、宪法与行政法、信托与衡平法、国际法、民事诉讼法、证据法、冲突法、土地法等。[②] 这为他日后在香港的参政议政奠定了坚实的基础。更重要的还在于，学习英国法律，使何启深谙西洋诸国施政之基，立国之本，富强之术。也为他后来针贬时弊，抨击清朝政治，改造中国，提供了锐利的思想武器。走英美立国之道，走以法治国之路，成为何启终生不改的政治理念。

弹指一挥间，10 个春夏秋冬悄然逝去。留英 10 年，在何

---

① 关于何启获得大律师资格问题，学术界有三种观点：一为没有获得说。见拙著《民国外交官伍廷芳传》，河北人民出版社，1999 年，31 页："伍廷芳的内弟何启、儿子伍朝枢虽也曾在林肯法学院学习，就是因为没有完成校方规定的进餐次数，而没有被授予大律师资格。"另，第 47 页："按照英国审判庭制度规定，律师分为两种。一是小律师，专门负责收集证据，抄阅公文及摘述案情始末，提供辩护材料，但本人不能出庭辩护。中国第一个留美毕业生容闳归国后，在香港学习法律，所做的不外乎是这类工作。另一种是大律师，有权出庭，代人辩护。"一为获得说。持此说法者居多。丁宝兰主编《岭南思想家评传》，广东人民出版社，1985 年，289 页。赵令扬《何启：辛亥革命期间香港之中国资产阶级》，《纪念辛亥革命七十周年学术讨论会论文集》(下)，中华书局，1989 年，2717 页。三为模棱两可说。罗香林《国父之大学时代》，(台湾)商务印书馆，5 页。"粤人何启，早岁留学英伦……为伦敦皇家外科专门学校律师。"郑大华点校《新政真诠——何启、胡礼垣集》，辽宁人民出版社，1994 年，1 页。此说只是提及"律师"，但没言明究竟是"大律师"，还是"小律师"。

② 〔法〕色何勒-皮埃尔·拉格特、〔英〕帕特里克·拉登《西欧国家的律师制度》，吉林人民出版社，1991 年，65～68 页。

启的人生中,居有十分重要的意义。他从一个13岁的翩翩少年,成长为一个学有所成的高级专门人才。孤身一人的海外生涯,磨练了他顽强的意志和极强的个人生存能力,善于与人相处、交往,是他尔后参政议政的极好条件。何启留学的10年,是大英帝国的鼎盛时期,凭借着工业革命提供的巨大动力,资产阶级新贵们锐意进取,到19世纪70～80年代,英国的势力范围已遍及全球,成为真正意义上的"日不落帝国"。对于何启,13～23岁,正好是一个人的思想观念逐渐成型、强烈凝聚的阶段。他中学、大学期间的专业课程,体现了西方民族进化过程中每一阶段的精神内涵,折射出一个民族固有的价值取向、理性思维。学校作为现代文明发展的产物,同时又是文明得以继续传播的重要途径,是宣讲西方意识形态和价值观念的主要场所。由于史料的匮乏,何启初到英国时的感受没有文字记载,但康有为刚到香港和刘锡鸿初来乍到英国的感受当有共性,可给后人研究何启提供一个参考坐标。1879年,22岁的康有为首次"薄游香港,览西人宫室之镶丽,道路之整洁,巡捕之严密,乃始知西人治国有法度,不得以古旧之夷狄视之"。精心构筑的"夷夏大防"在活生生的西洋文明面前顷刻瓦解。康有为从此开始了向西方寻求真理的历程,"乃复阅《海国图志》、《瀛环志略》等书,购地球图,渐收西学之书,为讲西学之基矣"①。被学术界定为"顽固不化者"的刘锡鸿对西洋文明的盛赞并不在康有为之下。1877年1月,刘锡鸿作为清朝驻英副代表到达英国,经过一番实地考察,在

① 《康有为自编年谱》,中国史学会主编《戊戌变法》(四),上海人民出版社,1957年,115页。

其话语中处处流露出对西洋文明的羡慕、赞赏。当美国驻英公使身穿不带任何象征身份的服装接受英国女王的朝见时,刘锡鸿感慨万千,“盖民主之国,上下不异,以等威也”①。刘锡鸿对司法独立,地位至尊的评价是:在英国“刑司之权足以讯治其国主、王公大臣。故英伦有‘君主非尊,律例为尊’之语。其推鞫之法,两造各请律师六人代质。刑司据台上坐,律师环台下坐。台上有所驳诘,则台下检案卷起立辩答,无跪审、弄讯之事”②。对英国完善的社会保障机制,刘锡鸿以“伦敦多善举”为题作了高度评价:“伦敦人最喜行善,老幼孤穷废疾,异民难民,皆建大房院居之,优给其养。有所谓老儒会者,授餐于读书寒士,虑其以就食为耻,则继粟继肉,遣人致诸其居。有所谓绣花局,世族妇女以家道中落不能自赡,则聚之于深邃房室,供饮馔,供奔走,使之纺绣而货之,仍禁男子不得擅入,以远其嫌。”③由此可见,世人对刘锡鸿的定位是有失偏颇的。英国人在香港、在本土的统治,为中国近代社会的发展走向提供了一个现成的范例,可供借鉴的样板。只要不是冥顽不化者,设身处地,都会赞叹不已。以康有为、刘锡鸿这些出身仕宦,自幼饱读经书之人尚且有这样的感触,可以断言,传统教育所受无几的何启对西洋文明的认同绝不在康、刘之下。

从1872年起,何启在英国接受了10年的正宗西式教育,到1882年学成归国时,何启已经成为一个具有全新知识且符

① 刘锡鸿《英轺私记》,沈云龙主编《近代中国史料丛刊》(154),(台湾)文海出版社,2页。
② 同上,6页。
③ 同上,14页。

合近代中国社会发展需要的新式知识分子。系统完备的西学知识,为何启未来事业的腾飞插上了坚实的翅膀,他将由此攀上人生的新高峰。

对于留学英国时期的何启,史料有如下记载:

> 先生(何启——引者注)家素封,而嗜学勤苦,过于贫贱。以中国无格致学,年甫成童,独行数万里,学于英国伦敦,及雅罢甸书院。初至,掌院问其志,先生曰:吾志在天下,而天下本于国,国本于家,家本于身。身之质体血气,物也,宜格;身之心性灵明,事也,理也,亦物也,宜格。请示先后!掌院嘉其志大而笃,先令教之形体,旁及草木禽鱼,金石之质,可制药物者。后则教以天学、地学、人学。天学即天文,凡电学、光学、算法、历法,诸艺是也。地学即地舆,其中则有经纬测量、农事舟车、兵阵各艺。人学即文字,其中则为经史、政教、食货、制器工商等艺。先生始而溺苦,继而游心于此者,凡十年。以医道可济世,律学能治心,乃先考医学,列高等。时先生年未弱冠,再数年考律学,列第一。为学敏成功速,英国学者,莫之或先。乃出自中国,故时人目为百年人,言百年内杰出之士也。①

1882 年 1 月,何启可谓是事业、爱情双丰收,既完成了林肯法学院的学业,又赢得美人归。是年何启 23 岁,雅丽氏 30 岁。

① 自罗香林《香港与中西文化之交流》,(香港)中国学社,1961 年,159 页。

二、纪念亡妻，创办西医书院

1882年1月，何启结束了10年的留学生涯，携其新婚夫人雅丽氏返回香港。在最初的数年间，无论是事业还是家庭，何启都处于人生的低潮。返港之初，何启便挂牌行医，成为香港第一位华人执业的西医医生。无奈当时的香港华人久受中医学传统的桎梏，对于动辄开膛破肚的西医敬而远之。何启的行医自然也就难有大的起色。何启遂改行做律师。

正当何启为苦苦寻觅人生的奋斗目标而烦恼时，不幸悄然降临。喜结良缘之后，何启夫妇感情笃深，相敬如宾，并很快有了爱情结晶。女儿出生后不久就由陪同雅丽氏一起来港的弟妹送回英国，由外祖母抚养。远在香港的雅丽氏思女心切，外加生女时已属高龄产妇，产后恢复较慢，一场突如其来的伤寒竟令雅丽氏卧床不起。虽有何启的悉心照料和医院的全力抢救，最终雅丽氏还是依依不舍地走了，终年33岁。① 时年为1884年。

爱妻的去世成了何启心中永远挥之不去的阴影。痛定思

① 关于雅丽氏之死的原因，目前学术界有两种说法：一为，送到英国的女儿不幸夭折，雅丽氏悲伤过度而死。此种说法居多。余启兴在《伍廷芳与香港之关系》中即持此种说法。香港编委会《寿罗香林教授论文集》266页，注十六："寻育一女，不幸夭折，夫人伤之深，不久遂弃世。"二为，雅丽氏是因病而死，其女儿并没有死。傅秉常即持此说。傅先生在接受台湾著名史学家沈云龙先生的采访时说道："何启完成学业后，携英妇返港……不久英妇病故，遗一女。英妇原偕弟妹同来，至是何启乃恳彼等携女返英，英妇所遗财产之大半亦归该女承继。该女后从母姓，1919年余至伦敦，犹见过一面。"沈云龙等《傅秉常先生访问纪录》9页，（台湾）中央研究院近代史研究所，1994年2月。傅秉常是何启的女婿，以他与何家的特殊关系，外加亲眼所见。傅先生的说法当属可信。今从此说。

痛,为传播西医,造福百姓,也为纪念亡妻,何启决意创办一所西医医院。雅丽氏去世后曾留下一笔数目可观的遗产,何启遂花两万元购买了荷李活道75~81号一块土地,以亡妻的遗产作为建筑费用,建起了一座医院,名字为"雅丽氏医院"(Alice Memorial Hospital)。1887年2月26日,"雅丽氏医院"揭幕。该医院后来与其他教会医院合并,改名为"雅丽氏妙龄那打素医院"。该院最初有病床80张,后来增加到90张。"以设备尚佳,院内医生亦一时能手,故为中外人士所重视。"①何启从1887年2月起,担任该医院财务委员会主席长达27年之久。雅丽氏去世后,何启又娶华裔美人黎玉卿(父亲为美国籍,母亲为中国籍)为妻,生有九男七女。儿子:永乾、永元、永亨、永利、永贞、永安、永康、永锦、永谢。女儿:瑞金、瑞银、瑞铜、瑞铁、瑞锡、瑞华、瑞美。其中,瑞金嫁给了伍廷芳的独子伍朝枢为妻,为姑舅亲。何、伍两家两代姻亲,可见何启与伍廷芳关系之密切。

雅丽氏医院运营了一段时间后,何启发现,徒设医院是治标不治本,一则不能从根本上解决中国人缺医少药的难题。二则不能实现以西学灌输中学、传播现代西方文明、改造中国的宏愿。带着这个疑问,何启苦苦思索。半年后,何启在与医学界的同仁们聊天时,找到了答案。当时,在香港的行医之人绝大多数为西洋人,中国人行西医者微乎其微。再加上港英政府推行带有种族歧视的西化政策,明令规定:只有西医才是合法的,若没有皇家医生开列的就诊单,人即使死后,也必须

---

① 罗香林《国父之大学时代》,(台湾)商务印书馆,1955年,5页。

被解剖尸体,验明是否有传染病。[①] 受此影响,大批的华人子弟欲学习西医,但或受家室拖累,无法成行,或因家境贫寒,无力承担昂贵的留学费用,而终成泡影。基于这种现实,何启决定在香港创办一所西式医校,培养一大批属于中国人自己的合格医生,医治中国人身体上的疾痛,和心理上的痼疾。很明显,何启创办医校的初衷决不仅仅停留在培养医生这个层面上,更深层次的用意是将医校当作传播现代文明的场所、培养中国近代社会需要的新式人才的摇篮。

何启创办医校的设想,获得了香港伦敦传教会成员的支持,赢得了在港的英国基辅爵士(Sir William des Vaeux)的拥护,就连当时担任代理港督的金马伦将军(Acting Governor. General C. B.)也表示要大力赞助。[②] 此外,比理罗斯先生(Hon. E. R. Bellios)、佛兰西斯先生(Mr. Francis)、汤姆生医生(Dr. J. C. Thomson)等名流皆慷慨解囊。1887 年 8 月 30 日,一个以何启任主席的筹建委员会正式组建。何启是该委员会中惟一的中国人。经过数月的奔走,医校的筹备工作全部就绪。1887 年 10 月 1 日,香港各界名流云集香港大会堂,代理总督金马伦将军宣布"香港西医书院"(Hong Kong College of Medicine for Chinese)成立。至此,香港第一所培养西式人才的专门性医学院诞生。

"香港西医书院"是一所亦中亦西、中国办学传统与西洋近代学校管理合璧的产物。从该医学院的课程设置,考试方式,考试内容,组织管理形式等方面来看,这是一所典

---

① 参拙著《民国外交官伍廷芳传》,河北人民出版社,1999 年,63 页。

② 罗香林《国父之大学时代》,(台湾)商务印书馆,1955 年,5 页。

型的西式医学院,与中国传统的书院没有多少相似、相近之处。但出于对此时香港华人社会接受新生事物能力的考虑,为在"书院"与"西医"之间架起一道桥梁,以便能够吸引更多的华人入校学习,实现办学的初衷,经何启的提议,遂有了"香港西医书院"的名称。中国自唐朝首创"丽正修书院"以来,书院这个集讲学、研究学问于一体的办学场所历经宋、元、明、清各代而不衰,尤其是宋代更开创了民间办学的一代新风,书院遍及全国各地,著名的有"白鹿洞书院"、"石鼓书院"(一说为嵩阳)、"睢阳书院"、"岳麓书院"更是留芳青史,恩泽众生。由此可以说,"香港西医书院"带有双重含义:以中国人所熟知的"书院"为载体,以造就新式医学人才为目的。

香港西医书院招收中外学生,学业程度与英国国内大学医学院相等,学制为5年①,高中毕业生可报名申请,经严格考试,过关者方可被录取入学。全部课程均用英语授课,学生在完成了规定的课程考试合格后,由该院颁发毕业证书,并颁发内外科医生开业执照,授予医学学士学位。

因学院新立以后,各方面的设施难以一步到位,香港西医书院遂广泛利用香港的现有资源,趟出了一条联合办学、社会办学的新路。该院最初设有二处宿舍,供学生居住。后来,学生规模扩大,便借住隔壁的道济会堂。学生上课或集会的场所在圣安得勒堂,植物学、化学二门课程在皇仁书

① 关于该医学院的学制问题,孙中山这位该院的毕业生曾说过:"闻香港创立医科大学,遂决计赴香港肄业。阅五年而毕业,得医学博士文凭。"《孙中山全集》第一卷,中华书局,1981年,50页。

院授课。何启创办的“雅丽氏医院”则成为该院学生的实习基地。在该院任教多年的英国人康德黎博士曾对此作过专门的说明。他说：

> 吾人从事病理之实际教学于雅丽氏纪念医院，可谓尽善尽美，再无比此更合用之场所可得矣。书院及学生蒙伦敦会安插于此，至感厚谊。此医院之规模，实比不列颠学习所需之庄严讲台为大，同人可能证实在不列颠实无比此更能借给专业实习机会或物质之医院也。于学习之进程，本院学生每日均在门诊室或病室，从初入学，直至今日，得有学士资格，均在门诊室及病室负外科医生助手、及司药助手之责。①

据此可知，雅丽氏医院完善的设施，为香港西医书院的学生提供了一个良好的实习场所。

在组织管理方面，香港西医书院由掌院(Rector)全面负责学校的一切具体行政事务，其职责类似于现代的学院院长。首任掌院为史特渥地博士。下设教务长(Dean)一人，主管学院的教学工作。孟生博士为该院第一任教务长。另有名誉秘书(Hon. Sec)一人，该职最初由何启兼任。下设秘书一人，由汤姆生医生兼任。此外，香港西医书院还设有“名誉赞助人”一职，北洋大臣李鸿章等就曾出任该职。②

---

① 罗香林《国父之大学时代》，(台湾)商务印书馆，1955年，10页。

② 同上，13页。

香港西医书院组织管理机构一览表

职　务	姓　名	国别	授课、监考科目与社会兼职	备　注
掌院	史特渥地博士	英国		1887 年首任，1889 年逝世
掌院	路西尔爵士	英国		
掌院	辜拉克先生	英国	香港首席法官	1892 年 7 月 23 日继任掌院
教务长	孟生博士	英国	临床诊断	在华 22 年，通厦门方言
教务长	康德黎博士	英国	解剖学、骨学	继孟生之任
名誉秘书	何启博士	中国	法医学及生理学	1892 年再任名誉赞助人
秘书	汤姆生医生	英国	病理学	
协助院务人	查尔美尔斯先生	英国		
协助院务人	佛兰西斯先生	英国		
协助院务人	巴尔克尔将军	英国		
名誉赞助人	李鸿章	中国	清朝直隶总督兼北洋大臣	
名誉赞助人	比理罗斯先生	英国		
名誉赞助人	洛克赫尔特先生	英国	曾任港府辅政司、威海知事	校订福利沙编《左传索引》
名誉赞助人	怀德赫德	英国		

注：该表的制订，主要参阅了罗香林先生的《国父之大学时代》第三章“西医书院之组织与课程及教师”①。

① 罗香林《国父之大学时代》，(台湾)商务印书馆，1955 年，23～24 页。

在考试方面，香港西医书院更是以严格著称。该院设有一个专门负责考试、录取工作的“考试委员会”，委员会由港英政府“考试官处”直接督导，担任委员会委员的，则有医生、海员、军医，又有港英政府的文官等。教务长负责全面组织，下设秘书具体组织实施，委派专人负责监考。考试分口试与笔试两种。笔试时间一般为 4 天，考试科目为本学期所学课程。待笔试结束后，再进行口试，地点设在圣安得勒会堂。届时，考试官、监考官端坐大堂两侧，学生按序而入，考试官根据学生回答问题的熟练、难易程度分别给予打分，学年成绩最优秀者可获得书院奖学金(Scholar-Ship)。

重视考试工作的不仅仅是学院，香港社会各界对香港西医书院的考试也极为关注。1888 年香港西医书院举行建院以来的第一次考试，在香港广有影响的《德臣西报》[①]对此进行了专门报道：

> 香港西医书院第一次专门考试，业于上周举行，试题于八月六日星期一，发给学生。考试时间，连续四日以上……口试定八月十日星期五，在圣安得勒

---

① 《德臣西报》又译为《香港中国邮报》(*Hong Kong China Mail*)或《德臣报》，系在香港出版的英文报纸。1845 年 2 月 20 日，英国人肖特里德创办并任主笔。初创时得到英国颠地洋行的支持。1848 年还曾创办发行于欧洲的“大陆版”。1858 年，英国人德臣成为该报肖特里德公司的股东，并任主编。1858 年，肖特里德去世，德臣成为惟一的业主，中文译名即由此而来。1906 年改由德臣报公司经营。1855 年曾增出《香港航运录》。1859 年又增出《香港杂录报》。1872 年发行中文版《华字日报》。1967 年中文名改为《中国邮报》，1974 年 8 月 18 日停刊。

> 堂(St. Andrew's Hall)公开举行,考试委员座旁,列众模型,与标本、骨骼、花草及显微镜等。……在全部考课之最后试验中,固亦优劣并见,但于其中任何问题或每一问题之解答准备,在教师似已得极大信任,而学生方面,亦以为荣。[1]

因何启对创办该院的卓越贡献,被聘为该院名誉秘书,负责协调各方面的事务。此外,何启自书院创立起,担任院法医讲座教授(Chair of Medical Jurisprudence),讲授"法医学"与"生理学"近 20 年。

在师资力量方面书院集中了全香港的优秀人才,任教的教师,或为学贯中西的教会中人,或为在港行医的医生,或为毕业于英国正规医科大学的硕士、博士和教授。"而植物学与化学二科教师,尤为当时著名学者,教法甚善。"[2]

香港西医书院是英国医学教育在中国的翻版,"书院所研习之课程,其依据可谓与不列颠各医科学校所编定者酷似"[3]。在当时的东亚乃至整个亚洲都是先进的医学院。这可从该院所设立的课程及师资力量中窥见。根据课程教学论的理论,课程是基础,师资是保障。有无雄厚的师资力量和系统完备且符合本学科发展规律要求的课程体系,是衡量一所大学办学实力高低的重要标志。从现有资料可知,香港西医书院的学生在校 5 年需学习:植物学、化学、解剖学、骨学、生

① 转引自罗香林《国父之大学时代》,(台湾)商务印书馆,1955 年,16 页。
② 同上,13 页。
③ 同上,16 页。

理学、药物学、物理学、临床诊察、医学原理与实验、产科、妇科、病理学、外科学、法医学、公众卫生、实用初级外科以及新增医学等课程。前两年以理论基础理论学习为主，从第三年开始实习比重逐渐增加，第四年、第五年则根据学生的选择进行专门学科的学习和临床实习。任教的教师主要有福尔德先生（著名植物学家）、古路先生（著名化学家）、德里先生（教授物理学）、阿依尔斯医生（教授解剖学、骨学）、韦尔医生（教授解剖学、骨学）、康德黎博士（教授解剖学、骨学）、阿提金生博士（教授生理学）、佐勒克药剂师（教授药物学）、孟生博士（教授临床诊断）、佐尔登博士（教授医学原理与实验）、高威硕士（教授医学临床）、赫尔提根博士（教授妇、产科）、汤姆生硕士（教授病理学）、比尔博士（教授外科临床）、麦卡伦先生（教授公众卫生）等。据不完全统计，在 26 名主要教师中有教授职称、博士、硕士学位的 15 人，约占全体教师总数的 58%，其余的皆为受过严格的学院训练且富有多年临床经验的医生、药剂师。雄厚的师资力量，完善的实验、实习场所，保证了香港西医书院的教学质量。任该院教务长的康德黎博士曾自豪地宣称，香港西医书院可与英国国内同类性质的医科学校（院）相媲美。①《德臣西报》在专门报道了 1888 年香港西医书院第一次考试后，对该院作了高度评价。报道说：

> 我们相信这些学生，必能与英国各大学及内外科专门学校所考的试题完全相等。因为在“考试官处”不但有英国的考法来指导他们，同样在该处的德

① 罗香林《国父之大学时代》，（台湾）商务印书馆，1955 年，10 页。

国因素所挟至的德国医学重要制度,也正帮助他们。……中国学生的程度,足与英国的优秀者相等,同时,优异的中国学生,也必能有把握的和英国优异学生争衡。……我们曾听到很多关于在中国北方的医学教育,但我们不解,倘没有一批专门的教授来作专门课程的支柱,是无法把教育制度建立的。这种情形在远东,目前只有香港可以办到,虽然我们可以把所有的荣誉给予那曾在中国教育方面贡献甚大的医生们,但每个个人纵使时间许可,也不能于教授任何课程都能擅长。远东医学教育的远景,除非有一所专门大学来开始负责外,必须赖藉香港的医学专家。现在这里经常有二十至三十位的医生、海员、军人、及文官,可以作为教员及考试委员的补充。①

香港西医书院主要教师、课程一览表

教　师	籍贯	课　程
孟生博士	英国	临床诊断
康德黎博士	英国	解剖学、骨学
福尔德教授	英国	植物学
古路教授	英国	化学
德里教授	英国	物理学
阿依尔斯博士	英国	解剖学、骨学

① 罗香林《香港与中西文化之交流》,(香港)中国学社,1961年,143页。

续　表

教　师	籍贯	课　程
阿提金生博士	英国	生理学
佐勒克药剂师	英国	药物学
佐尔登博士	英国	医学原理与实验
高威硕士	英国	医学临床
赫尔提根博士	英国	妇产、产科
汤姆生硕士	英国	病理学
比尔博士	英国	外科临床
麦卡伦先生	英国	公众卫生
杨格博士	英国	产科
森姆培生先生	英国	植物学
泰罗先生	英国	化学
查尔美尔斯先生	英国	物理学
尼赫提先生	英国	药物学
史百禄医生	英国	临床诊断
耶尔医生	英国	解剖学
罗伊提将军	英国	生理学
麦魁斯先生	英国	法医学
谭宝尔博士	英国	实用初级外科
罗本士医生	英国	外科学
何启博士	中国	法医学、生理学

注：此表制订参照罗香林先生的《国父之大学时代》。①

① 罗香林《国父之大学时代》，（台湾）商务印书馆，1955 年，23～26 页。

就香港西医书院的管理而言，担任该院主要负责人的绝大多数是英国人，这可从“香港西医书院主要教师、课程一览表”中看出。本表已经清楚地告诉世人，该院是在港英政府督导下的一所西式医学院，但这并不妨碍何启在筹建“香港西医书院”中做出的突出贡献。首先从该院的创办起源看，何启当属首倡者。正是他的提议，将当时存于香港社会的创办西医学校的朦胧念头明朗化，并由此获得了众人的认同，时隔不久就变成了现实。从此，香港乃至整个东亚有了第一所近代化的西医书院，填补了远东地区无西式医院的空白。其次，何启以其独特的教育背景、家庭背景以及在香港社会中的强力影响，成为该院管理机构中惟一的一名中国人。在担任该院名誉秘书的岁月里，何启承担了沟通东西，嫁接中外的历史重任。正是由于他的垂范，长期以来横亘在东西方文化之间的鸿沟逐渐被填平。随之而来的便是中国人大规模地向西方学习，越来越多的年轻人抛弃了“夷夏之大防”的狭隘之见，开始跨出国门，走向近代文明的发源地，求知识于世界。随着香港西医书院的建立，何启长期以来蕴藏心中的理想变成了现实。虽然中华民族也曾创造出灿烂的中华文化，对人类社会的演进做出举世公认的巨大贡献，极大地丰富了人类文明的宝库。但是我们也应该承认，中华文明毕竟是农耕时代的产物，朴素的整体思维方式的缺憾，造成了中华古代文明所特有的认知形态，即粗疏、模糊，对事物本质的认识大多停留在直观、感性认识阶段，缺乏对构成整体的各个部分本身的深入细致的研究，以及部分与部分之间的关系的研究，难以在规律性的前提下认识事物。加之重政务，轻自然，斥技艺的文化特性，更是人为地制约了中华民族对自然科学奥秘的探索。在漫长的封建社会历朝历代虽也有能工巧匠、科学家屡屡问世，但就总体而论，中华文明在科技发明史上没有形成一条持之有序，不绝如缕的发展链条，更多地是断断续续，时而辉煌，时而低谷，代与代之间不是传承递进，不是继承与创新，更多的是单兵作战式的独创。重复性研究致使人力物力浪费极大，科学发展自然也就难有长足进步。这应该就是造成中华科技在近代以后落伍的最深层次的根源所在。

与“伦理型的”中华文化相反，“求知型、科学型”的西洋文化在对未知世界的探索方面体现出更高更强的能量。强调对立、斗争的思维方式为其展现了广阔的寻觅空间。侧重局部、化解复杂的认知特性便于其对具体事物的深刻了解。讲求逻辑思维，注重抽象概括的文化传统，为其把握事物规律性的认识提供了利器。特有的思维方式为欧洲近代科技的突飞猛进铺垫了坚实的基础，科技的日新月异又为求新求异的思维方式开拓了无限的天地。只要摒弃民族的狭隘，我们便会发现，最大限度地拓展了人类认识空间、思维空间、活动空间、交往空间的便是西洋文明，尽管这是一种文明与野蛮相互交杂的文明。当欧美列强以战胜者的姿态进驻东方时，它在给民族带来耻辱、痛苦的同时，也带来了落后民族闻所未闻的近代科技文化，并在现实生活的层面上显示出无与伦比的优势。这种悖论所造成的痛苦，煎熬着弱势民族的心理，强烈地改变着弱势民族的思维方式。“师夷之长技以制夷”，一方面流溢着浓浓的民族复仇情结。另一方面，学习西方，造福民族，则凸显了民族的理性气度。而要做到后者，则必须建立在对西洋文化有深切认识的前提下，对欧美政治有切身体验的基础上。何启这位沐浴着异国文化成长的中国新式知识分子，凭借着同时代的中国人无法比拟的优越条件，充当了文明的“盗火者”的角色，在东西方文化之间架起了一座桥梁，将先进的西方文化引入到东方。作为一个接受过近代文明洗礼的新式知识分子，何启深知，凭一己之力是无法完成这一艰巨的历史重任的，初次在香港行医的失败深化了他对此问题的认识。爱妻的英年早逝，更激起了他对引进西方科技的热切向往。“雅丽氏医院”的创办成功，增强了何启引进欧美文化的信心与力量，创办一所新式的西医学校也就水到渠成。学校作为知识的传播地、聚集点，在传承文明，教化民风诸方面，发挥了极其重要的作用。古今中外，无论是官办学府、民办私塾，还是官民合营的书院，它们作为早期的或近现代意义上的学校，对传播人类优秀文化，启迪人类的心灵，开拓人类的视野，发挥人类自身的潜能，均做出了卓越的贡献。从某种意义上说，正是因为有学校的存在，人类文明的火把才辈辈相传，人类文明的火种才代代燃烧，烧毁了蒙昧，驱走了野蛮，迎来了新天。人类社会的发展也由此走过了远古、中古，迈入近代。近代英国在人类文明演进途中捷足先登的事实，更给世人以重视学校教育的现身说法。1877 年初至欧洲的刘锡鸿就对英国“有教无类”的教育观念大加赞赏。他说：

英人教人之法，绅官殷富或自延师，或公建学堂，以课子弟，皆不与贫儿混。贫而无力就学者，则收之以义塾焉。都会乡镇各有义塾，自数所以至数十所。每所延师自数人以至十余人，均按其地大小酌行之。经费公捐、独捐，亦视其地有无巨富为断。学徒皆居宿于塾，供其衣服、饮啖，不听他出。人家

> 生育子女，咸报乡官，乡官岁核户籍，省知己，届五龄即驱率入塾。初学教诵耶稣经，既长习书算、地图、勾股、开方之法，是之谓小学。小学既成，则令就工以谋食，其资禀特优者益使习天文、机器、画工、医术、光学、化学、电学、气学、力学诸技艺，是之谓大学。大学之处刊卜吏支(地名)十书院以光、化、电学为主。岳斯笏(亦地名)三十余书院，以各国语言文字为主，又或舍巨舟为学塾，教练航海各工。总之，不离乎工商之事者。近是虽然其教术则工商，其教规则礼乐也。塾中子弟言语有时，趋步有方，饮食行立有班行，虽街市遨游不得逾越尺寸，歌声乐节，童而习之，无任差忒，每入其塾，规矩森肃，匪匪翼翼，雍雍如也。[1]

观察之后，刘锡鸿找到了英国富强的根源，即在于法律强制下的全民教育。他说：

> 设学问以训子弟，人不志是则姑听之，未有皆驯然束身以就吾范者。英人虑此，特为官法督治之。不循其教令，虽三尺童子犹拘诸改过房，俾习苦布、麻、金、木诸匠作，以制为有用之器。故监牢亦学塾焉。英之众庶强半勤谨，不自懈废，商贾周于四海，而百工竭作，亦足繁生其物，

① 刘锡鸿《英轺私记》，《中国近代史资料丛刊·正编》(154－5－6)，(台湾)文海出版社，13页。

以供懋迁之需。国之致富,盖本于此。非然者,火车、轮船即能致远,而可贩之货,国中无从造,而成之金币,究如人何哉?①

实事求是地说,刘锡鸿对于西洋富强奥秘的探求是极富真知灼见的,绝非老生常谈的“顽固不化”,更非拒斥新生事物的“保守”。像刘锡鸿这样一个对西洋文明还处于感性认识阶段的人都能得出如此深刻的见解,受过西洋正宗教育的何启自然不在他之下。何启13岁留学英国,10年间完成了中学、大学、研究生教育,所学课程从一般化的数理化,到专门性的医学、法学,积淀了深厚的西学学养。对于全民教育在实现英国富国强兵中的突出贡献,提高国民素质等方面所发挥的积极作用,何启有着远非刘锡鸿可比的认识。何启倡办香港西医书院,从深层次意义上讲,就是仿照英国模式,借用学校这个知识、观念的传播渠道,广泛地造就大批具有新思想、新观念的中国新式知识分子,实现改良中国的宏大志向。何启实际上开启了近代以来先进的中国人“教育救国”的历史先河。香港西医书院的建成,为何启搭建起了一个实践理想的平台。曾担任香港西医书院教务长的英国人康德黎博士对何启等人在筹建书院中的作用以及书院建立的意义有过清晰的阐述。

1892年7月23日,康德黎博士在香港西医书院首届毕业生典礼大会上,发表了热情洋溢的演说。康德黎博士首先

① 刘锡鸿《英轺私记》,《中国近代史资料丛刊·正编》(154-5-6),(台湾)文海出版社,14页。

高度评价了何启等人在筹办香港西医书院中的突出作用。他说:何启等人“皆以其人品地位,主办书院院务,彼等有专一之精神,不屈之豪气,及保持其朝向事业胜利之门之永久不变之态度,更为世人所熟知。由彼等之努力,始能使书院远离初期之荆棘生涯,今在彼等把舵之下而下水,荡入吾人所期望之青年的汪洋”①。

康德黎博士随后阐明了创办香港西医书院的宗旨是:“以科学及医术为第一要义”。目的是为了传播医术,造福百姓。康先生说道:“吾人教育学生,不受金钱酬报或其他补助,只不过自愿献礼物于科学未昌明之大中华帝国而已。在中国尚流行吾人中世纪时代之蒙昧,星卜盛行,人民信之为医生,而科学的外科手术,则绝不采用,万千妇女,咸受痛苦,或竟被所谓产婆之邪术魔药所致命。”②

对于香港西医书院建立的意义,康德黎博士作了十分中肯的评价。他说:“本书院工作之一般成效,因之将越出香港小岛,而影响且及于远处,所有香港及其他通商口岸之人民疾苦,得赖本院毕业同学之高级治疗学术为之解除。然所能完成者,亦不过如水中泡沫之临岸上沙石,而成为大中华帝国之科学输入之钥匙而已。”③

诚如斯言,中国二千多年的专制痼疾决非一所西医书院即能医治,四亿多中国百姓的痛苦更非区区十几个医学院校学生所能解除。中国所需要的是一场脱胎换骨式的全身手术。医治老大、垂危的中国真可谓是任重而道远。但

①② 罗香林《国父之大学时代》,(台湾)商务印书馆,1955 年,6 页。
③ 同上,6~7 页。

确如康德黎先生所言,香港西医书院的建成,毕竟为尚在中世纪的黑暗中独行的中国带来了一线光明,照亮了中国人前行的道路。由之所传播的科学技术将会成为剔除中国社会蒙昧的一把利器,开启中国人心智的一把钥匙。与此相伴的必将是中国社会思想的风雷激荡。以孙中山为代表的一大批接受过西式教育的中国新式知识分子随之走上了近现代历史的舞台,凭着全新的理念,勇敢地担负起医治中国的历史重任。从这种意义上讲,香港西医书院完成了它的历史使命。

1912年,香港西医书院并入香港大学改名为“香港医学院”。

三、孙中山的良师益友

从医术上讲,何启是一位合格的外科医生,优秀的大学教授。从思想观念上说,何启又是一位富有见地的思想家、政论家。作为教师的何启,传授给学生的是精湛的医学知识;作为思想家、政论家的何启,导播给学生的是崭新的思想观念。前者治身,后者医心。作为学生的孙中山,从老师何启身上更多地是学到了医心的本领。在此涉及到何启与孙中山之间的非比寻常的关系。

何启与孙中山的结识,是从孙中山进入香港西医书院读书开始的。

孙中山(1866～1925年),谱名德明,乳名帝象。稍长取名文,字载之。初号日新,后改逸仙。出生在广东省香山县萃亨村一个贫苦的农民家庭。为了贴补家用,其父孙达成不惜去做更夫，哥哥孙眉更是在16岁时背井离乡，远至檀香山[①]谋生。孙家的境遇也随之发生转机。初至檀香山的孙眉先是给人做佣工，少有积蓄以后，开设了米店、杂货铺，随后投资牧场开发。因经营有方，事业兴旺发达。到1880年后，孙眉成为拥有占地6000英亩（约合华亩20000亩）、雇工1000多人的牧场主，人称“茂宜岛主”。源源不断的钱财随之流到了萃亨村。孙眉成了孙家的“救世主”，成为孙中山辉煌人生的铺路人。

1879年5月，孙中山在母亲的陪伴下，乘船抵达檀香山。时年13岁。先入意奥兰尼学校（Lolani School）读书。1882年7月，以本届毕业班第二名的优异成绩毕业。随后又进入设在火奴鲁鲁的奥阿厚学院（Oahu College, Honolulu）学习。正当孙中山沿着自己设定的目标前行时，哥哥孙眉的横加干涉使其计划夭折。志存高远、倾心西化的孙中山在檀香山的4年间，经历着思想观念的第一次大裂变。仿照西方，改良中国的思想萌芽在此滋生。正如他后来所说：“至檀香山，就傅西校，见其教法之善，远胜吾乡。故每课暇，辄与同国同学诸人，相谈衷曲，而改良祖国，拯救同群之愿，于是乎生。”[②]孙眉作为深受传统观念浸染的商人所关注的是如何发财致富，对于改良中国的政治问题则根本不予重视。当孙中山决意要剪掉辫子，皈依基督教时，孙眉自然是坚决反对，并以断绝资助为杀手锏，逼令孙中山辍学回国。1896年11月，孙中山在给翟理斯先生的信中

---

① 檀香山是一群岛的通称，现为夏威夷群岛，由夏威夷（Hawaii）、茂宜（Maui）、奥阿厚（Oahu）和考艾（Kauai）4个大岛及16个小岛组成。位于奥阿厚的火奴鲁鲁为首府。

② 《孙中山全集》第二卷，中华书局，1982年，359页。

述说了当年的情景:“后兄因其切慕耶稣之道,恐文进教为亲督责,着令回华,是十八岁时也。”①

意志坚强的孙中山并没有因此终止西化的步履,并没有停止对改良中国方案的探索。1883年7月,回到国内的孙中山进入香港基督教圣公会所办的拔萃书院(Diocesan Home)读书。同年11月,孙中山与好友陆皓东一起在美国牧师喜嘉理的主持下,在香港必列者士街纲纪慎会堂接受了洗礼,成为基督徒,并改号为逸仙。1885年4月,孙中山转入皇仁书院学习。一年后又转学至广州博济医院的附属医科学校即南华医学堂学医。该校系美国基督教长老会所办,始于1835年(清道光十五年),是亚洲最早的西式医院。1887年9月,孙中山转入香港西医书院求学。何启与孙中山的友谊由此开始。

何启与孙中山是如何相识、相知的,目前尚没有一份完整的记载,但是,答案可以在合理的推测中找到。大致说来,起因不外乎如下几点:两人都有求学海外的经历,同是皇仁书院的校友,同是上帝的子民;何启娶英国名门闺秀为妻的神奇故事,自然是年轻的中国学生们课下议论的热点;何启在香港西医书院拥有的“两个惟一”——管理机构中惟一的中国人,教师队伍中惟一的中国人,理所当然地会成为学子们仰慕的对象、接近的目标。再者孙中山自身也是很优秀的。大学一年级和大学四年级时,孙中山在何启讲授的“生理学”和“法医学”两门课程的考试中,成绩都居全班第一。上述种种原因,二位走到一起、谈到一处也就再自然不过了。

关于孙中山在香港西医书院的学业成绩可见下表:

① 《孙中山全集》第一卷,中华书局,1981年,47页。

1888 年香港西医书院首届学生考试成绩单

学科 姓名	植物学	化学	解剖学	生理学	药物学	物理学	临床诊察	总计（最高数为 700）	平均百分比	名次
王约翰	90	78	86	74	91	93	78	590	82(应聘 84)	1
王以诺	6	0	0	14	0	13.5	15	42.5(应 48.5)	9	13
江翼万	62	78	85	81	71	78.5	65	520.5	75	2
孙逸仙	43	92	65	81.5	39	92.5	70	493	71	3
江英华	57	45	67	73.5	42	31	69	384.5	55	5
胡尔楷	40(剥落)	75(剥落)	50	62.5	9	29	65	(剥落)	59	4
杨志远	29	20	30	22.5	22	20	47	190	27	9
关景良	39	43	50	59	83	53	54	381	55	6
刘四福	28	42	50	37	90	25	58	330	47	7
薛南	13	6	19	6	23	15	43	125	18	11
王世恩	29	25	25	21	0	28.5	54	182	26	10
赵汉勋	19	0	0	4.5	9	15	25	72	11	12
赵宝瑞	15	35	10	51	36	0	44	191	29	8

注：此表系根据罗香林《国父之大学时代》制定，（台湾）商务印书馆，1955 年 10 月版，44 页。原表有误：赵宝瑞的名次应为第八名，而原表列为第七名。

据表可知，孙中山是以“孙逸仙”的名字注册入“香港西医书院”的。第一学年的总成绩位居全班第三名，其中尤以二门专业基础课：化学、生理学成绩最优，列全班之首。

1889 年解剖学、生理学考试成绩单

学科与次数 / 姓名	解剖学	生理学	考试次数	等级	名次
江英华	80	80	第二次考试	优等	2
孙逸仙	80	85	第二次考试	优等	1
王约翰	70	70	第二次考试	及格	3
刘四福	60	55	第一次考试	及格	6
胡尔楷	55	80	第一次考试	及格	4
薛南	50	50	解剖学第二次 生理学第一次	不及格	8
关景良	60	69	解剖学第一次 生理学第二次	及格	5
王世恩	55	55	第一次考试	及格	7
王以诺	50	未考	第一次考试	不及格	9

注：此表系参照罗香林《国父之大学时代》制定，45 页。

据表可知，孙中山在第二学年成绩已经跃居全班第一名。

1891 年 7 月考试成绩单

学科及等次 姓名	法医学			公众卫生学			实用初级外科	平均分数	等级	名次
	笔试	口试	总分	笔试	口试	总分				
江英华	70	32.5	102.5	88	18	106	90	81.6	优等	2
关景良	63	31	94	75	18	93	50	63	及格	3
刘四福	62	27	89	61	15	76	60	61	及格	4
孙逸仙	66	32.5	98.5	86	30	116	90	83	优等	1
胡尔楷	48	26	74	74	15	89	50	56	及格	5

注 1：法医学考试分笔试、口试两部分。笔试满分为 80 分，口试满分为 30 分。

公众卫生学，笔试满分为 100 分，口试满分为 50 分。

注 2：本表系参照罗香林《国父之大学时代》制定，46 页。

1892 年 7 月考试成绩单

学科及等次 姓名	产科			外科			医学				平均分数	等级	名次
	笔试	口试	总分	笔试	口试临床	总分	笔试	口试	临床	总分			
关景良	47	40	87	60	70	130	30	25	50	105	47	不及格	4
江英华	68	50	118	80	80	160	50	80	60	190	67	及格	2
刘四福	58	40	98	57	70	127	60	35	40	135	52	不及格	3
孙逸仙	80	80	160	62	80	142	85	60	60	205	73	及格	1

注：此表参照罗香林《国父之大学时代》制定，47 页。

根据上述 5 年的学习成绩单可知，在大学的 5 年间，孙中山的学业是同学中最好的。到 1892 年 7 月毕业时，孙中山在大学阶段共获得 10 个优秀，两个及格的优异成绩，以全班第一名的成绩毕业。同时，孙中山也是香港西医书院首届毕业生中两个合格毕业的学生之一,另一个是江英华。[①]

老师喜欢学习成绩突出的学生那是再自然不过的事情。就这样在有意和无意中,何启与孙中山逐渐熟悉起来。仅比孙中山大7岁的何启成为孙中山的良师益友。何启在向学生传授医学知识的同时,还教育学生树立远大理想,胸怀大志,做一个道德高尚的人。

> 先生(何启——引者注)不辞劳瘁,亲课生徒。集中西医法药物,辨析毫芒,复贯通融会,以教诸生。曰:善歌者使人继其声,善教者使人继其志,诸生学吾学者,志吾志,则利济必多。以故从之游者,一时,士多知名,深格致,不特为名医,且可为博士。先生以《中国洗冤录》、《本草》等,多讹舛,欠详明,由格致不精之故,将与诸生厘正之。[②]

何启与孙中山能够走到一起的原因,除了学业接近外,更多的是因为两人的思想旨趣相投。这还要从何启发表的著名政论文章《中国之睡与醒——与曾侯商榷》说起。

1887年1月,曾出任清朝驻英、驻法、驻俄公使的曾纪泽在英国伦敦《亚洲季刊》杂志发表了一篇著名文章《中国先睡后醒论》。该文在批驳西方散布的中国"危险"论的同时,指出中国在经受了第一次、第二次鸦片战争的打击后,已经从所谓的"睡梦"中觉醒,19世纪60年代开始的西化运动——"洋务

---

① 罗香林《国父之大学时代》48~49页。

② 转引自罗香林《香港与中西文化之交流》,(香港)中国学社,1961年,159页。

运动”便是明证。引进西方先进科技，大力发展军工生产，兴办事关国计民生的交通运输业、工矿企业，均已表明中国正在改弦易辙，主动适应世界局势的变化，调适对内对外政策。曾纪泽坚持，目前解救中国于危亡之境的第一步应是近代化的军事建设，并乐观地认为，只要沿着业已确定的国策走下去，中国将会成为一个“全备稳固”的国家。①

该文一经发表，立刻在国内外引起强烈反响，法文版、德文版以及香港、天津、上海的西方报纸，争相转载，成为“传诵一时”的名文。1887 年 2 月 8 日（清光绪十三年正月十六日），香港最早的西文报纸《德臣西报》全文转载了此文。②

> 列国经营缔造，永骛战功，以期国祚之长存。此同然之势也。乃有时大展规，为不惜帑藏，致觇国势者，疑其元气虚耗，无可设施，惟有坐而待亡。古来富强之国，或一朝而灭，或浸衰而终至倾颓，皆以此耳。说者观此，遂谓国与人无异。人有幼年、壮年、老年，一息待尽之年。国亦有之。欧洲人遽谓中国，即一陵夷衰微至败亡之国。盖彼见中国古所疏凿之

---

① 江都于宝轩畯庄辑《皇朝蓄艾文编》卷一，上海官书局印，光绪癸卯七月（1903 年），36 页。

② 曾纪泽的《中国先睡后醒论》，现存史料已经很难看到，尤其是对于资料缺乏的院校而言就更是如此。况且，几乎所有的研究者仅仅是引用了其文的部分内容，致使资料缺乏而又想深入了解者常常叹息不已。笔者所用材料就是通过在复旦大学读研究生的学生王莲凤一笔一笔抄写出来的。在此，向王莲凤同学深表谢意，并愿与国内外同人分享之，尤其是与那些常为史料缺乏的同人们分享之。对于其中可能存在的错误，笔者负全责。

洪流巨川,四通八达者,今多湮塞。昔所传金石土木之工,坚致巨丽,今日只存遗迹,剥落损坏,无复完美,且作法多有失传者。中国古昔之盛与,近今之衰,判若霄壤,遂疑中国精力业已消铄殆尽,将近末造,难支他国争胜之势。道光十九年,有英国著名之使臣,深知中国之时事,及古今之典籍,一时未能或之先者。其言以为中国虽疆宇广阔,外无异国吞食,内无土寇鸱张,然其中实有溃败、决裂之象,不过略迟而已。予或不应出此言,不妨姑存其说。其意见如是,而彼时意见相同者,不乏其人。大抵欧洲皆以道光末年,为中国危险之时。苟易新君、新政,略有缺失,即恐灾害并至。纵使幸而无事,终多变故之迭生。然使国家兴必有废,果系天运之循环,一成而不可挽,余只好为积衰之诸国,怅然长叹,无复望耳。所幸者此并非一成之局,其言谬也。如谓中国有似年老者,奄奄待尽,则观近时大势,其谬益见。有谓中国或仅错走其路,抑或其数百年所走之路,习惯而素所深喜者,竟误认为固可引至于诸大国所造之胜境,致有此凋敝之形。盖其因由,虽在此在彼,攸异而流敝则一,此说亦非。愚以为,中国不过似人酣睡,固非垂毙也。缘中国之意,以为功业成就,无待图维,故垂拱无为,默想炽昌之盛轨。因而沉酣入梦耳。然其存心如此,亦不足怪。何则?盖预有使之然者在也。即如职贡诸远邦,常遣使臣进其方物,诸边藩属文教,均不如中国之懿美,时生倾慕。遂使中国,日有侈心,自以为金瓯永固,无待舍旧而谋新,兼之其他强大之国，远隔重洋，相去辽阔，彼中兴亡得失，和战攻守，漠然不知，以致中国绝无留意于海外诸国之事者。沿至道光末年，沉睡之中国始知己之境地，实在至危至险，而不当复存自恃巩固之心。向者中国固有海盗，暨日本寇舶，扰及闽粤江浙海滨，然次数不多，为忧尚小。乃道光年间所来之英人，视彼尤为精悍，我君臣始多惊悸。其人随至何处，决欲久居。初时犹服约束，所务者不过将奇异之货，引诱我民与之市易。不料，至二十年，中英来往，时尚未久，竟至龃龉失和。英兵骚扰我边疆，自显其不独善于通商，亦且勇于战阵。嗣于道光二十二年，重修和好时，则有南京之和约，除广东外，别开四处通商口岸。自此，环卫中国不欲与他国来往之藩垣，开门户五，而西国盘踞中国之处亦五矣。此事略已唤醒中国于安乐好梦之中。然究未能使之全醒，尚须庚申圆明园之火，焦及眉毛。俄国之侵伊犁，法国之吞东京，始知欧洲人四面逼近，其地势极形危险。盖自庚申一炬，中国始知他国皆清醒而有所营为，己独沉迷酣睡，无异于旋风四围大作，仅中央咫尺平静。窃以此际，中国忽然醒悟。假如作事颠倒，妄行妄为，已为常事，即使异常泼悍，亦不足怪。岂知深悟前失，改弦易辙，贤明亲藩，上章入告，永以和好为上策。中国先既失算，含忍优容，以为后图。今日舍此，殊无他法。再者，咸丰十年后，李爵相整顿中国军务，日有起色，今如他国再有战事，中国终不至有庚申之祸。爵相之为功，于中国实非浅鲜。窃以为中国能顺受其颠沛，而从中渐复其元气，如帆舟之航海，将狂风所损坏之物悉从船面抛去，修整桅舵，以将杀之风作为善风，乘之稳渡。若此之国，不可谓为将灭之国。或以圆明园及所藏之古玩、名画、珍宝，价值甚巨。失此而长一见识，似乎费大而得小。不知彼苟能教我如何整饬军制，如何坚固炮台，如何精利器械，至胜于前三倍，则所失者不得谓之太贵。今此役果有以教我。盖中国每与西国用兵，虽自知其柔弱，亦兼知其物力之尚属有余，至末一次而知之益深。是中国之见识，固与五年前大相悬殊也。

以上所言，是言中国之睡。今姑言其醒。有问中国有三万万人，如一时俱醒而自负其力，其作事得无碍于中西之和局否？或记昔时之屡败，今骤得大力，得无侵伐他国否？余应之曰："决无其事。"盖中国从古至今，只为自守之国，向无侵伐外国之意，有史书可证。嗣后亦决无借端挑衅，拓土域外之思。夫他国每欲夺人土地，夺之而不用，欲用而不能。若中国则不然。且中国本无人满之患，无须别寻新地，以为游民寄居。欧人谓其国人多于地，不能不觅新地，以安置其人，非笃论也。或谓中国许多次已有亿万人为势所逼，而谋衣食于古巴、秘鲁、美国及英国属地，不知此种人非因乡里谋生之难，乃遭粤匪之乱，丧失故业，乏困所致。其实十八省内原有无主失种之田亩，兵燹之处更多。兼之满洲、蒙古、新疆，均有宽阔荒地，向无农工开垦者，中国人丁虽兴旺，即安插之而尚有余地。故中国所应为者，不在使民谋食于外国，乃在设法将民分置于国内。至迁百姓诣该处垦荒为富国之一上策，亦军防之一要务，而不能不行者。中国固非不知，故近日业经奏请奉行矣。此外，中国一经设立制造、开矿、建铁路，则闲散之人必能各有工业可做。此法比移民垦荒更臻妥善。前者此三事未经举行，未经有富于国，兹次第举办，将来所用之人必多。苟能较之英国、比国，得其十分之一，则藉此而得食者，自无数矣。曾有西国屡欲与中国立约，准华民出洋庸工，总未踊跃，旁观者以为中国不留心时务，其实中国自有以用其人，即或不用，决不愿含糊怂恿出洋。盖华民在外国，每受无穷之凌侮，彼国律例专为虐待华民而设，在彼土，无论主与仆，本国与异国，皆一视同仁，皆固结以邦交情谊。惟有华人则独白眼视之。在彼诸国以恶报恶之旧俗，久已湔除殆尽，宛成一亿万年太平之世，乃彼官审断华人讼事，曲存苛刻之心，则此称不合矣。以目报目，以牙报牙之故事，久不行于本国之中，而偶有华人误犯，则必报复。是其偏私未化矣。

余以上所云，不可谓太过，因近日华民在外国屡遭酷虐。三四年来，彼专为华民设立酷律，有新闻纸，有律例书可凭。然而公道之所在，余亦不能不言也。近来彼曾设法保护华民，俾免下等人欺负，且视华民与他国人无甚轩轾。凡诸利益，一律均沾，即如美国竭力禁止恶党谋害华人，且毁坏之什物，业俱赔偿。或谓中国虽自知有复原之气力，终不欲侵伐他国，兼无须别觅寄居游民之地，故未必与西国有失和之由，然岂可不畏中国或以前此屡败为耻,欲雪耻而生报复之心乎?昨中法起衅时,观时度势之人,谓中国必有是举。每闻彼人云,中国一经战胜,势必昏愦骄傲。今若法人不获全胜,则中国必贱视诸西国,以后难于相交矣。其时左袒中国者,亦有此言,不知中国后来绝无其意。时法国索赔军费,中国却以言讽刺之,强其归还所侵之地,凯旋后复与立约。然中国此际并无骄傲,于诸西国并无异视,交涉事件并未亢不相让,反而中国与西国人相交更为亲睦,更出以实心,为从前所未见,其于英国尤为莫逆。诸国有所请于中国,苟能合理,每许虚衷妥议,可从则从,从前亦无此舍己从人之美意。近日与诸国交接,中国可谓和谐而无强求,以后当复如是也。愚以中国虽记其前之屡败,决不愿弃其和好之心。盖中国不似他国,一受灾害,始终切齿。凡国相争皆有败衄,即罗马在康及,奥国在撒土哇与利沙,法国在西棠,而中国亦有是挫,然所遗之血,惟血可洗,中国并不存此意见也。败衄之故,在于国之柔弱及多错误,而辱亦在是。如果弱而能强,错而能正,一经自知,稳固无敌,则国耻已雪,无异于铭识家表,铜盾去锈镀金。中国虽或尚未造乎全备、稳固之地,然则全备稳固,可翘足以待。盖今正用其全力,整顿海防,创立坚固而实在得力之战舰也。水师一军,中国原不可少。咸丰十年间已知其利,当即起办,请英国帮助,得有战舰数艘,并聘英国水师营内之奥士明提督管带,只惜因事中止。假若成功,中国早成一强大之国矣。溯自咸丰十年来,已有两次以无水师为国家之大不幸，深为叹息。盖因两次外国占其土地，只好任其所为。假若先创设之战舰数艘未废，益加增广，其事可以无有，即有亦不若是之易。中国现将兴办海防，创立水军、陆军，渐渐推广，决勿疏懈。按目前之时势，起造铁路以及别项富国之法，中国亦知为必需者。然既可稍迟时日，今日姑置不为。前者土耳其国，自以为有战船数艘，兵若干，即可并列于强大国之中，而可无所不为。迨屡为俄所败，始知其误。惟中国决不肯蹈其覆辙。愚意以一国之强，不在于兵多，而在亿万之民，力作以济军实。兵之于国，仿佛躯壳；民则为活泼之心，实能使兹躯壳存立运动。不幸土耳其不知其理，遂致屡败。印度部目曾与英兵交战，见其兵少，遂曰："面前之兵，我确不惧，所惧者兵后居黑水彼岸之民，即亿万劳力纺织之众。"可见彼之识见出于土耳其人之上。

余此篇所论者，专在国外之事。盖邦交一事，实系今日急务，不可缓图。至于国内政事，何者或宜整饬，余暂不言。盖国势既强，则筹度国是，肃整纪纲，始为有益。譬如居室，先须缮完垣墉，修固门键，无穿窬之虞，然后可以清理内务。窃以天下所经历之灾难固属不少，然一国之难，惟一国自知其从来而自能专主。大凡国家遇有灾难，固须承当，苟能随事措置，更能遇机会而即取为用，则大幸矣。中国目前所最应整顿者，如下数事：

一、善处寄居外国之华民。

一、申明中国统属藩国之权。

一、重修和约，以合堂堂中国之国体。

夫寄居外国之华民，屡受凌侮，非独致辱于外邦，兼且遗笑于中国。盖中国不恤其民，致受此困。近日已简钦使查阅情节，据实回奏。惟望诸国曲体中朝顾恤其民之意，嗣后一例宽待华民，不特合乎万国公法，亦合乎以善待人之道。至中国管辖藩属，法本妥善。乃近日西洲每垂涎亚洲，以至藩属之事，西国屡有违言。而中国已失外藩数国，今决欲鉴察藩国之所为，不任其私自专主，并且设法照顾保护，俾余国不被侵蚀。现已钦派大臣往高丽、西藏、新疆，经理其事，藉以维持大局。后有侵夺该藩属土地，或干预其内政者，中国必视此国为欲与我弃玉帛而事干戈矣。凡国之败于敌，其败易忘。败后另生之牵制，及一切遗害则难忘。譬人身受杖击，其痛易忘，被带常常扎紧，而所受之痛则难忘。中国道光年间，一战之夙怨久已消释。至战后所立和约，未能平允，则其怨难消。盖所立之和约，系中国勉强设立，中间有伤自主之体统，今不能不设法改订。比如咸丰六年间，欧洲诸大国与俄国订立和约，其中黑海一条，碍俄之体统，随于同治十年，在伦敦商酌废去。中国亦必如是。所云有伤体统，即通商各口租界一条，暨今不及备载。诸事若此者，却夺中国地主之权，不能置之不问。今拟于第三次十年换约之期，将此数条废去重立，以免后患。夫他国已有似此而贻后患者，即埃及国可证。盖该国事权，概在他国之掌握，而地主转难闻问也。窃以更改此条，或有难处，中国亦非

> 不知。然此次决当力任其难，以免将来或任更难之事。亚洲之诸国，彼此常存嫉妒，甚有过于欧洲之忌亚洲者。亚洲诸国有同患之情，不应嫉心相视，自宜协力同心，务将与西国一切交接，基于国谊而立之国约，非基于败衄而立之和约。
>
> 以上所云三事，中国决派钦使，分诣诸国，往复妥议，必不隐忍不问。第事体重大，其整顿也，自不免多延时日。然此一世界固非将近终穷，太阳又非行尽轨道之圈数，为时尚永。中国尽为国之职分，正可以暇日行之，而无事亟迫也。①

社会各界对该文的观点，赞同者有之，不置可否者有之，批评者同样有之。反驳最有力者当属何启。

同年4月，何启用“华士”为笔名，用英文写成了《中国之睡与醒——与曾侯商榷》(*China The Sleep and The Awaking A Replay to Marquis Tseng*)，发表在《德臣西报》上，后来因曾纪泽之文有“译登华文日报”的打算，何启“乃以示予友胡君礼垣”，由胡礼垣于同年六七月间加以翻译、阐发，更名为《曾论书后》。在该文中，何启全面地驳斥了曾纪泽以发展军事业为主的改革观点，认为徒有军事业的发展，并不能将中国带入一个富强文明的境地。何启指出：科甲选士，不能造就人才；俸粮克扣，不能鼓励武弁；炮台虚设，不能卫我岩疆；铁舰徒矜，不能固吾海宇；讼狱不察，不能约束洋人；内政不修，不

① 江都于宝轩辑庄辑《皇朝蓄艾文编》卷一，上海官书局印，光绪癸卯七月(1903年)，33～37页。

能保护藩服；虚文礼谊，不能扶救颠危；轻试其锋，不能坐成干济；民不信任，不能底绩大功；国失权衡，不能守持自生。[①] 倘若中国不能卓有成效地解决这些问题，中国将永远难有真正意义上的觉醒。目前由清政府主持之下的洋务运动，尤其说是清政府觉醒的标志，倒不如说是其仍旧“昏睡”的明证。

很明显，何启在此所阐发的观点，按政治趋向化分，是属于改良主义的范畴。而这种政治趋向正好切近孙中山此时的思想。尽管孙中山早在檀香山读书期间就表现出对政治的极大兴趣，尽管孙中山初至香港中央书院求学时曾对“不为良相，当为良医”不屑一顾，而要“一方致力政治，一方致力医术”[②]，尽管孙中山自言在香港读书期间常以与同窗好友畅谈“革命”言论为快[③]，笔者认为，所有的这一切，都表明了在孙中山的思想深处已经萌生了对社会现实，对清政府统治的不满情绪。在从言论上的不满到行动上的立志革命之间，还有一段相当长的距

---

① 《胡翼南先生全集·中国近代史资料丛刊续编》(261)卷 3，(台湾)文海出版社，5～45 页。

② 据孙中山回忆，早在檀香山读书时，教会司铎杜南山有言：“范文正公有云，不为良相，不为良医，窃采其意耳。”王俯民《孙中山详传》(上)，中国广播电视出版社，1993 年，27 页。

③ 对于 1892 年前在香港读书期间的思想情况，孙中山曾作过如下回忆：“数年之间，每于学课余暇，皆致力于革命之鼓吹，常往来于香港、澳门之间，大放厥辞，无所忌讳。时闻而附和者，在香港只陈少白、尤少纨(即尤列——引者注)、杨鹤龄三人，而上海归客则陆皓东而已。若其他之交流，闻吾言者，不以为大逆不道而避之，则以为中风病狂相视也。予与陈、尤、杨三人常住香港，昕夕往还，所谈者莫不为革命之言论，所怀者莫不为革命之思想，所研究者莫不为革命之问题。四人相依甚密，非谈革命则无以为欢，数年如一日。故港澳间之戚友交流，皆呼予等为‘四大寇’。此为予革命言论之时代也。”《孙中山全集·建国方略》第六卷，229 页。

离，更何况在这中间还有反复的可能。过去学术界尤其是港台学术界在孙中山研究问题上存在着明显的“拔高现象”，仅凭孙中山回忆中提到的“予自乙酉中法战败之年，始决倾覆满清，创建民国之志”一条史料即认定：孙中山自从中法战争以后便已经成为一个坚定的革命者了。以后所发生的一切，似乎都在沿着他预先设定的目标前进，这中间既没有矛盾，也没有曲折。这种“神化”孙中山的研究方式，显然是既不符合常理，也不符合史实。不然的话，如何看待 1885 年后，1894 年同盟会成立前，孙中山上书清朝二品大员郑藻如、郑观应呢？又怎能理解 1894 年上书直隶总督兼北洋大臣李鸿章呢？著名史学家金冲及先生曾对此作过十分中肯的评价：

> 一个人的思想发展，往往需要经历迂回曲折的道路。特别是一种新的社会政治思想的产生，要冲破社会上各种传统思想的束缚，更不可能一开始就走上一条笔直平坦的大路。当反动统治势力还貌似强大的时候，一个知识分子要下决心抛弃自己已取得的那点社会地位，冒着杀头破家的危险，领头起来革命，哪里是一件轻而易举的事情？它不仅需要有一个严肃的思考和摸索的过程，而且当他最后下定决心前，内心常常充满矛盾，甚至会出现一些曲折和反复，这倒是很自然的事情。孙中山的青年时代，正是经历了这样一个过程。①

① 〔美〕史扶林著，丘权政、符致兴译《孙中山与中国革命的起源·中译本前言(一)》，中国社会科学出版社，1985 年，2 页。

依据当时中国思想界的政治倾向,结合孙中山多次上书的内容分析,孙中山的思想应该属于改良主义的范畴。他在上书中所提及的问题并没有超越此时的改良主义者郑观应、薛福成、马建忠等人的认识水平。但就个人而言,此时的孙中山还是一个思想尚不明晰的改良主义者。美国学者史扶林在详细梳理了孙中山早年的经历后说道:1886 年进入广州博济医校学医这件事,说明了"和许多受过教育的中国人一样,孙中山为自己民族的处境担忧,但他的决定却表明他还不知道怎样使他的职业同他的新的政治觉醒协调起来。在这个过渡阶段,职业上的雄心和政治上的抱负一直变化不定"①。至于 1894 年 11 月成立旨在推翻清政府的"兴中会",走上革命道路,那也是在经受了最后一次上书失败的强烈刺激之后的抉择。著名海外汉学家邓嗣禹、费正清就说得更加富有戏剧性:"如果李鸿章让他(孙中山——引者注)担任了秘书或是别的什么职务,他很可能变成另一个人,有另一番经历了。"②

在构成孙中山改良主义思想的内核中,除了受到郑观应及在香港主持《循环日报》的王韬影响之外,何启给予他的当是最多的。

关于何启对孙中山思想的影响,笔者认为,史扶林在《孙中山与中国革命的起源》一书中有过详尽而中肯的评说。史扶林说:

① 〔美〕史扶林著,丘权政、符致兴译《孙中山与中国革命的起源》,中国社会科学出版社,1985 年,17 页。

② 〔美〕邓嗣禹、费正清《中国的反应》同上,33 页。

首先支持这种愿望(革命不是惟一的选择,致力于改革也能实现政治理想——引者注)的是何启博士,他在这方面的经历足以作为孙中山的楷模。由于一年级只有十二个学生,同时,由于何启除了是该校的名誉秘书外,还兼教课,这样,就使这两个人有了充分的彼此熟悉的机会。这个学校的开办紧随着何启决定发表他对于中国政治事务的看法之后。后来,在一位合作者(胡礼垣——引者注)的帮助下,他试图影响中国的读者大众。与此同时,他开始利用香港的英文报纸进行辩论,指出必须用制度上的基本改革来取代政府对军事防务的片面关心。他第一篇用笔名写的文章,对曾国藩的大儿子、前驻伦敦公使曾纪泽的一篇文章进行了反驳。这篇文章代表了这个人的观点,而这个人对孙中山在香港的思想形成时期和此后很长时间都有影响。

曾纪泽在他的《中国先睡后醒论》一文中坚持认为,在 1860 年英法占领北京和经历了类似的同外国人的灾难性冲突以后,中国终于认识到需要新的方针政策。她已不再沉睡,而是完全了解外部世界。作为这种令人高兴的发展的证据,他举出了中国在加强沿海防御上所作的努力和军队的现代化计划。他对这种优先加强军事力量的政策表示赞成,并且说,"当中国把她的房子整理好后可以实行改革,但是只有在她觉得门闩和顶木是可靠的时候,才是讨论这种改革的适当时机"。

何启的回答,彻底驳斥了这种所谓的"自强"纲领。他不否认中国深受外国侵略之害,但指出中国的病根不在军事上的弱点,而在于"社会的和政治的善恶不分"。他继续说,外国人要求并取得了治外法权,不是如曾纪泽所暗示的那样,是因为中国的陆军和海军弱小,而是因为欧洲人不信任"中国的法律制度,尤其是它的行政机关"。何启于是把曾纪泽的优先顺序颠倒过来:"一定要有一支有效的海军,但在此之前必须先进行改革。"他列举了许多军事装备由于缺乏受过训练的人去掌握而成为废物的例子,然后指出,对中国来说,在她把房子整理好之前就把门用"门闩"关起来是愚蠢的。①

《曾论书后》一文的观点,代表了此时何启的思想倾向,表明了何启的改良主义政治观点。在治国理念上,他更青睐英国式的君主立宪政体。在改革中国的思路上,他考虑最多的还是政治体制方面的总体改革。在实现改革理想的方式上,他最欣赏的还是温和的改良而非激烈的革命。尽管他在以后的时间内,曾经给予已经成为革命者的孙中山个人及其活动相当多的支持、策应,但就总体而论,他始终没有跳出自上而下的全局性的改良主义的窠臼。所有这一切,都与何启本人早年所处的家庭环境、求学经历以及归港后的社会地位有密切的关系。可以说,从知识素养、思维方式诸成分观察,何启是典型的英国文化的复制品。

---

① 〔美〕史扶林著,丘权政、符致兴译《孙中山与中国革命的起源》,中国社会科学出版社,1985年,21～22页。

何启身上所展现出的内在、外在的一切，自然会深深影响到以他为人生楷模的孙中山。此时的孙中山不仅在思想观点上接近何启，而且在行动方式上也同样雷同于何启。史扶林说：

> 随着对改良主义的情况有了新的了解，孙中山开始显示出他能够立即熟练地抓住各种相互冲突的目标的才能，以及策略上的灵活性，这成了他一生经历的特点。虽然他私下培育着反满的情绪，但他热烈地盼望由权贵倡导的温和的改良，这种改良既带有权贵的威望，又有着合法的标记。①

根据前述，我们完全可以说，何启是孙中山走上革命道路的思想导师，在孙中山的身上留下了何启式的烙印。孙中山对此毫不隐瞒。20世纪20年代，孙中山在担任非常大总统领导护法运动时，曾亲口对何启的女婿傅秉常先生谈起“自己受惠于何启之教”②。一位西方史学家也说出了富有见地的话语：“何启作为香港的‘华人领袖’，即使他反满，也不会以自己的名义参加这样的辩论。然而他对官僚制度的评论，对中国传统制度的强烈谴责，对注重实际的孙中山来说，其吸引力肯定要比会党关于复明的空谈更大。”③

何启不仅在孙中山成为革命者之前是其思想导师，而且

---

① 〔美〕史扶林著，丘权政、符致兴译《孙中山与中国革命的起源》，中国社会科学出版社，1985年，24页。

②③ 同上，23页。

在孙中山走上革命道路之后,仍然影响着孙中山,继续扮演着孙中山的良师益友的角色。

1894 年 7 月上书李鸿章失败后,孙中山决意推翻满清政府,建立资产阶级革命组织。同年 11 月 24 日,孙中山在檀香山发起成立了中国第一个资产阶级革命团体——兴中会。次年 2 月 21 日,又成立了香港兴中会,并决定发动一次以攻占广州为目标的反清武装起义。何启虽然不是兴中会会员,但他参与了广州起义的筹备工作。1895 年 3 月,孙中山、谢缵泰等人在位于香港中环士丹顿街 13 号的“乾亨行”举行会谈,商讨有关起义的具体事宜。何启与《德臣西报》记者黎德出席会议,并被推举主持会议。按照会议分工,何启负责起草英文对外宣言,朱淇起草中文《讨满檄文》,孙中山返回广州联络各路力量,杨衢云在港招募士兵,筹措军费,8 月底完成起义的准备工作,阴历九月九日(阳历 10 月 26 日)“重阳节”正式起义。

从本次起义的前后过程看,何启充当了孙中山与杨衢云[①]联合力量的“幕后军师”。所发挥的作用是利用他在香港社会中的地位,赢得了香港报界对起义的支持。因为何启的

① 杨衢云(1861~1901 年),福建海澄(今龙海)人。原名飞鸿,字肇春。曾任香港国家书院教员、招商局总书记、新沙宣洋行副经理等职。1892 年(光绪十八年)与谢缵泰等在香港成立辅仁文社,以“开通民智,讨论时事”为宗旨。1895 年在香港加入兴中会,被举为会长,准备广州起义,负责招募志士和筹措饷械。事败后转徙南洋、印度及南非洲各地,遍设兴中会分会。1898 年 11 月携眷属移居横滨,以教授英文为生。1899 年毕永年等有联合全国会党推举孙中山为首领之议,遂辞会长之职,荐孙中山自代。1900 年惠州(今广东惠阳)三洲田起义爆发,归香港进行活动,拟接受清政府议和条件,被孙中山等制止。惠州起义失败后,谢绝党人要其出洋暂避的劝告,1901 年在香港被清政府派人刺杀。

缘故，两份在香港广有影响的英文报纸：《德臣西报》、《士蔑西报》[①]对广州起义给予了许多正面报道。1895 年 3 月 12 日、16 日、18 日，《德臣西报》记者黎德连续发表拥护起义的社论文章。在 3 月 12 日的社论中，《德臣西报》首次暗示了广州起义的存在。社论指出，随着清军在中日甲午战争中的一败涂地，清政府在中国统治的权威性受到了极大挑战，业已存在的社会矛盾空前激化，各种反清力量正蓄势待发，多年来活跃于长江流域的哥老会已蠢蠢欲动，一场大规模的反清武装起义即将到来。随后，社论进一步分析，如果起义一旦爆发，南中国地区的百姓必将群起响应，因为目前南中国地区，已经具备了武装起义的民众基础，缺的只是一位点燃民众之火的杰出领袖而已。可以断言，依照目前的形势判断，只要登高一呼，势必会应者云集。

社论巧妙地暗示了广州起义的存在，并说道，尽管起义在短期内会给欧美列强的对华贸易造成若干损失甚至是重大损失，但希望列强不要像对待洪秀全发动的太平天国农民战争那样派兵干涉，武力镇压。因为，一则可能要爆发的起义，是一次带有结构性的整体巨变，中国将会由此剔除暴政，引入西方的贸易制度，移植西方的文明，朝着西方国家最乐意看到的方向发展。二则策划这次起义的领导者，是一些不同于华南地区普遍存在的会党分子，他们是一些受过良好教育，有着高尚政治目标的“改革党人”，改革的目的也决不是中国历史上常见的改朝换代，而是使中国发生社会形态的转变。未来建

---

① 香港出版的英文报，名为 *Hong Kong Telegraph*. 1895 年孙中山策划广州起义时，该报陆续发表了一些支持兴中会革命主张及活动的报道。

立的中国政府,将是一个以西方国家为样板,拥有独立完善的司法制度,高效、务实的行政机构。新政府将会承担前中国政府拖欠西方国家的全部债务,并且承诺将以全中国的海关税收作为担保。在新政府的领导下,中国将会如同日本、埃及一样全盘西化,聘任西方人担任政府的顾问,指导中国的改革、发展。

对于支持中国"改革党人"有可能获得的回报,《德臣西报》作了详尽的描绘:铁路将会由此得到拓展,矿山资源将会由此得到开发,而"素负盛誉的中国矿产资源将被开采,并就地设厂加以利用,从而为英国的企业和资本提供一条新的出路,长期拖延而又经常挂在口头上的中国的开放,最后将变成现实。"①

3 月 16 日、18 日,《德臣西报》再次发表文章,支持"改革党人",披露"改革党"的政治意图。文章的大意是,中国军队在战场上的接连失败,引起了全国性的躁动不安,加剧了局势的动荡,就连香港的许多中国商人也都在期待着一场大的变动。这场变动将会摧毁专制制度,开放中国的对外贸易。未来建立的新政府将会进行一系列带有"明显的亲西方倾向"的资本主义改革,以专业考试来改革官僚政治,取消捐纳制度,提高薪金以减少贪污腐化。实行司法改革,普及现代教育,允许信教自由,发展经济,整顿地方政府。"废除一切有碍于贸易的法律",开放更多的对外通商贸易口岸。对于未来政府的形式,《德臣西报》有这样一个明确的陈述:"就国家而言,没有提出要建立一个共和国。正如改革党提出的那样,中央政府应包括皇帝和三位主要的国务大臣。皇帝应出自哪一个古老

① 《德臣西报》1895 年。

的家庭，显然是以后考虑的事情。”①

《德臣西报》所披露的“改革党”的政治设想，实际上就是何启的思想。美国史学家史扶林在深入研究后得出结论：“这个纲领以及揭示出来的造反者的其他意图，都是何启的思想，这一点，在几个月以后就得到了证实。五月二十三日，《德臣西报》刊登了一个体制改革计划，被公开承认是何启的作品。”“这个计划对于反对清王朝避而不谈，但作为君主立宪的一个轮廓，和先前有人说是密谋者的目标是相一致的。”

何启设计的政治结构框架是：

> 担任最高决策和掌握行政机构的人，不仅是皇帝，而且还有总理和内阁。全国将划分为四个行政区，它们的议会及其下属的议会在地方事务上实行自治，由中央政府批准。在最小的地区，议会议员由人民直接选举。然后这个地方议会从自己的成员中选出代表参加县议会，如此逐级往上直至选出国会。但是，国会不必经常开会，因为有皇帝和内阁来处理国家的重大事务，而其他事务则由地方处理了。地方官吏由人民推荐，但最后的委任权属于皇帝。选出的代表和任命的官吏都要经过考试证明合格，而考试制度本身则要按前面提出的办法加以改革。②

---

① 〔美〕史扶林著，丘权政、符致兴译《孙中山与中国革命的起源》，中国社会科学出版社，1985年，64页。

② 同上，65页。

何启的政治主张与孙中山是有差异的。这主要体现在两点上，一是实现目标的手段。何启坚持走和平改良的道路，孙中山则主张通过暴力革命的方式，武装夺取政权。二是最终的政治理想。何启热衷的是英国式的君主立宪政体，孙中山向往的是美国式的民主共和体制。无论是檀香山兴中会，还是香港兴中会，入会誓词皆是："驱除鞑虏，恢复中华，创立合众政府。"在筹划广州起义的过程中，孙中山与日本领事的谈话，[①]兴中会领导人集会选举临时政府大总统等史实，均清楚地表达了孙中山的政治思想。孙中山是如何将两者糅合在广州起义中的，后人将如何了解隐藏在这段史实背后的深层缘由呢？

依据史料来看，孙中山对与何启的政治分歧是明晓的。1895年8月29日，兴中会领导云集香港西营盘杏花楼，商讨起义的各项事宜。何启与《德臣西报》记者黎德出席会议。会上，孙中山等人阐述了对未来政府的建设方案。何启作为革命党人的对外发言人，同样阐释了其一以贯之的改良主义主张。明知存在分歧，但作为本次起义主要领导人的孙中山却没有提出异议，而是同意或默认了何启的政治主张。这个矛盾症结的解释有两个方面。一则，孙中山自身的政治原则。传统的史学观点认为，孙中山至少从1894年11月创立檀香山兴中会以来，就成为一个立场坚定，矢志追求民主共和的斗士，再也没有发生任何动摇、改变。但是，事情决非如此简单，

① 1895年4月17日，孙中山游说日本驻香港领事中川恒次郎，寻求日本支持。谈话中孙中山提及广州起义的目标是"使两广独立为共和国"。陈旭麓、郝盛潮主编《孙中山集外集》，上海人民出版社，1990年，123页。

尤其是在刚刚走上共和革命的初期，孙中山对民主共和与君主立宪的分野并非后人所想像的那样清晰。在广州起义的筹备阶段，1895 年 3 月 1 日，当日本驻香港领事中川恒次郎问及准备由谁来担当本次起义的领导人时，孙中山答曰："统领乃广东省海南岛(应是南海县——引者注)人康祖诒(康有为，名祖诒——引者注)、原任神户领事吴(佚名、号汉涛)、曾纪泽之子、某某等四人。"[①]史料真实地反映了孙中山此时的政治立场，此时的"孙中山也不是一个纯粹的共和政体思想的人，也存在君主立宪思想。"[②]二则，何启的地位与影响。美国史学家史扶林先生素以研究孙中山早期思想与活动而闻名学术界，他在深入研究后得出的结论是："何启的支持尽管是偷偷摸摸的，却为密谋者打开了新的前景，当运动一旦揭去秘密的伪装出现在公众面前时，这个英国殖民地中富有而知名的人士，最有资格使运动在人们心目中受到尊重。因为孙中山不过是一个年轻的医生，杨衢云也只是一个职员。一旦在广州站稳了脚跟，密谋者就需要一个发言人向列强说明情况，其中最主要的是英国，有谁比何启更合适呢?"很显然，孙中山尚未完全摆脱借用权贵从事变革活动的政治幼稚。环顾四周，他发现何启是独一无二的合适人选。持有相同看法的不仅仅是孙中山，杨衢云作为广州起义最重要领导人也是如此。"尽管杨衢云在十月十日的严重对抗中迫使孙中山作了让步，但对第三个人物——何启博士，那是他们两人无论在政策和纲领

① 陈旭麓、郝盛潮主编《孙中山集外集》，上海人民出版社，1990 年，122 页。

② 茅家琦等著《孙中山评传》，南京大学出版社，2001 年，131 页。

上都言听计从的。”[①]“最重要的是,孙中山由于他的卑微的社会地位造成的政治上的孤立,需要他有灵活性。他可能得到的是教条主义,然而,他向谁去请教何启在政治和国家的体制问题上是不是权威呢?”[②]

广州起义就这样在一种政治模糊中推上了历史舞台。原定于1895年10月26日举行的广州起义终因部署有误而流产。陆皓东等5人成为“中国有史以来为共和革命而牺牲”[③]的第一批革命党人。孙中山从此开始浪迹天涯,成为职业革命家。

1895年,参与、策划广州起义是何启政治热情的大爆发,他本想以自己的地位,影响、左右此次举事的进程,实现君主立宪的政治主张。起义的流产,尤其是陆皓东等革命志士的流血牺牲,更坚定了何启走自上而下改良道路的决心。在中国历史上,何启更多地是以改良思想家、维新启蒙大师的身份崭露头角,享誉海内外。继《曾论书后》,何启又陆续发表了一系列的政论文章,阐发了对中国现行政治的改良主张。

1895年春中日《马关条约》订立前夕,中国战败已成定局,割地赔款在所难免。处于亡国灭种的危机关头,何启以一个现代知识分子的睿智,继承和发扬了中国传统知识分子忧国忧民的优良传统,刊行了《新政论议》(原名《中国宜改革新政论议》),系统地阐述了其一贯坚持的改良思想,认为“兹当

---

① 〔美〕史扶林著,丘权政、符致兴译《孙中山与中国革命的起源》,中国社会科学出版社,1985年,61页。

② 同上,66页。

③ 中国史学会主编《辛亥革命》(一)中国近代史资料丛刊,上海人民出版社,1981年,5页。

玉弩惊张之会，金瓯动荡之辰，将欲再奠元黄，永安社稷，则必奋然改革，政令从新。”①

甲午中日战争之后，帝国主义掀起了瓜分中国的狂潮，由康有为、梁启超发起的维新变法运动在全国迅猛发展。远在香港的何启也积极投身于这一运动。1897年3月13日，何启在姐夫伍廷芳的陪同下，乘船到达上海，拜会时任中国铁路总公司督办的盛宣怀。洋务巨擘盛宣怀对何启甚为赏识，称其才堪大用，欲招至麾下，辅佐自己经营铁路。何启并没有长期效力在盛宣怀处，时隔一年于1898年3月返回香港，继续担任香港立法局议员一职。此次上海之行是何启首次也是最后一次到内地游历。关于何启为何很快就离开上海，拒绝为盛宣怀效力，现存史料并没有记载，但后人可以在何启此后不久发表的文章中找到一些蛛丝马迹。1898年春，何启刊发了《新政始基》一文。在该文中，何启支持康有为、梁启超发起的维新变法运动，认为除改革官制、废除科举、兴办学校、开设议院之外，还应注意“理财之法”。需要指出的是，何启在该文中要求发展资本主义工商业，并提出如何发展资本主义工商业，首先，必须改变原来那种官督商办的经营形式，去掉“官督”，允许商民自办企业；其次，保护关税，以利民族工商业的发展；第三，把厘金合并于关税，以减轻厘金对工商业的危害。该文所关注的问题，实际上是对当时洋务活动中占主导地位的“官督商办”形式的否定与批判。而盛宣怀时任招商局的督办，经管着中国近代最大的民用企业——轮船招商局。这应该是何

① 《胡翼南先生全集》卷4，沈云龙主编《中国近代史资料丛刊·续编》(261)，(台湾)文海出版社，2页。

启离开盛宣怀的主要原因。此外，水土不服也是何启离开上海返回香港的原因之一。①

1898 年是何启在忙碌中度过的。《新政始基》刊行两个月后，何启于同年六七月，发表《康说书后》，驳斥康有为激进的民族主义主张。"戊戌六君子"的血迹尚未淹没，何启又于同年 12 月初，写成了《新政安行》，对"中体西用"论作了进一步的批判。1899 年春天，何启针对洋务派后期首领、湖广总督张之洞在《劝学篇》中宣扬的"体用两分法"的理论体系，发表了《〈劝学篇〉书后》，驳斥张之洞的反民权思想，抨击洋务派的"中学为体，西学为用"的谬论，捍卫变法维新的正义性。

1900 年动荡不宁的时局再次将何启推上了中国历史舞台。中国社会长期以来所郁积的社会矛盾终于在这一年全面爆发。自 1840 年鸦片战争以来，清政府在历次对外民族战争中的失败，彻底暴露了其骄虚的本质，它已经丧失了民族自卫的能力。尤其是甲午战争中惨败于日本，更让国人对其执政能力产生了怀疑。正如马克思所言："英国的大炮破坏了中国皇帝的权威"，"接踵而至的必然是解体的过程，正如小心保存在密闭棺木里的木乃伊一接触新鲜空气便必然要解体一样。"②东西方列强在甲午战争后掀起的瓜分中国的狂潮，更使中华民族陷入了亡国灭种的境地。保国保种成为 20 世纪初叶中国社会的最强音。当时中国社会的三大势力都以特有的方式宣扬着自己的主张。戊戌变法失败后，逃亡国外的康有为、梁启超于 1899 年 7 月 20 日，在加拿大成立"保救大清

① 丁宝兰主编《岭南思想家评传》，广东人民出版社，1985 年，290 页。

② 《马克思恩格斯选集》第二卷，3 页。

皇帝会”，高举拯救光绪皇帝的大旗，统帅海外华侨，继续从事着未竟的维新事业。在康有为的部署下，先期回国的维新志士唐才常在上海成立“自立会”，筹组“自立军”，拟定在长江两岸各省发动“勤王讨贼”起义，实现“保全中国自立之权，创造新立自立国”，拥护光绪皇帝当政的政治目标。孙中山等革命党人，在广州起义失败后，四处奔走呼号，联络各派势力，试图结成反清统一战线，运用革命或者改良的手段，完成“振兴中华”的爱国大业。中国最广大的农民阶级则使用最简捷的方式，在“反洋教”的旗帜下，发起了反清武装起义，并最终汇成以“义和团”为代表的、波及华北地区的反帝反清爱国洪流。一时之下，义和团成为20世纪初年，中国历史舞台的主角。遗憾的是，义和团起义因小生产者的狭隘性，农民阶级的落后性，最终成为清王朝内部矛盾、内部斗争的牺牲品。但义和团的异军突起，搅乱了中国社会的原有秩序，导致了中国社会各种政治派别、政治势力的分化、组合，加速了清王朝统治危机的到来。尤其是“八国联军”合力攻打天津、北京，清王朝命系一线，岌岌可危。危难关头，清王朝完全失去了对全国各省区的控制。各封疆大吏或者反对“对外宣战”，或者左顾右盼于听命与抗命之间，或者公开抗旨。以两江总督刘坤一、湖广总督张之洞为首的南方督抚们在英美等国的支持下，打出了“东南互保”的招牌，与清王朝唱起了对台戏。

动荡的时局，督抚们的骑墙观望，为反清政治势力提供了难得的机遇。在这种情形下，一切事情的发生皆成为可能，“李鸿章两广独立”亦令人匪夷所思地变成了可能。

在策动李鸿章两广独立中，何启扮演了一个重要角色。1900年5月，义和团在京津一带迅猛发展，各国公使眼看清政府已经无法控制形势，便策划直接出兵干涉。12日，俄、英、美、法等国再次照会清政府，“若于两月以内不能镇抚，则各国联合以兵力伐之”①。随即，各国战舰云集大沽口，战争大有一触即发之势。远在香港的何启认定，清王朝依恃义和团与整个列强世界为敌，势必招致亡国之灾，“瓜分之祸，濒于眉睫，粤省如不亟谋自保，决不足以图存。因向中国日报社长陈少白献策，主张革命党与粤督李鸿章合作救国，首先运动李鸿章向满清政府及各国宣告两广自主”②。据此可知，何启是名躁一时的“李鸿章两广独立”事件的始作俑者。随着事件的发展，何启又充当了参与本次事件的三种力量之间的牵线者。

在策动李鸿章两广独立事件中，有三种力量参与其中。一是以港督卜力为代表的英国势力；一是以李鸿章为首的清朝地方势力；一是以孙中山为代表的革命党人。在这三派势力之间，更多的是相互敌对，尤其在前两者与孙中山的关系上。自1895年广州起义后，孙中山即成为清政府着力捉拿的通缉犯，即使孙中山经过乔装打扮，也难逃毒手，最终酿成了1897年“伦敦被难”。幸亏有恩师康德黎等人全力营救，孙中山才与死神擦肩而过。英国政府出于在华利益的考虑，配合清政府，限制、防范孙中山，明确规定不准孙中山在香港登陆，一经发现，即刻捉拿。表面看来，这是三种不可能合作的力量，他们最终能够在两广独立问题上走到一起，除了义和团运动造成的动荡局面外，应该说，何启在这其间发挥了重要作用。何启凭借着其独有的资历，特

① 《八国联军志》，《义和团》第3册，1957年，169页。

② 冯自由《革命逸史》第四集，中华书局，1981年，88页。

有的资源，成为以上三种力量的联络枢纽和信息转达中心。至于何启与港督卜力之间的关系无需多言。何启的家庭出身，受教育背景，任职港府的资历，以及在香港华人社会中的巨大影响，足以赢得港督卜力的信赖与支持。何启与孙中山革命党人的关系更是自不待言。在此，需要说明的是何启与李鸿章之间的关系。

何启与李鸿章的关系，体现为间接与直接两个方面。间接方面，何启与李鸿章的亲信、幕僚有密切的关系。盛宣怀是李鸿章洋务实业的左右手，《盛公墓志铭》的作者陈三立曾说过："时文忠（李鸿章谥号——引者注）为直隶总督，务输海国新法，图富强，尤重外交、兵备。公（盛宣怀——引者注）则议辅以路、矿、电线、航船诸大端为立国之要，与文忠意合。"①李鸿章的支持、信任，为盛宣怀经办企业提供了一把安全保护伞。盛宣怀主持创办的轮船招商局、中国电报局、华盛纺织总厂等，都有李鸿章的赞助。盛宣怀在官宦道路上的发迹，都离不开李鸿章的举荐。1877 年李鸿章向朝廷举荐盛宣怀，曾说"（此人）经办各事，皆国家富强要政，心精力果，措置裕如"，只要"加以历练，必能干济时艰"②。终成清朝"不可少之人"③的盛宣怀与何启有过一段密切接触，虽然仅有数月，但对何启的才干，盛宣怀是大为青睐的。单凭盛宣怀与李鸿章的特殊关系，以及何启与盛宣怀的共事经历，何启与李鸿章之间便有了对话的可能。

---

① 《愚斋存稿》卷首。

② 吴汝纶《李文忠公全书·奏稿》卷 29，9 页。

③ 慈禧太后语见《愚斋存稿·行述》卷首。

姐夫伍廷芳的存在,更使何启与李鸿章的对话成为可能。何、伍两家是两世姻亲,从何启的长女何瑞金嫁与伍廷芳之子伍朝枢为妻一事,足见何启与伍廷芳关系的密切。伍廷芳自1882年10月进入李鸿章幕府,到1896年10月23日出任驻美公使,一直被李鸿章"倚为左右手,凡有新建设,必谘而后行"①。作为李鸿章的法律顾问,伍廷芳参与了1885年的中法谈判,1885年的中日天津谈判,1895年的中日马关谈判。参与经营了津沽铁路、北洋大学、北洋武备学堂、电报局等近代企事业,成为后期洋务运动的重要策划者和推动者。尽管现存史料尚未发现李鸿章通过伍廷芳谈及何启,但可以肯定,在伍廷芳侍奉李鸿章的整整14年间,何启、李鸿章通过伍廷芳这一中介,彼此之间是了解的甚至是熟知的。

何启与李鸿章直接发生联系起因于香港西医书院。李鸿章是一个非常复杂的人物,他一生的功过得失实在难以用一句话来概括,一则他的经历太过于纷杂,二则他所经办的事情之间彼此相距太远,这其中既有由他所主持签订的伤害民族感情,损害民族利益的不平等条约,也有由他所主持创办的顺应时代潮流的近代企业和教育事业。单从某一个方面来看,卖国的罪名,爱国的英名在李鸿章身上都能成立,确如宋代大文豪苏轼的词句所言:"横看成岭侧成峰,远近高低各不同。不识庐山真面目,只缘身在此山中。"但有一点可以肯定,在晚清官僚队伍中,李鸿章是一个为中外人

① 《伍秩庸博士哀思录·附伍朝枢"诔文"》,华东师范大学图书馆藏未刊本,1页。

士所瞩目的人物。因此,当香港西医书院成立后,李鸿章便厕身其间,成为该校的名誉赞助人,并且是惟一的拥有此称号的中国人。

香港西医书院成立伊始,即仿照西方高等教育的办学模式,走社会办学的道路,多方面筹措资金。比理罗斯(E. R. Belios)、洛克赫尔特(T. H. Stewart Lockhart)、怀特赫德(T. H. Whitehead)等成为该校的首批名誉赞助人。其中比理罗斯先生是一位英籍犹太人,对香港西医书院的赞助最大,特地为该校设立奖学金(Scholar-Ship),专门奖励那些在每年入学考试中成绩最优秀的学生。随着办学规模的扩大,香港西医书院将赞助人的范围由初期的欧美人士移向了中国人士。首位进入这个行列的是李鸿章。此时的李鸿章权倾满朝,担任清朝直隶总督兼北洋大臣,是晚清政坛上炙手可热的人物。更重要的是,此时的李鸿章在中外舆论中以富有新思想,锐意改革而著称。他在大办近代军事、工矿企业的同时,还热心教育事业,创办了"上海广方言馆"(1863 年)、天津医学馆(1881 年),支持幼童留学美国,开创了实践科技救国的新纪元。此外,香港西医书院曾经对李鸿章有过救命之恩。"1887 年 11 月,香港西医书院的首任教务长孟生博士突然被召到天津为接近死亡的李鸿章治所谓舌癌,经孟生诊断,李患的仅是舌下脓肿,经排去脓液,病很快就好了。孟生回到香港以后,收到李鸿章的一封附有照片的亲笔信。"①正是因为此种原因,香港西医书院建院不久,即向李鸿章伸出了橄榄枝,邀请他出任

① 王吉民、伍建德合著 *History of Chinese Medicine*. P. 320,转引自陈锡祺《孙中山与辛亥革命论集》,中山大学出版社,1984 年,62 页。

该校的名誉赞助人。1889 年在香港西医书院的院务会议上，掌院路西尔爵士宣读了李鸿章接受聘任的来函《致香港西医书院掌院书》：

执事先生台鉴：

奉读来书，敬悉被推为贵书院赞助人，此举能将愚个人名字，永悬贵书院内，衷心至为铭感。敬祝贵书院此种善举，得获成功。以愚所知，现习医学于贵书院者，约二十至三十人度，愚意，此医学当与其姊妹科学之化学，同予注重，非第须了解其如何组合，且须明瞭其如何分析；盖不如此，不足使其于诊断病症及准备医疗上，臻于更大之精确性也。

至贵国人民悉意从事实际之研究工作，并以科学原理为基础，贯注于发明所得，使与其他仅纯满足于理论上者，大相径庭，使愚弥为珍视。

盖此种由于永注于科学原理以行诊断之美满收获，即足以保证其补救在解剖学及化学纯理研究之不足，而其结果，将使智识由黑暗为炳耀，天津医学馆即一光辉之例，因其能使西方科学之利益，沾惠于中国医学之实用也。

当贵书院之福利计划得完成时，必能获致崇高评价，盖无可疑者；且由贵书院学子之所作为，中国必将受惠无穷。愚衷心祝祷贵书院能以坚毅不挠之精神，使预定计划，进行无阻，其将获致无上颂誉，可预言也。谨以至诚，签署愚名于附片之上。诸希鉴察。

专此，并候学祺。

李鸿章敬启[①]

从来信可以得知，李鸿章对于香港西医书院聘其为名誉赞助人是十分乐意的，对于能够以名誉赞助人的名义流芳百世是十分看重的。这也反映出李鸿章对于医学教育以及科学发展自身规律性的认识是到位的。正因为此，李鸿章赢得了香港西医书院师生的好感。1892 年在香港西医书院首届毕业生典礼上，时任教务长的康德黎博士盛赞李鸿章为“中国的俾斯麦”：

> 各位亦知，李鸿章者，中国之俾斯麦也，伊对本院极爱护。……各位勿谓贵国之当局不信仰科学，彼极有权威之李鸿章氏，关于本院院务，曾复书述其意见，谓希望化学与解剖学，成为吾人欲为训练之一特别部门等语。彼不似流俗之只说“惠我奇方”，而欲以启牖运动，使成为赫胥黎(HuxLey)或邓德尔(Tyndall)，彼谓“先予吾人以科学，则一切可随之而至”。[②]

这段人生插曲，为李鸿章赢得了极好的声誉，也给众多的中外人士带来了诸多希望。1892 年，“当孙中山毕业的时候，

① 1889 年《德臣西报·剪稿》，转引自罗香林《国父之大学时代》，(台湾)商务印书馆，1955 年，11 页。

② 罗香林《国父之大学时代》，(台湾)商务印书馆，1955 年，11～12 页。

康德黎博士曾设法要李鸿章接见孙中山和其他领取开业证书的人,可是这次会见未能安排”①。时任港督的罗便臣则拜托李鸿章为孙中山等人安排工作。李鸿章答应将在天津西医学院为之谋一个位置。据孙中山的同学江英华回忆:

> 毕业后因香港未有位置,时香港总督罗便臣曾驰书北京英公使,托英公使转商于北洋大臣李鸿章,谓总理(孙中山——引者注)与余两人识优学良,能耐劳苦,请予作用。李复书罗便臣总督云:可来京候缺,每人暂给月俸五十元,并欲授吾二人“钦命五品军牌”。②

1894年孙中山之所以选中李鸿章作为上书对象,也与李鸿章曾经出任香港西医书院的名誉赞助人有很大关系。

何启作为香港西医书院的发起人、名誉秘书,同时又是在该书院任教的惟一中国人,自然同本院惟一的中国名誉赞助人李鸿章有一种特殊的关系。香港西医书院成为他们之间的共同话题。他们是否在任职香港西医书院期间有过具体的交往,目前尚未有史料证实,但可以肯定,共同的服务对象,使他们在心理上有着远非他人可比的亲和力。这就是何启为什么愿意主动与李鸿章联络的主观因素。

李鸿章此时的境遇和态度也是何启决定策动两广独立的

① 〔美〕史扶林著,丘权政、符致兴译《孙中山与中国革命的起源》,中国社会科学出版社,1985年,31页。

② 吴相湘《孙逸仙先生传》,台湾远东图书公司,1982年,89页。

重要原因之一。1894～1895 年的中日甲午战争成为李鸿章宦海沉浮的分水岭。此前，李鸿章在晚清政坛一路飚升，从江苏巡抚经湖广总督直至直隶总督，从英武殿大学士到文华殿大学士，参与主持清朝对内对外大政方针的制定，成为当时清朝地方督抚中的发言人。身兼北洋大臣，统帅当时的世界第七舰队、东亚第一舰队——北洋水师，更使李鸿章如虎添翼，威风八面。但随着中日甲午战争的爆发，随着北洋水师的灰飞烟灭及《马关条约》的签订，李鸿章的功名皆成为明日黄花。李鸿章也就由清朝的守门人，变成了清王朝的替罪羊。在举国上下的怒骂声中，李鸿章被罢官免职，蛰居北京贤良寺，在萧条中打发时光。但老虎虽老，威风犹存。1899 年一场立废风波为李鸿章提供了东山再起的契机。1898 年戊戌变法失败后，慈禧太后决意要废除光绪帝，另立新君。为打探洋人的态度，慈禧太后想到了李鸿章。深知官场三味的李鸿章乘机讨价还价，以无名无分来拒绝，要官之意，不言而喻。无奈之中，慈禧太后便赐予他一个两广总督的职位。这样，李鸿章结束了近 4 年的赋闲生活，来到广州任职。

应该说，李鸿章与清政府是有矛盾的，尤其是在经历了甲午战争前后的大起大落之后更是如此。李鸿章在与朋友的书信往来中曾经不止一次地提到，眼下的清王朝如同惊涛骇浪中的一叶小舟，随时都有覆灭的危险，处此境地，自己也只有“做一天和尚，撞一天钟”，在浑浑噩噩中消磨时光。他对慈禧太后纵容义和团攻打使馆区的做法不以为然，认为向八国宣战，无疑是以卵击石。与此同时，李鸿章对于刘坤一、张之洞首倡的“东南互保”大加赞赏，认为此法是保全中国的明智之举。

何启正是摸准并放大了李鸿章的这种矛盾心理,一厢情愿地认为,在清王朝行将灭亡的动荡之机,只要部署得当,配合协调,李鸿章是有可能脱离清王朝,赞同两广独立的。

据冯自由书中记载,何启策动李鸿章两广独立的总体部署是:

> 先由中国维新党人联名致书香港总督卜力(BLAKE),求其协助中国根本改造,以维世界和平。再由卜力根据书中理由,转商鸿章。建议广东自主方案,并介绍兴中会首领孙某与之合作。鸿章如赞成此策,即由渠电邀总理回国同组织新政府。①

围绕着上述部署,何启前前后后做了大量卓有成效的工作。远在日本的孙中山接到陈少白的电报后,心中大为欢喜,立即电复陈少白,表示赞成。事实上,在策动李鸿章两广独立问题上,除何启之外,还有一个人参与其中。他便是李鸿章的幕僚刘学洵。② 刘是一个"机会主义的彩票经理"③,"及闻港督向

① 冯自由《革命逸史》第四集,中华书局,1981 年,88 页。

② 刘学洵,字问刍,又号耦耕,广东香山县人。少年科举高中,喜结交权贵,成为广州有名的大绅,有"土豪"之称。1895 年 10 月,作为发起人之一,参与孙中山在广州成立的农学会,与孙中山相识。刘思想保守,素怀帝王之志,在与孙中山商讨广州起义时,常以朱元璋、洪秀全自居,将孙中山比作徐达、杨秀清。曾出银两充作广州起义军费。广州起义失败后,与孙中山断绝联系。1900 年,作为李鸿章与孙中山革命党人的联络人参与两广独立。在惠州起义急需军费时,拒绝孙中山的请求,从此再不与孙中山革命党人发生联系。

③ 〔美〕史扶林著,丘权政、符致兴译《孙中山与中国革命的起源》,中国社会科学出版社,1985 年,158 页。

鸿章洽商广东自主事，遂自告奋勇，谓渠与孙某认识有年，如傅相有意罗致，渠可设法使即来粤听命等语。鸿章颔之。"[1] 1900 年 5 月下旬，刘学洵致函孙中山，内称粤督李鸿章"因北方拳乱，欲以粤省独立，思得足下为助，请速来粤协同进行"[2]。当时，孙中山正在日本横滨筹划惠州起义，在最初接到刘学洵的来信后，孙中山持怀疑态度，"颇不信李鸿章能具此魄力"，但转念一想，倘若能借此获得成功，不也是中国的福分吗？于是孙中山便抱着"不妨一试"的心态，准备尝试一下。陈少白的来电更坚定了孙中山策动李鸿章两广独立的信心。

陈少白在得到孙中山的同意后，即刻在香港召集兴中会员商讨研究，以孙逸仙、杨衢云、陈少白、谢缵泰、郑士良、邓荫南、史坚如、李柏等人的名义，起草了一封《(中国南方志士)致香港总督书》。随后由何启、杨衢云、谢缵泰译成英文。全文如下：

> 中国南方志士某某等，谨上书香港总督大人台前，窃士等十数年来，早虑满洲政府庸懦失败，既害本国，延及友邦。倘仍安厥故常，呆守小节，祸恐靡既。用是不惮劳瘁，先事预筹，力谋变政，以杜后患。不期果有今日之祸。当此北方肇事，大局已摇，各省地方，势将糜烂。受其害者，不特华人也。天下安危，匹夫有责。先知先觉，义岂容辞。士等睹此时艰，亟思挽救。窃恐势力微弱，奏效为难。政府冥顽，转圜不易。疆臣重吏，观望依违。定乱苏民，究

① 冯自由《革命逸史》第四集，中华书局，1981 年，92 页。

② 同上，77 页。

将谁属。深知贵国素敦友谊,保中为心。且商务教堂,遍于内地。故士等不嫌越分,呈请助力,以襄厥成。愿借殊勋,改造中国。则内无反侧,外固邦交。受其利害,又不特华人已也。一害一利,相去如斯,望贵国其慎裁之。否则,恐各省华人望治心切,过为失望,势将自谋。且祸变之来,殆难逆料。此固非士等所愿,当亦非贵国之所愿也。时不可失,合则有成。如谓满政府虽失政于先,或补救于后,则请将其平素之积弊及现在之凶顽,略为陈之。朝廷要务,决于满臣,紊政弄权,惟以贵选,是谓任私人。文武两途,专以贿进,能员循吏,转在下僚,是谓屈俊杰。失势则媚,得势则骄,面从心违,交邻惯技,是谓尚诈术。较量薄弱,恩可为仇,朝得新权,夕忘旧好,是谓渎邦交。外和内狠,匿怨计嫌,酿祸伏机,屡思报复,是谓嫉外人。上下交征,纵情滥耗,民膏民血,叠剥应需,是谓虐民庶。锻炼党罪,杀戮忠臣,杜绝新机,闭塞言路,是谓仇志士。严刑取供,狱多瘐毙,宁狂毋纵,多杀示威,是谓尚残刑。此积弊也。至于现在之凶顽,此后尚无涯涘。而就现在之已见者,则如妖言惑众,煽乱危邦,酿祸奸民,褒以忠义,是谓诲民变。东乱既起,不即剿平,又借元凶,命为前导,是谓挑边衅。教异理同,传道何罪,唆耸民庶,屠戮远人,是谓仇教士。通商有约,保护宜周,乃种祸根,荡其物业,是谓害洋商。睦邻遣使,国体攸关,移炮环攻,如待强敌,是谓戕使命。书未绝交,使犹滞境,围困使署,囚禁外臣,是谓背公法。平匪全交,乃为至理,竟因忠谏，惨杀无辜，是谓戮忠臣。启衅贪功，觊觎大位，不加诛伐，反受兵权，是谓用偾师。裂土瓜分，群雄耽视，暗受调护，漠不知恩，是谓忘大德。民教失欢，原易排解，偏为挑拨，遂启祸端，是谓修小怨。凡此皆满政府之的确罪状，苟有反正，为祸何极，我南人求治之忱，良为此矣。士等深知今日为中外安危之所关，满汉存亡之所系，是用力陈治弊，曲慰同人。南省乱萌，借兹稍缓，事宜借力，谋戒轻心。上国远图，或蒙取录。兹谨拟平治章程六则呈览，恳转商同志之国，极力赞成，除去祸根，聿昭新治。事无偏益，利溥不同。惟是局紧机危，时刻可虑。望早赐复，以定人心。不胜翘企待命之至。

计开

一、迁都于适中之地。

如南京、汉口等处，择而都之，以便办理交涉及各省往来。

二、于都内立一中央政府，以总其成。于各省立一自治政府，以资分理。

所谓中央政府者，举民望所归之人为之首，统辖水陆各军，宰理交涉事务。惟其主权，仍在宪法权限之内。设立议会，由各省贡士若干名，以充议员。以驻京公使为暂时顾问局员。所谓自治政府者，由中央政府选派驻省总督一人，以为一省之首。设立省议会，由各县贡士若干名，以为议员。所有该省之一切政治征收正供，皆有全权自理，不受中央政府遥制。惟于年中所入之款，按额拨解中央政府，以为清洋债供军饷，及宫中府中费用。省内之民兵队及警察部，俱归自治政府节制。以本省人为本省官，然必由省议会内公举。至于会内之代议士，本由民间选定，惟新定之始，法未大备，暂向自治政府择之，俟至若干年始归民间选举，以目前各国之总领事为暂时顾问局员。

三、公权利于天下。

如关税等类，如有增改，必先与别国妥议而行。又如铁路，矿产，船政，工商各业，均宜分沾利权。教士旅居，一体保护。

四、增添文武官俸。

内外各官，廪禄从丰，自能廉洁持躬，公忠体国。其有及年致仕者，给以年俸。视在官之久暂，定恩额之多少。若为国捐躯，则抚养其身后。

五、平其政刑。

大小讼务，仿欧美之法，立陪审人员，许律师代理，务为平允，不以残刑致死，不以拷打取供。

六、变科举为专门之学。

如文学科学，律学等，俱分门教授。学成之后，因材器使，毋杂毋滥。①

6月9日，孙中山偕杨衢云、郑士良、宫崎寅藏、清藤幸七郎等乘坐法国邮轮“烟狄斯”号离开日本横滨前往香港。临行前发表谈话，指出：“目前北京风云变幻，是一个亟需注意的时机。如果说清政府最终完全丧失实力之时正是我们成事的好机会，

① 冯自由《革命逸史》第四集，中华书局，1981年，89～92页。

那么，我觉得目前的状况正应特别加以注意。”[①]17 日[②]，“烟狄斯”号抵达香港海面，港英政府仍以《安保条例》的规定，禁止孙中山上岸。这时，刘学洵（一说是李鸿章）派儿子和曾广铨带“安澜”炮舰前来迎接，“邀总理、衢云二人过船开会”。此时，在香港的兴中会员陈少白等人向孙中山密报，李鸿章并无在两广独立的决心，“其幕僚且有设阱诱捕孙、杨之计划，更有谓刘实为之主谋者”[③]，力劝孙中山不要冒险前去。事已至此，孙中山仍抱侥幸成功的念头，努力争取。于是便改派日本友人宫崎寅藏、内田良平、清藤幸七郎前去接洽。会谈从晚上 10 点钟左右开始，地点就在广州刘学洵的公馆里。曾广铨担任翻译，刘学洵、宫崎寅藏是会谈的主角。在会谈中，宫崎寅藏提出：“一、对孙中山所定罪名应予特赦，并保障他的生命安全。二、希给予贷款十万两。”[④]刘学洵转达了李鸿章的意见，称“在各国联军未攻陷北京前，不便有所表示”，且叮嘱务必转告孙中山。[⑤] 翌日凌晨三点钟，会谈结束，宫崎寅藏广州一行仅获得了刘学洵提

---

① 《孙中山全集》第一卷，188 页。

② 关于孙中山一行离开日本，抵达香港海面的日期，现存史料记载混乱。冯自由的《革命逸史》当属记叙策动李鸿章两广独立最权威的史料，其中称孙中山离开横滨是在“五月中旬”，“（五月）二十一日抵达（香港海面）”。（《革命逸史》第四集，第 93 页）而在《革命逸史》初集第 77 页又说：“（孙中山一行）抵港之日为西历 1900 年六月六日。”笔者认为：《孙中山全集》第一卷第 188 页关于“（孙中山）离横滨前的谈话”日期的考订是正确的，即为 1900 年 6 月 9 日离开横滨。至于孙中山一行抵达香港海面的日期，笔者赞成茅家琦等著《孙中山评传》（南京大学出版社，2001 年，247 页）“6 月 17 日说”。

③ 冯自由《革命逸史》初集，中华书局，1981 年，78 页。

④ 参见段云章《孙文与日本史事编年》，广东人民出版社，1996 年，80 页。

⑤ 冯自由《革命逸史》初集，中华书局，1981 年，78 页。

供的数万两贷款。至于孙中山寄予厚望的策动李鸿章两广独立一事,宫崎寅藏一行则是失意而归。当宫崎寅藏返回香港时,孙中山刚刚乘船驶往越南西贡。宫崎寅藏一行只好留住香港东洋馆。① 至此,孙中山革命党人首次出面直接策动李鸿章两广独立一事,便不了了之。

赢得港英殖民总督卜力的支持,是何启策动李鸿章两广独立这盘棋中的重要一步。时任港英总督的卜力与何启关系素来密切,何启认为通过卜力的从中斡旋,就会在与李鸿章之间架起一座沟通的桥梁。上书起草完毕后,何启数次前往广州拜会李鸿章,声称此事已经得到港督卜力的支持,"粤省如能毅然向北京政府宣布自主,港督可相机协助,并联合各国领事一致赞成。"②不过,在此就给后世治史者留下了一段疑案。从现存的史料来看,何启策动李鸿章两广独立的动议,最早应该是在 1900 年五六月间。目前几乎所有史料与论著都认定何启在最初与陈少白联系时,卜力已经对此事表示了赞同。③

---

① 〔日〕宫崎滔天著,林启彦改译《三十三年之梦》,花城出版社,1981 年,188 页。

② 冯自由《革命逸史》第四集,中华书局,1981 年,92 页。

③ 冯自由《革命逸史》初集,中华书局,1981 年,77~78 页"刘学洵与革命党之关系"中提到:孙中山在闻知李鸿章有赞同两广独立的意向后,即刻从日本启程到达香港,时间为 1900 年 6 月 6 日。"先是何启、陈少白已由香港总督卜力斡旋,劝李鸿章乘机宣告独立。"从当时由日本至香港的航行速度计算,邮轮大致需要 10 天左右的时间。也就是说,孙中山得知卜力赞同两广独立是在 5 月 24 日之前。冯自由《革命逸史》第四集,中华书局,1981 年,88~89 页"孙总理庚子运动广东独立始末"中也提到:何启在首次向陈少白透露准备策动李鸿章两广独立时,也声明此事"事前已经何启征求卜督同意,始向少白言之"。郑大华点校《新政真诠·编序》,辽宁人民出版社,1994 年,1 页:"1900 年义和团运动时,在香港总督卜力(N. A. Blake)的授意下,草拟《平治章程》,建议孙中山的'兴中会'与两广总督李鸿章'合作',据两广'独立'"。

而根据1900年7月7日在香港广有影响的《德臣西报》(海外版)报道,4月至6月,卜力总督在度假。1900年6月22日,结束休假的卜力乘"老挝"号邮轮从日本神户启程,7月2日抵达香港。[①] 据此可知,卜力总督至少不可能在孙中山于1900年6月6日到达香港之前就已经知道策动李鸿章两广独立的内情。对于目前史料在时间记载上的漏洞只能作如是解释:在卜力返回香港之前,何启打着卜力总督赞同的旗号,力促李鸿章赞同两广独立。但不管卜力是事先知晓还是事后得到汇报,在策动李鸿章两广独立一事上,他是极力支持的。这可从其返回香港后的表现得到证实。

7月2日,卜力返回香港,何启立刻登门拜访,向卜力汇报了策动李鸿章两广独立的可能性,详细介绍了香港兴中会草拟的上港督书,概述了建立这个新政权的理由,阐明了它的政治纲领。卜力对此表示赞同。随后,卜力即指派驻广州的英国领事试探李鸿章的态度。据陈少白在《兴中会革命史要》中记载,李鸿章虽然没有明确表态,但反应是好的。卜力在返回香港后向伦敦发出的第一封电报中,向殖民部报告说,孙中山革命党人正在策动李鸿章两广独立,虽然李鸿章"正在向这个运动卖弄风情,谣传他想自立为王或是总统",但他已经派出自己的幕僚与孙中山革命党人接触。卜力特地在电报中强调,据信任他的"中国绅士"何启向他保证,"造反者不排外,并且希望在他们取得某些胜利后得到英国的保护"。在电报的最后,卜力呼吁英国政府出于对英国在华利益的考虑,特别是

① 〔美〕史扶林著,丘权政、符致兴译《孙中山与中国革命的起源》,中国社会科学出版社,1985年,174页。

英国在长江和西江流域权益的考虑,支持即将在广州地区发生的李鸿章独立运动。在以后的电报中,卜力又电告伦敦,如果赞同孙中山和李鸿章缔结一项盟约,对于英国的利益将是最好不过的。否则的话,即将在南方爆发的反满起义有可能演变成为一场类似于北方义和团运动的大规模排外运动。为此,卜力建议英国政府撤销对孙中山的取缔令,允许孙中山在香港登陆。对卜力的建议,英国政府作了有条件的答复,即只有当孙中山得到李鸿章的同意而回来的时候,英国才准备撤销驱逐令。①

正当各派力量前后忙碌着策动李鸿章两广独立之时,清政府的一道圣旨,结束了两广独立扑朔迷离的状态。1900 年 6 月 21 日,慈禧太后发布对外宣战诏书,东西方列强迅速出动“八国联军”向中国发动侵略战争。到 7 月初,北京的门户——天津已是岌岌可危,随时都有被攻陷的可能。冷静后的慈禧太后再也不敢抗战到底,于是她一方面做着讨好列强的举动,派人向被围困的北京使馆区送去粮食和水果蔬菜,以示友好。另一方面又忙着筹划和谈,做着保全自己的勾当。危难之际,慈禧太后想到了李鸿章,认为只有李鸿章才具备外抚列强,内压群臣的资历。李鸿章成了慈禧太后的救命稻草。而事实上,早在 6 月 15 日清廷就曾电令李鸿章“迅速来京”,两广总督由广东巡抚德寿代理。18 日,李鸿章在接到“电传谕旨”后,虽“宣布立刻遵旨北上”,但此时局势尚不明朗,老于权术的李鸿章便采取了徘徊、观望的策略,以各种理由拖延北

① 参见〔美〕史扶林著,丘权政、符致兴译《孙中山与中国革命的起源》,中国社会科学出版社,1985 年,175~176 页。

上。在这种情形下,李鸿章的暧昧给何启、卜力、孙中山等人带来了遐想。当时光推移到了7月,局势已趋明朗,伴随着"八国联军"的凶猛进攻,清朝战败投降已成定局,乞和成为慈禧太后无可奈何的惟一选择。7月8日,清廷以"事机紧迫"为由,电令李鸿章"懔遵前旨,迅速来京,毋稍刻延"[①]。12日,李鸿章接到谕旨后,一改"稍缓启程,以待后命"的态度,决定先到上海,再酌进止。7月16日,清廷再次颁降谕旨,任命李鸿章为直隶总督兼北洋大臣,催促李鸿章迅速进京。李鸿章闻讯欣喜若狂,自负之情溢于言表,公然对其部下大夸海口,平乱靖难,"舍我其谁也"[②]。

策动李鸿章两广独立已成败局之势,但各派力量仍在做最后一搏。

7月13日,卜力从英国驻广州领事斯科特处得知李鸿章决意北上的消息,14日即指令斯科特应当立即劝说李鸿章重新考虑北上的决定。英国政府也电示斯科特,假如李鸿章留在广州,对和平事业最为相宜。但斯科特的劝说,遭到了李鸿章的婉言谢绝。仍不罢休的卜力此时建议英国政府,允许他在李鸿章路过香港时将其强行扣留。英国政府出于全球战略的考虑,认为此举必将招致列强们的猜忌,加深与法美德俄日诸国的矛盾,引起列强在华的新一轮争夺,最终损害英国在华南地区的既得利益。17日,英国首相张伯伦电告卜力,禁止

① 《上海转保定来电》,顾廷龙、叶亚廉主编《李鸿章全集》(三),上海人民出版社,电稿三,1987年,1004页。

② 苑书义《李鸿章传》,人民出版社,1991年,380页。

扣留李鸿章或采取任何强制手段干预他的行动。[①] 至此，英国政府实际上放弃了策动李鸿章两广独立的计划。

同一天，何启的好朋友、香港议政局议员韦玉[②]拜访了港督卜力，要求港督利用他的影响留住李鸿章。其理由是，据刘学洵说，"虽然李鸿章不敢无视皇帝的旨意，但如果有一个拒绝的借口，他是欢迎的"。然而，此话很快被证实是刘学洵的臆想。[③]

孙中山革命党人也在做最后的努力。7 月 17 日，孙中山从新加坡乘"佐渡丸"(Sado Uaru)号轮船返回香港。同行的宫崎寅藏在其回忆录中对孙中山此时的矛盾心理进行了形象的描述：

> 翌晨尚在梦中，孙先生便来将我唤醒，领至别室对我说："现在要告诉你一个消息，并征求你的意见。"他更放低了声音说："日前我有一个朋友××(何启——引者注)曾和香港××(卜力——引者注)秘密会晤，商议了一件事。[太守]想使李鸿章据两广宣布独立(当时李为两广总督)，用我来施行新政，他(香港[太守])暗中作保护人保证安全。他曾以此事劝李。李为了晚年有所回忆缅怀，也有意独树一

① 参见〔美〕史扶林著，丘权政、符致兴译《孙中山与中国革命的起源》，中国社会科学出版社，1985 年，176～177 页。

② 韦玉，1849 年生于香港，早年从皇仁书院毕业后，留学英国和苏格兰 5 年，是中国最早的留学生之一。1879 年接替其父成为印度、伦敦和中国汇理、有利银行的买办。后出任东华医院总经理。其妻是中国首批留美学生之一的黄宽的孙女、香港立法局议员黄咏商的女儿。

③ 〔美〕史扶林著，丘权政、符致兴译《孙中山与中国革命的起源》，中国社会科学出版社，1985 年，178 页。

> 帜，因此表示赞成。但以后因‘拳匪之乱’日盛，清廷催李北上甚急且切。李无法推辞，今天将启程北上。因此，[太守]想在此处加以劝阻，约定今天十一点钟和李秘密会晤。如果李愿意中止此行，[太守]愿意解除保安条例的限制让我上岸，共同密商。因此昨天半夜曾派人前来传达此意，问我是否同意参加秘密会议。你对这件事的意见究竟如何？”
>
> 他又继续说道：“李这个人既无主义上的信念，又甚缺乏洞察大局的见识。并且年已老迈，对功名事业早亦看透。所以，总督的劝止多数不能为李所接受。但这是旱天的一朵乌云，我不能不预先考虑万一的可能性。故来征求你的意见。”我答道：“问题如果进展到秘密会议的程度，无论如何也得参加。将来的问题，就要靠你的智慧和手腕来决定了。”他点首称是。于是我们似等又似不等地，等候着消息的到来。①

7月18日，正当孙中山在船上焦急等待之际，港督卜力在做游说李鸿章的最后努力。当天，李鸿章带着100多人的护卫队，乘坐轮船招商局的“安平”号，从广州出发，踏上了北上应命的第一站——香港。港督卜力按照预定的方案，会见了李鸿章。会谈中，李鸿章绝口不谈两广独立之事，更不谈与孙中山会面之约。至于留住香港或广州，则是万难从命。港督卜力以维持广东地方治安为由，竭力劝说李鸿章不要北上。卜力指出，张之洞应该说是清政府地方

---

① 〔日〕宫崎滔天著，林启彦改译《三十三年之梦》，花城出版社，1981年，214页。

督抚中有魄力的封疆大吏,连他都不能维持湖北的社会秩序,如果像广东这样一个自古多乱的地方一旦没有总督您,不知将会发生何种动荡。李鸿章对此作了极策略的回答。他说,广东人比湖南和湖北人更为“明白事理”。我想广东决不会因我个人的离去而发生什么变乱。至于广东有可能发生变乱的危险,我认为主要来自香港。因为在阁下管辖下的香港有 3 万多名三合会徒和其他试图颠覆朝政的“危险人物”。而这些人都是慑于我的严厉镇压措施,从广东跑到香港或新加坡的。在此,还希望总督阁下,为维护省港两地的和平与安宁加大防范力度。

会谈中,港督卜力提出,据说发布李鸿章北上诏书的是那个臭名昭著的端王载漪,对于这个违背皇帝旨意的“矫诏”理应拒绝。李鸿章辩解说,此种说法纯粹是无稽之谈,调任我本人北上的绝对是太后和皇帝的意思,根本不存在什么端王“矫诏”的任何可能性。

李鸿章在会谈中还借机试探英国对于目前的中国和未来中国的原则、立场。在得到了卜力较为明确的赞成光绪皇帝继续执政的答复后,李鸿章不失时机地指出,无论慈禧太后有何种过错,她“无疑是中国最有能力的统治者”。同时,李鸿章提出请求,“八国联军”如果占领北京,切忌以怨报怨,务必要宽容大度。因为任何的报复举动,只能会加剧中国人普遍的仇外心理。①

两位总督的会谈就这样在一种无任何实际意义中结束。

---

① 参见〔美〕史扶林著,丘权政、符致兴译《孙中山与中国革命的起源》,中国社会科学出版社,1985 年,177～179 页。

李鸿章当天乘船离港驶往北上进京的第二站——上海。港督卜力对于李鸿章决意北上，最后只能是表示极大的遗憾。

当陈少白到李鸿章的坐船上探寻时，刘学洵和曾广铨告诉他事情已经无可挽回。[①] 傍晚时分，停泊在香港近海的孙中山接到消息说："李已经决定先行进京。"策动李鸿章两广独立一事"又变成了一场梦"[②]。

至此，由何启发起，各派力量参与的策动李鸿章两广独立一事，因李鸿章的反对而流产。事实上，策动李鸿章两广独立计划是在一种盲目乐观的情况下出台的。何启等人被李鸿章昔日的改革创新之举所蒙蔽，过高地估计了李鸿章的政治觉悟，一厢情愿地认为，只要有英国政府的支持，李鸿章必定能够接受所提方案，迅速实现在中国建立资产阶级新政权的政治愿望。这反映了何启所代表的民族资产阶级在寻求中国出路时的无助与迷茫。孙中山虽然从一开始即对李鸿章能否脱离清政府、走向革命表示了极大的怀疑，但他仍然抱着"宁可信其有，不可信其无"的念头，在策动李鸿章两广独立一事上倾注了极大的热情。这显示了孙中山政治经历中一贯的灵活性，同时也表明在反动势力还十分强大，革命力量极为渺小的情况下，作为中国民主革命先行者的孙中山此时的困惑与无奈。此种分析绝对无损孙中山的伟大形象，纠正的只是传统意义上对革命者孙中山的某些误读。以往教科书中的孙中山给人的感觉是，自 1894 年成立兴中会（台湾史学界说从 1885 年中法战争）以来，孙中山就成为一个坚毅、果敢的革命者，在

---

① 陈少白《兴中会革命史要》，南京，1935 年，46 页。

② 〔日〕宫崎滔天著，林启彦改译《三十三年之梦》，花城出版社，1981 年，214 页。

立志推翻清政府问题上再没有任何徘徊犹豫,始终是勇往直前,绝没有任何妥协之举。这种说法其实是对历史真相的背叛,对历史事实的歪曲,也是中国传统观念中历来将“伟人”神化的体现。在各派势力政治主张参差不齐的近代社会,在革命声音还十分微弱的中国,1900 年策动李鸿章两广独立是一种妥协或者是改良的举动,在革命声浪席卷全国的 1912 年,孙中山将民国大总统让位于袁世凯更是一桩最大的政治妥协。斗争、妥协是古今中外任何政治家必备的政治策略。为了实现其最终的政治理想,暂时的妥协是政治家思想武库中的常备兵器。应该说,历史上的孙中山是真实的,教科书中的孙中山是经过了后人的修饰、美化了的。

至于在策动李鸿章两广独立中上窜下跳的刘学洵,则纯粹是一个投机政客的形象。他的参与和积极奔走,完全是他与生俱来的那种不安分性格的自然流露,他所热衷的是个人的政治野心,与具有政治信仰的何启不可相提并论。

宫崎寅藏作为本次事件的参与者,对英国支持李鸿章两广独立的真实用意有过深刻的披露:

> 西洋各国对中国采取的策略,经常是着眼于表里两面,而使用阴阳两种手法。换言之,在北京,各国皆为满洲的保护者;在地方上却极力同秘密帮会勾结。例如,当某国欲勾结义和团有所图谋时,另外某国便结纳地方大员以备万一之变。如某国串通清廷有所企图,则另外某国便结交秘密帮会,用以抗衡。也就是说,他们以北京为外交的角逐之地,以秘密帮会为万一的退身之所。这种形迹昭然在目,是

掩饰不了的。而香港[太守]在义和团事件初期,欲推动李据两广独立,拥护孙执掌政权这个企图,实在可以说是一个别开生面的计划。[太守]认为若能控制两广于自己的手中,则华南之事便不足为患,并可制先机于法国。进行的方法,莫过于拉拢李,如果李同意,则进行反清运动的力量在秘密帮会。因此必须拉拢孙逸仙,必须使李、孙握手。如果李、孙能够握手,则不费一兵一卒,两广即可独立,而自己便可在上驾驭。这是他的理想。这个理想和实际的距离已非常接近,但就在这间不容发之际却破灭了。虽然说是破灭,但这种形势却经常存在,问题在于谁能够善于利用这种形势以取得成功而已!清廷的力量已经不足以掌握中国,此为天下所共知。而无人能将中国全土,攫为己有,亦已是了若观火之事。那么,以国家为基础,企图染指中国者,应该如何处之?可是,这岂是君子国应该谈的问题?呜呼,君子之国!你今天依然还作"瓜分"和"保全"中国的迷梦吗?何不睁开眼睛看看列强背地里的所作所为呢?①

1900 年 7 月 18 日,何启寄予厚望的策动李鸿章两广独立一事化为泡影。在"佐渡丸"号上停泊了 3 天之久的孙中山于 20 日离开香港,驶往日本。数月之后,兴中会自成立以来发动的最大一次反清武装起义——惠州起义在

① 〔日〕宫崎滔天著,林启彦改译《三十三年之梦》,花城出版社,1981 年,215 页。

广东爆发。

从以后的历史事实看,1900 年策动李鸿章两广独立,成为何启与孙中山师生关系的分界线。在此之前,在孙中山的思想乃至行动中带有明显的何启的痕迹,尽管自 1894 年兴中会成立以后,孙中山已经开始有超越何启的表征,但刚刚走上革命之初,在思想尚未成熟,力量还极度弱小的情况下,孙中山尊重、接受何启的政治主张是再自然不过的。据何启的女婿傅秉常先生回忆,在他担任孙中山随身秘书的时候,孙中山先生"于暇时常谈起亲受何启教益之种种,自谓其革新思想颇受何启之启发"①。随着思想的成熟,实际斗争经验的积累,孙中山思想深处异于何启的思想种子逐渐生根、发芽、壮大。1895 年之后环游世界的实地考察,1897 年在英国图书馆的学习研究,日本志士宫崎寅藏激进的泛亚主义思想的影响,都在强烈地影响着孙中山。孙中山一生对中国旧民主革命时期最大的贡献——"民族,民权,民生"三民主义思想正逐渐形成、凝结。建立一个独立、民主、自由、平等的新中国,成为孙中山日趋明确,矢志追求的政治理念。就政治理想的视野而论,何启显然无法与孙中山相比。至此,何启曾经在很长时间扮演孙中山思想导师的使命已基本结束。一位西方史学家用深刻的语言,点评了两人关系的变化与差异:

> 回顾过去,在孙中山的生涯中,以香港为基地的密谋是个分水岭。这是最后一次由何启当他的代言

① 沈云龙、郭廷以等《傅秉常先生访问录纪录》,(台北)中央研究院近代史研究所,1994 年,10 页。

> 人。孙中山已经成长起来并且超过他了。尽管何启有爱国心，对立宪政体感兴趣，他却仍然肩负着双重忠诚的担子。虽然他的许多具体建议很快进了孙中山的政治辞典，但他的积极参与仅限于碰到机会时向外国人介绍革命情况。他实际上是个有条件的革命者，除非得到英国炮舰的支持，他是不会想到采取行动的。①

策动李鸿章两广独立流产后，何启虽然依旧是孙中山革命事业的同情者、支持者，但再也没有像以前那样亲自参与甚至指导孙中山的行动，他更多地将精力投入到港府的市政建设上，为香港社会的繁荣做出了巨大贡献。

四、声名卓著的香港华人领袖

何启自1882年学成回国不久，就踏入政界，成为港英政府中为数不多的高级华人官员。屈指算来，何启前后服务于港英政府长达20年左右。何启在任期间对香港社会的公益事业尤其是文化教育方面做出了卓有成效的成绩，是深受香港华人、驻港英人欢迎的"华人领袖"。

大致说来，何启在香港的任职主要有如下几项：

1882年，被委任为"太平绅士"。它是英国侵占香港的产物。其英文名称Justice of the Peace，治安官或治安委员的意

---

① 〔美〕史扶林著，丘权政、符致兴译《孙中山与中国革命的起源》，中国社会科学出版社，1985年，186页。

思。1843 年英国驻华全权代表兼首任香港总督璞鼎查鉴于香港社会秩序混乱,特地组织了一个治安委员会,任命了第一批治安委员。当时的翻译将治安委员译为"太平绅士"。从此,这一译法沿用至今。最初"太平绅士"全由英国人担任,分为两类:由英国官员兼任的称为"官守太平绅士",由英国在港商人兼任的称为"非官守太平绅士"。其职责是管束在港的英国侨民,协助英军及警察维持香港的殖民统治秩序。"太平绅士"对香港政治是有一定影响的。最初立法局的非官守议员都必须经过两关,先由"太平绅士"提名推荐,再由总督委任。1850 年香港总督任命的立法局首批非官守议员大商人渣甸和埃杰,就是由当时的 16 名"太平绅士"提名推荐的。"太平绅士"的权力是很大的。按照香港社会治安维持条例的规定,在发生扰乱治安的事情时,"太平绅士"有权命令在场及当地其他人员协助维持秩序或拘捕扰乱者。拒绝协助者,要受到简易程序审判处分,科以 50 元以下罚金或三个月以上的监禁。而且,无论有无搜查证及随从,"太平绅士"有权自由进入民宅搜查嫌疑犯。①

由于"太平绅士"具有崇高的荣誉和权力,怀有民族歧视之偏见的港英政府最初是紧闭着阻止华人进入的大门。截止到 1878 年底,所有"太平绅士",无论是官守的,还是非官守的,全由英国人担任。直到同年 12 月 16 日,凭借着华人经济地位的攀升,经过数十年的不懈斗争,港督轩尼诗才正式委任华人领袖——伍廷芳为"太平绅士",成为获此殊荣的第一位中国人。此后,出任"太平绅士"的中国人又有了黄胜。1882

① 参拙著《伍廷芳传》河北人民出版社,1999 年,48～49 页。

年，何启作为香港华人领袖，被港督委任为这一荣誉大于权力的“太平绅士”。

1886年，何启被任命为公众卫生委员会的委员，直到1896年结束，时间长达10年之久。任职期间，何启凭借其娴熟的专业知识，良好的服务意识，促进了香港社会医疗卫生事业的发展，改善了市民的医疗保健状况。

1890年，何启出任香港立法局“非官守议员”，直至1914年。立法局（旧译定例局）是港督的高级咨询机构，也是英国政府统治香港的一个工作机构，设立于1844年。其职责是协助港督制订法律，管理港府的财政开支。成员依照在港英政府是否任有官职而分为两类，一为官守议员（亦称委任官守议员），一为非官守议员（亦称委任非官守议员）。后者多是香港社会的各界名流。由于立法局地位重要，故由英国人长期操纵，以维持其殖民者的特殊地位。到1880年前，立法局成员全部由港英高级官员兼任，非官守议员由外籍商人担任，唯独没有占香港居民绝大多数的华人代表。这种外人独占立法局的格局，随着香港华人经济地位的提高，在1880年终于被打破。到19世纪70年代末期，华人社会已经成为香港经济的支柱。资料显示，1879年，从香港输往中国大陆沿海的货物，42.36%由华商承载。英国对华的输出，经由香港转入中国通商口岸者亦占50%。据1880年中国海关统计，中国的输出总值香港占21%，输入总值占37%。1882年2月，港督轩尼诗在立法局的报告中指出：该年度香港20家最大公司中，属于华人的有17家。每季缴纳地税1000元的业主，香港共18人，其中17人为华人。外商则只有渣甸洋行一家。“华人所输，十居其九。”至19世纪80年代初，无论是纳税总额，还是人均纳税额,香港华商均已超过了洋商。王韬对此曾在《循环日报》专门撰文作过报道。他写道:“近五十年以来,华商之利日赢,而西商之利有所旁分矣。即如香港一隅,购米于南安、暹罗,悉系华商为之。凡昔日西商所经营而擘画者,今华商渐起而予其间。”①在事实面前,一向高傲的英国人不得不承认,是“中国人造成了现在的香港”。香港成为英国一只会下“金蛋的鹅”。

伴随华人经济势力异军突起而来的,便是华人参政、议政热情的大迸发。在经过数次斗争后,1880 年 2 月 19 日,英国殖民地部采纳了轩尼诗总督的建议,同意伍廷芳出任港府立法局非官守议员。伍廷芳成为香港历史上的第一个任立法局议员的中国人。继伍廷芳(1880～1882 年)之后,获此殊荣的是与容闳同时留学美国的黄胜(1884～1890 年)。1890 年 3 月,鉴于何启在香港华人中的崇高地位,以及为促进香港文化教育事业做出的独特贡献,经港督提名,英国殖民地部委任何启为香港立法局非官守议员。至此,何启成为香港历史上第三位任此要职的中国人。同时,何启也是香港历史上任立法局非官守议员时间最长的中国人。按照规定,非官守议员任期一般为 4 年,期满后可获再度委任,但每一再任期不得超过 4 年。何启从 1890 年担任此职,直到 1914 年,前后计 14 年。对此种例外现象的解释只能是:何启自身具有他人不及的良好品德。他热心公益事业,有参政意识和非凡的工作才能,有蔚为可观的工作政绩,受到历届港督的信任与支持。港督卜

① 王韬《西人渐忌华商》,《弢园文录外编》卷 4,中华书局,1959 年,91～92 页。

力曾多次按照英国人对“绅士”的崇敬之情，称何启为“中国绅士”、①“对革新运动感兴趣的中国绅士”②。

何启对香港公益事业的贡献，主要体现在三个方面：一为保护宋王台；二为创办香港大学；三为建设启德机场。

宋王台是香港人民为纪念南宋赵昰而建。1276 年，元世祖忽必烈兵分三路攻陷临安（今杭州），南宋谢太后领着年幼的恭帝投降元朝。南宋丞相文天祥同张世杰、陆秀夫等人在福州拥立 11 岁的皇太子赵昰为帝，继续抗击元朝。为躲避元军追击，赵昰一行几经周折由海路逃到广东沿海。1277 年 4 月，在官富场（今九龙城一带）建立行宫。数月后，小皇帝赵昰惊吓而死。

为了纪念南宋皇帝赵昰一行在本地的活动，香港居民在马头角海滨一个名叫“圣山”的小丘上，修筑了“宋王台”。山顶有三块巨石，叠成品字状，其中一块刻有“宋王台”三个大字。1807 年（清朝嘉庆十二年）重修。19 世纪末，九龙筑路建房急需大批石料，有的商人便开始在圣山放炮采石。当地居民便自发地组织起来保护“宋王台”。时为立法局议员的何启对此给予了大力支持。经过何启的奔走呼吁，1899 年，港府采纳何启的建议，颁布《保存宋王台条例》，禁止在圣山上采石。“宋王台”这一香港历史见证的文物才得以保存下来。

何启创办香港大学的设想是在卢押（Sir Fredrick Jonn

---

① 《卜力致张伯伦》，1900 年 7 月 2 日，殖民部档案，第 129 组 300 卷。转引自〔美〕史扶林著，丘权政、符致兴译《孙中山与中国革命的起源》，中国社会科学出版社，1985 年，175 页。

② 《卜力致张伯伦》，1900 年 8 月 3 日，殖民部档案，第 17 组 1718 卷。同上，181 页。

Deeltry Lugard)就任港督期间实现的。1907 年,卢押出任香港总督。上任伊始,卢押即对香港的教育现状发表了富有建设性的意见。他在圣士提反中学毕业典礼上,发表了创办香港大学的讲演。他认为,香港的高等教育与香港经济的发展是不吻合的。在香港社会经济日渐发达的今天,香港地区尚没有一所综合大学,这不能不说是一种遗憾。为全面提高香港居民的文化素质,保证香港地区经济的可持续性发展,香港必须建有一所综合大学。卢押的建议,切合素有重视教育的何启的心愿。在尔后的日子里,何启通过正式的和非正式的机会,向卢押总督宣达了相同的见解。他主张,未来的香港大学应该从合并已有的香港西医书院和香港工学院开始,增设香港文学院,实行三院制。卢押对何启的建议大为赞赏,视何启为"同道"。1909 年,一个由何启任助捐董事会主席的"香港大学筹备委员会"正式成立。消息一经传出,香港社会各界反应强烈,踊跃捐款。富商摩地(H. N. Mody)捐款 15 万元,成为香港地区捐款的首户。华商吴理卿捐款 5 万元,承担了建设解剖室的建筑费用。华商吴竹溪则在临终前立下遗嘱,嘱托亲属将其遗产的 1/3 约 1 万元捐给香港大学,作为建设医学实验室的费用。在捐款热潮的鼓舞下,南洋华侨、大陆人士也加入了为香港大学捐款的行列,时任两广总督的张人骏一次性捐款 20 万元。在社会各界的大力支持下,到 1909 年,香港大学筹委会共收到各方捐款 127 万多元,超出了 125 万元的总体预算 2 万多元。

1910 年 3 月 16 日,香港大学主楼举行奠基仪式,香港大学(The University of Hong Kong)宣布成立,内含三个学院即香港医学院、香港工学院、香港文学院,卢押担任首任校长。

9月，正式开学。工学院录取新生 31 名，医学院录取 21 名，文学院录取 20 名，共计 72 名。大学采用英国学制，教学中除中文课程外，其余全都用英语讲授，担任主要课程的教师均是外国人。

香港大学的创立，结束了香港地区无综合大学的历史，揭开了香港高等教育的新篇章。对于香港大学创办的意义，何启的知音——胡礼垣先生曾有过全面评述。他在“香港创设大学堂劝捐序”中写道：

> 香港自开埠之初，规模粗定，即立学校。数十年来渐次充扩，迄今学舍林立，英才辈出，斐然可观。贤有司之薰陶，我华人之向学，已可概见。由今观之，所欠者为大学堂未曾倡设，诚青年志士一大憾耳。
>
> 大学堂者专门之学，学业程度高下，与英京诸大学院同科。学成而后，考试获隽，由英廷给权与本学堂，颁发凭照，视为正途出身，许其以学业问世者也。近岁识时务者深知其学之利用，思欲登堂哜炙，罄其所长，是以游学之士络绎于途。然而察其求学之情形，最难者其事有二。
>
> 夫一别十年，费金数万，微特寒门之士兴叹望洋，即中人之产，虽好学心殷，亦应裹足，可勿论矣。富豪子弟使于幼稚之年往学，其家庭之应对、进退，其本国之风俗礼仪，见闻未熟，不能记存。居外既久，濡染于异乡之习俗日深。比其反也，学业之深浅、精粗尚未可知，而其人之性情、好尚，迥异乎相与

狎处之人,言笑谈常,常格格不合,反亲为疏,十居其五,人亦何乐而为此?尤可虑者,少年立志未定,往往见异思迁,未有家室,何堪命只?既邻彼美,谁学童贞?自由之真理未明,品格之逾闲难保,直将拮据贻父母之忧。夫子之幼也,父母爱之,保抱提携,亦既相依为命,乃鼠思饮泣割爱者十有余年,而其效果之在人意中者,或竟如此。游学之最难者,此其一也。使年在弱冠而后始志远游,其时既有妻子,似无变性纵情之虑矣。不知其时父母多在已老之年,儿子正当幼少之日,堂中问膳既愧缺,如膝下牵衣更为难舍。游学者为其父母妻子之苦衷自无可诉,而父母妻子之为游学者之苦衷更无可言也。读陟岵之诗,旁人陨涕,而况身历其境者哉?夫庭帏隔阂亦人事之常,但使欲见则能见,欲亲则能亲,问讯往还,通灵不远,则光阴迅速,成事不觉其迟。今乃孑然万里,故土长辞,关河阻而魂梦难通,魂梦通而形骸终隔。吾知身居其地者,必有度日如年之叹也。内顾之忧既萦其念,向学之志必减其坚。苟其以四海为家,而恝然于父母妻子,随缘听化,谐俗忘情,任岁月之蹉跎,以忘形为自在,则比其返国,纵使学问精通而已,减却多少天伦之乐事矣。游学之最难者,此其二也。此二难者且费数万金而始得。夫遗子以多金,不若遗子以实学,近世达人多明此理。乃苟一深思,亦复谁甘为此。然则竟弃西学,谓但取其普通之皮毛,不须复求其专门之精妙可乎!是又不然。学之道,犹水火也。苟得其故,则可以明并日月,润等江河。不然则爝火勺泉而已。今西学之行于天下，何殊日月、江河，可勿深求其故哉？深求其故，必设专门教育者，惟求去其难，而取其易耳。香港大学堂之设，正为此也。

此大学堂既成，则学费可减五倍以上。如工程一项，使特聘一工程师以为教习，其费每年非万余金不可。即聘一副教习，亦须五六千金，其余如内外诸科医师、解剖师、格致师、律学师及各科教习，以凡一切诸般艺学农圃畜牧等，皆有专师，其价值视工程无以异也。香港则各科诸师皆备俱有，实任职役若聘其于公余之暇，每一星期到堂三二次不等，如法以演说一二点钟之久，以为教习。盖所演说在听者已足为一二日之学也。如此则为师者既不抛废其时，而学者亦能盈科而进，以万金而得之师，千金可得之矣。数千金而得之师，数百金可得之矣。

他费虽或不可减，师费则减其十倍。故合而混计，可减五倍以上也。况香港为远东各埠之枢纽，船坞、铁路、电气、机器、织造等厂，与农圃、商场莫不局面宏大，尤堪为各科实验、教育之资。至于中国内地如省城，如厦门及上海、天津等处，学者虽多，教育亦广，京师首善，风气尤先，然终不及香港，故大学堂之设，应以香港为最宜，且其于英文之学，孕毓既深，浸淫有素，将来高足弟子必视他处为尤众，商贾云集，百货骈罗，远方之士就学于此，起居饮食，无有不周，加以舟车利便，家乡虽远，父兄戚友，相见无难。藏修游息之方，涵育甄陶之处，无有胜于此地者矣。此大学堂之设,不论何国之人,皆可入学,然将来得其大利者必在,华人以其民众事烦,在在皆需此实学,以为振兴之根据也。今者中国朝廷派遣游学诸生,皆以所得于香港者为最,若大学堂既成,则香港毕业之学生即与出洋毕业者无异,将来为国宣猷,从公于迈,近取即是,何俟远求?且此大学堂将来教育人才,必择实济之事,有益于现在营业所需者而为之,与存诸理想,空悬其说者特异,是所谓用世之实学也。用世实学,无地不宜。核计地球诸国,英与之通商立约者十居其九有奇,是环球皆英商所到之处。凡在此大学堂考得执照者,天下之大,无处不可为其榜门应世之地。此可为他日青云之士所预贺者也。而为之父兄者及凡我华人,当如何其振作玉成之哉?且夫立不朽之功者必有其机,成不世之业者须逢其会。《大学》曰:"以义为利"。《曲礼》曰:"积而能散,皆谓财之用,贵得其宜也。"计香港自开埠以来,其用财之宜无有过于此举者。此堂约计所费须要储款一百二十五万元,其必需此数者,以每年储款所出之出息须六万元,方足于用也。此是一劳永逸,作一次捐足,以后更不复捐。其建造学堂、学舍诸费,约数十万圆之谱,已为西人么地君一人担任。至解剖房及医学舍,约费五万金,则为吴君理卿承当。又曾蒙邓君竹溪身后遗嘱,拨以家产三分之一约万余金,为医学堂存款。其余认捐者虽未明言其数,而已乐助有人,大抵总在过半以上。譬为山于平地,羡彼三君既已一篑先施,若造塔于诸天,愿我同人莫懈合尖之力。伏思去岁水灾，本港赈济签题尚集成数十余万之巨款，而况大学堂之为利于无穷者哉？当仁不让，敢布区区，并将港督卢大宪之言译录于后，读者应如卢制军不惮详言，挺身提倡，为我华民谋长久之幸福，胞与之怀，仁言利溥，闻其伟论，咸宜额手欢迎。凡我同情，当因是而愈为踊跃也。[①]

创建"启德机场"更是何启造福于香港社会的一大幸事。经过数代中外人士的共同开发，到20世纪初年，香港由一个荒凉的小渔岛开始逐渐成为远东地区的经贸中心。早在19世纪50～60年代，受太平天国农民战争的影响，大批移民和大量华资涌入香港，为当地经济带来活力，香港很快成为南北货运和贸易的中转港，相继开辟了香港至中国大陆沿海各港和澳门的航线，以及至欧美和日本的远洋航线。尤其是1869年苏伊士运河通航，西欧至香港的航程缩短了5000公里以上，促进了香港航运业的大发展。1880年约有中国进口货物的1/5，出口货物的1/3是经香港转口和分配的。到1900年，欧美各国与中国贸易货物已有1/2是经香港转运的。19世纪末20世纪初，香港已经发展为一个国际性贸易港。在航运业大发展的同时，铁路、公路交通运输业也有了长足的进步。1911年10月5日，广九铁路全线通车，香港与珠江三角洲联系更为便捷，港岛内及新界公路网络也基本形成。此时，香港交通业中惟一美中不足的便是缺乏航空运输业。

① 胡冀南《香港创设大学堂劝捐序》，沈云龙编《近代中国史料丛刊续编·胡冀南先生全集》(266)卷52，(台湾)文海出版社，11～15页。

随着 20 世纪初叶世界航空事业的迅猛发展,香港经济向外延伸,发展香港的航空运输业自然也就提上了议事日程。一批精明的企业家立刻将敏锐的目光锁定在香港航空运输业这块处女地上。这其中的代表人物便是何启与区德。

提及何启与区德在香港航空运输业上的首创之举,还要从发生在香港的首次飞机表演开始。

1911 年 3 月,英国远东飞机公司在沙田举行飞机表演,揭开了香港的飞行纪录,成为香港航空史上的一件盛事。因为飞行表演在香港尚属首次,事前香港各大报纸都为此作了大量的报道,故吸引了众多的观众前往一睹盛况。为方便观众,广九铁路局还特地开通了专列。

3 月 18 日,在原定表演的时间里,数以千计的中外人士纷纷搭乘火车前来,香港总督卢押也亲临现场,一支由驻港西人组成的乐队也到场助兴,场面煞是热闹。当时参加表演的这架飞机是属于第一代的 FAR－MAN 型推进式螺旋桨双翼飞机,机身长约两丈,宽 5 尺,重 800 斤。可惜,当天风力太大,飞机一直无法起飞。直到 3 月 27 日,飞机才飞上蓝天。飞机在跑道上滑行了一段路后,离地升空,但飞离地面不到百尺,飞行了约半英里,就降落到地面。事后,据驾机飞行的英国人称,因为当天风力仍然过强,不宜于高飞,否则容易发生危险。这次飞行表演虽然不尽如人意,但毕竟揭开了香港航空史上的第一页。

英国人的垂范作用,燃起了中国人的航天热情。勿庸讳言,在迈向近代化的大潮中,欧美国家尤其是英国的确是得风气之先,捷足先登,为落后国家和民族提供了一个现成的范式。但是,在近代化运动及至现代化运动中,落后国家和民族的作用决非如美国史学家邓嗣禹和费正清等人所宣扬的“冲击——反应”论[①]那样，全然是一个被动、消极的客体，这些国家的任何一点进步，那怕是微小的一次长进，完全都是西方势力冲击的结果，都是对西方冲击的“反应”。换言之，西方力量成为落后国家和民族进步的第一推动力。其实，这种说法存有极大的谬误之处。因为它既不符合内因是事物发展变化的第一要素，外因是事物发展变化的第二要素的基本规律，也无法诠释业已存在的具体历史事实，其出发点完全是在弘扬“西方中心论”。因而，它自然会遭到第三世界学术界乃至西方学术界的批判。费正清的学生，美国史学家柯文先生即在其名著《在中国发现历史——中国中心观在美国的兴起》，中对此提出强烈批评。[②] 就中国包括铁路运输业、电报业在内的近代化运动而言，正确的答案应该是：在被动中开始，在主动中起步。

何启发展香港航空运输的经过也同样如此。自参观完英国人的飞行表演后，何启便开始在心中编织着自己的航天梦。港英政府出台的填海造地政策，为何启圆心仪中的航天梦提供了契机。

伴随着香港经济飞速发展的，便是香港人口数量的激增。据统计，香港居民 1854 年为 2.4 万人，1858 年为 7.5 万人，1861 年为 12 万人，1871 年为 13 万人，1901 年猛增至 30 万

① 〔美〕邓嗣禹、费正清《中国对西方之回应》(*China's Response to the West*. 1954)。

② 〔美〕柯文著，林同奇译《在中国发现历史——中国中心观在美国的兴起》，中华书局，1997 年。

人。人口的激增带来了一系列的社会问题,其中最突出的就是人均生存空间的缩小。截止到1899年12月,也就是在英国人割占香港岛、九龙司,又强行租借“新界”之后,香港的总体面积仅为1061.8267平方公里。为解决这一难题,港英政府经过论证,适时出台了填海造地政策,鼓励商人投资。所谓填海造地政策,不是先填海后出售,而是由港英政府指定海床出售,填海由买者自理。该政策一出台,何启立刻行动起来,经过与好友区德的协商,决定参加竞标。区德本来就是一个大房地产商,与何启是儿女亲家。区德的女儿嫁给了何启的五子永贞为妻。何启与区德共同出资,组建了“启德投资公司”。

何启的提议,获得了区德的大力支持。启德公司经过投标,买得了九龙湾海床,自行填海为地。在工程浩大,施工极为困难的情况下,启德公司硬是靠肩挑手挖,费尽艰辛,填出了一片新地。[①] 这片新开垦的土地被刚刚成立不久的香港飞行会租借,作为飞机升降之用,而这块土地后来就发展成为今天香港著名的“启德机场”。虽然“启德机场”早期占地面积并不大,但它毕竟开创了香港历史上民办机场的先例,铺垫了香港航空运输业的第一块基石。1928年,“启德机场”正式启用,开始空运服务。1941年12月至1945年8月,日军占领香港期间,为了战争的需要,日本人对“启德机场”进行了扩建,将邻近机场一带,也即当年“启德公司”填海修成的“启德一路”、“启德二路”、打古岭道全部改建,扩大为机场面积。日

① 香港的填海造地运动,共造地9.2平方公里,外加英国人强占的九龙城寨0.0267平方公里,形成了今天香港1071.8平方公里的地域范围。

本投降后,港英政府不断完善、改造“启德机场”。1962 年 11 月 12 日,“启德机场”的客运大厦建成正式投入使用。大厦共有 6 层,1 至 2 层是到港区和离港区,3 至 5 层是各航空公司办事处,6 层是机场控制塔及空中交通控制中心。大厦内设有各种服务设施,包括银行、邮局、电报电话和货币兑换点等。另外,还开设了餐厅、酒吧及免税商店,供旅客就餐、休息和购物。香港旅游协会、旅行社协会和酒店业协会都在接待大厦内设立了柜台,为到港旅客提供旅游和住宿服务。旅客往来机场与港岛和九龙市区之间,可以使用多种交通工具,如酒店旅游大客车和出租车,行驶在机场与尖沙咀、港岛中区港澳码头及铜锣湾之间,还有多条特设的机场巴士路线,方便旅客出入。[①] 经不断扩建后的“启德机场”,有 58 个停机坪,可分别停放 35 架客机和 5 架货机。有一条建在填海区上的 3390 米长的跑道,可供世界上最新式的巨型客、货飞机起落。“启德机场”成为亚太地区第一流的国际机场。航空事业的发展,促进了香港工商业的大发展。“启德机场”为香港经济的腾飞插上了坚实的翅膀。该机场的创办人之一——何启将永垂青史,流芳百世。

鉴于何启为促进香港地区经济繁荣和东西方文化交流所做出的巨大成就,港英政府给予他崇高的荣誉。1892 年,英国政府授予何启 CMG 勋章(骑士勋章)。1912 年,英国再次赐予何启爵士衔,以表彰他对香港社会做出长期的服务贡献及创办香港大学之功。

天不假年,正当何启事业如日中天之际,一场突如其来的

---

① 陈昕、郭志坤《香港全纪录》(第二卷),上海人民出版社,1997 年,32 页。

病魔夺走了他的生命。1914 年 7 月 21 日，何启在香港般含道 45 号 B 寓所突然休克病逝，享年 55 岁。噩耗传来，举港震惊。22 日下午，何启的追悼会隆重举行，出席的人数以千计，到场的除何启生前的大批亲朋好友外，港英政府的许多官员也自觉参加。会后，根据何启生前的遗愿，他的遗体葬于跑马地基督教坟场。方形墓碑的正面用英文写着"怀念何启爵士，生于一八五九年三月二十一日，卒于一九一四年七月二十一日"。墓碑的左面是其英籍爱妻雅丽氏的坟墓。继室黎玉卿去世后，葬于何启墓右侧。

第三章　生平篇(二)
——胡礼垣

一、家世与学养

胡礼垣(1847～1916年),字荣懋,号翼南,晚年自号逍遥游客。据胡氏族谱记载,胡姓的远祖胡公满,原是舜帝的后代,居住在安定郡,战国时曾有著作传世,自始祖宋兼山起,迁徙广州南海。1526年(明朝嘉靖五年)划南海、高要二县为三水县。胡礼垣由此成为三水县三江乡人。父亲胡献祥,号敏之,字文周,极富经商才干,常年在香港做生意。胡礼垣自小与母亲为伴生活在老家。童年时代的胡礼垣天分极高,凡是所读过的书籍,皆能过目成诵。作为商人的父亲对其寄予了厚望,自然也就为其选择了那个时代几乎所有儿童都要走的道路——进私塾,读圣贤书,盼望他能够走上科举高中的道路，光宗耀祖，以改变商人在世俗中的卑下地位。胡礼垣背负着家族的荣耀，踏上了科举之路。童年时的胡礼垣已经是精通四书、五经，写得一手洋洋洒洒的八股文，在全县的童子试中常常是位居头名。有史料记载："未冠应童子试，辄冠其曹。"[①]正当胡礼垣沿着科举之路迅猛前行之际，命运却同他开了一个极大的玩笑。在以后的考试选拔中，胡礼垣屡屡名落孙山，连一个小小的秀才都难以考中。在经过了数次失意、受挫后，胡礼垣试图走科举之路的念头开始灰冷，遂决意抛却科举，专心致力于研读经、史之籍，尤其着力于"诗古文辞"的研究。从现存六卷本的《胡翼南先生全集》可以看出，胡礼垣在古文、诗词等方面有着极深的造诣，传统文化的根基是相当深厚的，这得益于胡礼垣科举失意后在家乡的专门研究。

既然科举之路已经难以走通，身居香港的父亲便为儿子另择出路。1857 年，10 岁的胡礼垣跟随父亲来到香港，接受西式教育，15 岁时进入香港中央书院学习。在香港读书时期的胡礼垣是勤奋刻苦的。为尽快提高英语水平，胡礼垣曾经拜毕业于香港圣保罗书院的被孙中山称为"中国精通英语的两个半人"之一的伍廷芳为师。对于这段经历，在事过半个世纪后的 1911 年，胡礼垣以崇敬之情说道："先生为垣五十四年前英文之业师。"[②]西洋文化为他开启了一个前所未知的新天地。他如同一个初见大海的游子，在浩瀚的知识海洋里不知疲倦地畅游，尽情地吸纳着知识的学养："凡西国文学、政治无

① 陆廷昌《胡翼南先生事略》，沈云龙主编《近代中国史资料丛刊续编 · 胡翼南先生全集》(261)，(台湾)文海出版社，1页。

② 胡礼垣《致伍秩庸书》同上，卷 59，1 页。

不考求。”①

胡礼垣在此接受了全新的近代教育，史称“治英文、算学、格致诸科”。每门具体的课程，均体现了民族进化过程中的每一阶段的精神内涵，折射出一个民族固有的价值取向、理性思维。算学、格致等声光电化学科，实际上是对欧洲文明的高度凝缩和体认，反映了西洋文化的特质，昭示着人类文明演进的曙光。它同清王朝统治下的八股取士制度在培养人才、陶冶情操、追求人生价值方面有着天壤之别。在前者的文化氛围中成长进来的人才，无论是道德理想、价值旨趣、知识结构，都同科举制度下熏染出来的成功者迥然不同。

星球与星球的碰撞才容易产生火花，知识与知识的磨擦才能孕生思想。1862 年，胡礼垣进入香港中央书院学习时，他对中国传统文化的了解，已经具备了深厚的功力，面前的西洋文化为他提供了一个比较、鉴别的对象。互为参照物的反思、甄别，其结果便是新思想的萌生。从胡礼垣终生所具备的知识结构而言，香港时期的教育，为他铺垫了良好的西学根基，使他初步具备了在东西方文化间漫步的条件。按照文化人类学的观点，胡礼垣已是一个“文化边缘人”。当代著名美籍华裔人类学家许烺光先生对文化“边缘”现象和“文化边缘人”心态特征曾经有过深刻的剖析，他自称：“我是一个‘边缘人’。我出生并成长于一种文化环境中——在那里，生活停滞，大部分人的生活几乎完全可以预知，后来我被从这一文化中赶了出来，到另一种文化中生活和工作。在后一种文化中，

---

① 陆廷昌《胡翼南先生事略》，沈云龙主编《近代中国史资料丛刊续编·胡翼南先生全集》(261)，(台湾)文海出版社，1 页。

人们渴望变化,因为它本来就追求进步,万物与众生的面貌总是变化不居的。处在对比如此明显的两种文化环境的人,本来就徘徊于每种文化的边缘。他自己就像是漫步于这两种文化边缘上的两个人一样,时常接触。”[①]一方面文化边缘人因其身跨两种乃至多种文化,参与两种乃至多种文化的冲突与对立,常常处于“既是”“又不是”的尴尬境地,既不能对其中任何一种文化群体的价值标准忠贞不渝,又不能为他所认同的任何一种文化群体所充分接受。另一方面,“文化边缘人大都具有求真求实,不囿于既成文化积淀,勇于抛弃传统观念等品质,其心态是开放的而非封闭的,其行动上是开拓的而非守成的。对异质文化的体认多经历困惑、尝试、模仿、认知等过程。对传统文化的态度则是认同、怀疑、改造、重构。伴随着这一重建过程的结束,体现出的是边缘人思维方式、价值取向、道德标准的转型。在其言行中往往是新旧皆存、中西均有,但文化的底色已非传统,也非传统与现代性的对等,而是现代性多于传统性,世界性多于民族性。边缘人的人生旨趣代表着时代潮流奔腾的趋向,昭示着后进国家、民族的演进大势。边缘人是旧世界的盗火者,新世界的轮廓将在其所盗的熊熊大火中冉冉凸现。”[②]胡礼垣流传后世的一系列论著,无处不在印证着其作为“文化边缘人”的本质特征。

现在看来,胡礼垣在香港中央书院读书的数年有两大收

---

① 〔美〕许烺光《美国人与中国人:两种生活方式比较》,华夏出版社,1990 年,3 页。

② 参拙著《从西方到东方——伍廷芳与中国近代社会的演进》,商务印书馆,2002 年,5 页。

获：一是带他跨进了西洋文明的门槛，他将通过以后的深入研究进入西洋文明的庭院，在东西方文明之间架起一座通天桥梁，初步奠定了作为中国近代著名改良主义思想家的基石。二是结识了何启，为19世纪80年代末期开始的何胡合作，结下了不解之缘。

1870年，23岁的胡礼垣毕业。因其学业成绩优异，当年即"为政府所委任"[①]，留校担任中文教师，成为香港第一所官办中学——中央书院的教师。两年后辞职离校。此后，胡礼垣到父亲所经营的航运公司兼职，并多次参加港府公务员考试，可惜均未录取。后来，胡礼垣一度在清末著名变法思想家王韬所经办的《循环日报》社工作，担任该报的翻译。由此，与王韬结识，成为知交。王韬曾用"遁窟废民""天南遁叟""弢园老民""欧西寓公"等笔名，在该报发表了《变法》、《变法自强》、《重民》、《尚简》等政论文章，系统地阐发了其政治改良主张。在与王韬相处的日子里，胡礼垣受到王韬改良变法思想的影响。这对尔后胡礼垣改良思想的形成具有相当大的帮助作用。

19世纪80年代，胡礼垣一度回大陆，投奔广东老乡郑观应。此时，郑观应主持上海电报分局。胡礼垣任翻译。任职期间，胡礼垣发现，电报局工作混乱，电报往来的程序、格式皆缺乏规程，错译、漏译之事，时有发生。于是，他在工作之余，翻译了《万国电报通例》，为电报局提供了与国际接轨的范式。此外，胡礼垣还与同行唐心存合著《量电浅说》一书。

1885年之前，胡礼垣又离开上海，返回香港，到《粤报》任

① 张学华《胡翼南先生墓志铭》，沈云龙主编《近代中国史资料丛刊续编 · 胡翼南先生全集》(261)，(台湾)文海出版社，3页。

职。《粤报》又名《香港粤报》，创办者是汇丰银行买办罗鹤朋。当时，罗鹤朋的亲戚冯孝廉得到一套“珍若拱壁”的“时艺蓝本”，想把它印刷成册，牟取暴利，“遂商诸罗氏，欲设报馆而兼营印刷业。罗氏乃斥资三万元，于一八八五年(光绪十一年)，由冯孝廉筹办《粤报》，及延聘魏孝廉及同案秀才四人主持报务，并编辑书籍”。《粤报》创刊仅仅一年，就因办报人冯、魏二人乡试中的，兴趣转移。加之经营管理不善，所印“时艺蓝本”只印了一半，3万元经费便消耗殆尽，《粤报》遂宣布停业。1886年，卢敬之集股3000元，用800元承租《粤报》的一部分用具，继续以《粤报》的名义出版，1889年停刊。据分析，胡礼垣到《粤报》任职，大概是在卢敬之主办时期。当时报社规定，斐声学界的主笔其报酬是“日薪三十元，余则正主笔之薪水，每月不过至二十元至念五元。副主笔则月薪十元左右”①。专职翻译月薪20元，兼职翻译月薪仅为10元以下。应该说，《粤报》的待遇一般。由此可见，胡礼垣仅仅是《粤报》的雇员，《胡翼南先生事略》的作者陆廷昌所言胡礼垣是该报创办者的说法显然是错误的。②

在《粤报》任职期间，胡礼垣发挥懂英文的特长，利用闲暇，译《英例全书》等为中文，“前后积成卷帙，凡二百余万言”③，但不为人重视。以至于13年后，胡礼垣提起此事还愤愤不平：

---

① 杨光辉等《中国近代报刊发展概况》，新华出版社，1986年，196～197页。

② 陆廷昌《胡翼南先生事略》，沈云龙主编《近代中国史资料丛刊续辑·胡翼南先生全集》(261)，(台湾)文海出版社，1页：“创办粤报，有英例全书之译。”

③ 黎和南《辑印金刚般若驭世经序·胡翼南先生全集》(266)卷57，1～2页。

> 光绪十一年(1885 年——引者注),鄙人曾将英例全书译印,西法精意多所发明,海内人士深以为韪,无如在官者虽明知其善而耻于效人也。不知善之所在,彼我奚分?舍己从人,舜所以大避凶迪吉,禹拜昌言。昔徐光启以泰西之步天比诸羲和之定历,今予则以泰西之陪审胜于皋陶之明刑。①

据上可知,胡礼垣在刚从中央书院毕业尤其是辞去教职之后,还是一个在为生活而奔波,为实现理想而寻觅的青年,他所赖以立身的仅仅是外语这一特长。无论是在上海电报局任职,还是在《粤报》工作,这都不是他心仪的职业,因而,时间不长,或是主动辞职,或是因停刊而退。焦虑、彷徨、寻觅、选择,是胡礼垣当时的心境。

二、谢绝诸侯罗聘,不应国王盛请

胡礼垣是一个志存高远,又淡泊名利的人。在东西方文化交流尚不充分的 19 世纪七八十年代,精通中学,粗通西学的胡礼垣自然成为香港知识界的凤毛麟角。慕其名者有之,欲招至帐下为己所用者更是有之。

1878 年 7 月,原中国留美幼童正监督陈兰彬被清政府任命为中国驻美公使。因这是中国首次在美国设立公使,繁琐、新颖的外交事务绝非仅仅具有中国传统文化知识的陈兰彬所能

---

① 何启、胡礼垣《康说书后》,郑大华编《新政真诠》,辽宁人民出版社,1994 年,253 页。

应对。因此,当时包括陈兰彬在内的所有清朝驻外公使要做的第一件事便是寻求懂外语、兼通中西学问的外交人才,尽快组成自己的外交使团。香港作为东西方思想文化接触的前线,异质文化冲突的前沿,自然也就成为清朝驻外公使找寻这类人才的首选之地。几经周折,胡礼垣进入了陈兰彬的视野。陈兰彬虽竭诚招纳,多方游说,孰不知,胡礼垣并不领情。尤其是在经过交谈后,胡礼垣发觉,陈兰彬虽身为驻外公使,在海道大通的时代,充斥他脑子的依旧是那些过时的“夷夏之大防”“天朝上国,君临万邦”的陈年老调,至于西方国家的现行政治,他根本就是无知。陈兰彬显然不是自己的同路人,拒绝陈兰彬自然也就在情理之中。最后,陈兰彬只好高兴而来,悻悻然而归。

时隔3年,陈兰彬任清朝驻美公使结束,继任者郑藻如再一次登门求贤。郑藻如(1824～1894年),广东香山濠头乡人,1851年乡试中举人,并曾先后出任江南制造局会办、津海关道,1881年被清政府派驻出使美国、日斯巴尼亚(西班牙)、秘鲁三国大臣。按照当时的规定,驻外公使馆的一切人员需由驻外公使一人来挑选。郑藻如想起了胡礼垣这位广东老乡。但不知何故,郑藻如如其前任一样,吃了闭门羹。对此,史书称:“钦差大臣郑君藻如、陈君兰彬,先后出洋,聘往襄赞,辞不就,其淡于荣利,素性然也。”①

欣赏胡礼垣才干的不仅仅是陈兰彬、郑藻如,就连苏禄国

---

① 陆廷昌《胡翼南先生事略,沈云龙主编《近代中国史资料丛刊续辑·胡翼南先生全集》(261),(台湾)文海出版社,1页。不过,此处史料存有明显的错误,陈兰彬任清朝驻美公使要比郑藻如早,郑藻如是陈兰彬的接替者,因而就不能说“钦差大臣郑君藻如、陈君兰彬,先后出洋”。

国王也准备虚位以待，竭诚邀请。

据陆廷昌《胡翼南先生事略》记载，《粤报》停刊后，胡礼垣即在英国商人的邀请下客居北婆罗洲，参与了对南洋北般鸟地的开发。在此期间，胡礼垣充分展现了经管城市的才能。他结合北般鸟地的地形、地貌、风土人情，对该地的官署、民居、沟渠、道路等城市建设，作了周密详尽的规划、布局。他还身体力行参加了繁重的拓荒工作。艰苦的耕作，换来了丰硕的成果。北般鸟地由初时的荒岛，"数年之间，商贾辐辏，遂成巨埠，先生功也"①。胡礼垣也由此名声大振，在南洋一带广为流传。

与北般鸟地邻近的苏禄国国王闻讯，顿起求贤之念，派遣使臣前往邀请。苏禄国尽管国小，但矿藏丰富，盛产号称"吕宋绿"的绿松宝石。胡礼垣十分感激苏禄国王的厚爱，在面见苏禄国王后，详细阐述了其治国方略。他以世界大势的发展走向为背景，以英美国家的富强作依据，认为苏禄国欲求振作，走上独立富强之路，就必须更新现行政治。作为一国之君的国王，更应当勇于抛弃旧制，做革新政治的提倡者、鼓动者。只要长期不懈地将改革进行下去，苏禄国也必定会如北般鸟地一样，旧貌变新颜。苏禄国王听胡礼垣一番话语，十分高兴，大有相见恨晚之慨，遂视之为座上宾。"王大嘉，纳留于宾馆，待以殊礼，居数月，政无大小，悉与闻。"②

苏禄国王以国家民族利益为重，相处日久，对胡礼垣的人

---

① 陆廷昌《胡翼南先生事略》，沈云龙主编《近代中国史资料丛刊续辑·胡翼南先生全集》(261)，(台湾)文海出版社，1页。不过，此处史料存有明显的错误，陈兰彬任清朝驻美公使要比郑藻如早，郑藻如是陈兰彬的接替者，因而就不能说"钦差大臣郑君藻如、陈君兰彬，先后出洋"。

② 陆廷昌《胡翼南先生事略》1页。

品、才干越加器重，自忖倘若由胡礼垣来主管国事，苏禄国必定会兴旺发达。在一次交谈之后，国王以“既年老”[①]为由，向胡礼垣表达了让出王位，由胡礼垣来掌管国事的愿望。胡礼垣“闻而大惊”，拒不从命。不久，就借口离开了苏禄国。

史书对此有过高度评价：

> 时人莫不颂王之贤，而尤叹先生之高，为不可及也。嗟乎，士人怀负殊异，不得行其志于中国，而万里以外蛮夷之长，独有举国以相从者，一旦据土地之富，行南面之尊，亦可谓奇遇矣。先生屣脱富贵，决然舍去，非其中确有以自守而能如是乎？[②]

1893 年底或 1894 年初，[③]胡礼垣到日本游历，前后历时一年左右。初来乍到，胡礼垣徜徉在异国风光中，忘情于神户这个日本最大海港城市的旖旎景色间。海滩、码头、佛教寺院、工厂、铁路等处，均留下了胡礼垣的足迹。这是一个将传统与现代完美结合的城市，这是一个将东方文化与西洋文化

---

① 张学华《胡翼南先生墓志铭》3 页。

② 陆廷昌《胡翼南先生事略》1～2 页。

③ 关于胡礼垣到日本去的时间问题，传统观点认为是在 1894 年春天。此说的主要史料依据是陆廷昌所写《胡翼南先生事略》：“甲午春，先生（胡礼垣——引者注）游东洋”。（陆廷昌《胡翼南先生事略》(261) 2 页）其实，此说并不准确，严格说来，胡礼垣到日本是在 1893 年。史料依据是：1906 年前后，胡礼垣在为《梨园娱老集》所写“弁言”中提到：“癸巳之岁（即 1893 年——引者注），予游日本。”（《胡翼南先生全集·梨园娱老集》263 卷 23，“弁言”，2 页）只是胡礼垣所说时间为中国旧历，而现存史料又无法佐证其所说时间的准确性，故笔者主张 1893 年底或 1894 年初之说。

充分诠释的城市。胡礼垣对日本民族在迈向近代化途中所焕发出的勃勃生机与活力，表示了由衷的赞叹。

有一天，在参观神户佛教寺院时，胡礼垣为一尊做工精美的巨幅铜佛所吸引，久久不愿离去。据介绍，日本有三尊著名的铜佛，以奈良铜佛为最大，高 100 尺，东京的铜佛次之，高 60 尺。神户的铜佛虽仅有 36 尺，但造型别致，所铸菩萨作低眉沉思状，端坐在莲花台上，头顶系有 80 多颗螺鬟，其大如斗。莲花台上铸有一群僧人，手持铙钹等器物，一副赴功德道场的形态。在佛像的腹部建有一座庙宇，透过从顶部照射进的阳光，便可以看见佛像腹腔的四壁上，刻铸着数以万计的佛像，其大如寸。铜佛的中部设有一座舍利塔，旁边摆放着天竺名僧的袈裟、盂钵、钟磬等物件。最令人称奇的是，有一条珍贵的犼尾。据寺院和尚介绍，此物为当年如来说法时所持。此外，还有一幅刺绣佛像，据说是由一位信佛的夫人亲手绣制，距今已有 1200 多年。

香火缭绕的佛门圣地，佛门弟子悠扬悦耳的诵经声，勾起了胡礼垣深深的佛教情愫。兴致所至，挥毫题诗：

癸巳之岁，予游日本，曾题神户大铜佛诗。其词曰：

不生不灭虚无界，
释迦结想弥陶外。
但说金身丈六长，
佛法云大何曾大。
此邦佛子意超然，
说法竟说上乘禅。

既从外貌观色相，
复使佛腹洞作切。
利天善士贡铜肋，
巧施匠目力趺坐。
莲花头上螺鬟织，
低眉不欲看世人。
向人祇作怒悲色，
欲学慈悲色，
先存广大心。
披肝露胆请君入，
佛缘须向此中寻。
我悟此道乐不止，
翻身直入灵虚里，
顶上中通月样圆，
世界光明近盈咫，
撞钟击磬兴如何，
左谒罗汉右韦陀。
天竺高僧衣钵在，
神州舍利塔摩挲，
我非佞佛与佛印，
头头是佛佛何多？
乃知方寸灵台地，
能来十洲三岛，
无量诸佛都包罗。
门外游人齐拍手，
奇闻奇闻呼众口。

如来犹拂师婆针，
惟古有佛传不朽。
我闻此语唯否否，
佛不传人人自有。
君不见，
辅国学沙门，
鸠摩思配偶。
又不见，
屠伯放刀逃，
长老投胎走。
今佛古佛本无边，
今人古人当自纠。
举头问佛佛无言，
但觉三十六尺之庄严，
明明如点首。①

佛门虽号称法力无边，但究竟难以消除人间的罪恶。正当胡礼垣徜徉于神户美景、名胜古迹之际，一场血肉横飞的战争在中日两国之间爆发。7月25日，日本联合舰队偷袭中国的运兵船队，打响了中日甲午战争的第一枪。8月1日，清政府发布对日作战诏书。中日两国处于战争状态。按照国际惯例，清政府撤回驻日公使，中日两国断交。为了便于管理、保护驻日华侨的生命财产安全，经中国驻神户领事的推荐，各国驻神户领事的认可，由胡礼垣暂时代理中国驻日领事之职。

① 《胡翼南先生全集·梨园娱老集》(263)卷23，"弁言"，2～3页。

在此,现存史料记载存有明显的错误。陆廷昌在《胡翼南先生事略》中写道:

> 甲午春,先生游东洋,值中日失和,钦差大臣李经方奉命归国,参赞以下随使臣同归,中国驻神户领事谋举代者,各国领事咸推先生,固辞不获,遂权摄焉。①

这是目前所见到的有关胡礼垣暂代中国驻日本神户领事的最权威史料,并为后世学人作为信史引用,深信不疑。其实,仔细考证即会发现,陆廷昌的记载错误百出,与史实大相径庭。

除前面提到的胡礼垣到达日本的时间不准确外,还存在着两条显而易见的错误。

其一,按照陆廷昌的述说,中日甲午战争爆发时,担任清朝驻日公使的是李经方,此是史实错误之一。根据史料记载,李经方担任驻日公使的时间为:1891 年 9 月 4 日(清光绪十七年八月二日)至 1892 年 10 月 11 日(清光绪十八年八月廿一日)。② 据此可知,当中日甲午战争爆发时,李经方已不在日本,因而也就不存在陆廷昌所说的"值中日失和,钦差大臣李经方奉命归国"一事。

其二,中日甲午战争爆发时,担任清朝驻日公使的是汪凤藻,而不是李经方,此是陆廷昌述说错误之二。根据史料记

① 陆廷昌《胡翼南先生事略》(261)2 页。

② 故宫博物院明清档案部、福建师范大学历史系合编《清季中外使领年表》,中华书局,1985 年,28 页。

载，李经方卸任后，继任者是汪凤藻。时间是在 1892 年 10 月 11 日（清光绪十八年八月廿一日）至 1894 年 8 月 4 日（清光绪廿年七月四日）。[①] 1894 年 7 月 25 日，日本联合舰队在朝鲜的丰岛海面袭击中国的运兵船，29 日，清朝廷即下诏命令汪凤藻撤回。8 月 1 日，清对日宣战，宣布中日两国断交。8 月 4 日，汪凤藻离开日本回国。

依据史实，结合陆廷昌的述说分析，胡礼垣暂行代理中国驻日本神户领事的事实经过应该是：1894 年 8 月 4 日，驻日公使汪凤藻奉命回国后，为了便于照顾处于战争状态下的在日华侨，经中国驻日本的领事郑孝胥[②]举荐，各国领事同意，胡礼垣出任战争时期的中国驻日本神户领事。

胡礼垣代摄神户领事之后，在极为困难的条件下，履行一个外交官的职责，最大限度地保护了在日本神户华侨的生命财产安全。1895 年 4 月 17 日，中日双方在日本马关的春帆楼签订《马关条约》，中日甲午战争基本结束。胡礼垣不久即卸任回到香港。对于胡礼垣在非常时期的非常之任，史家作过高度评价。陆廷昌说："兵事方棘，调和抚戢，商民赖之，其

① 故宫博物院明清档案部、福建师范大学历史系合编《清季中外使领年表》，中华书局，1985 年，27～28 页。

② 郑孝胥（1860～1938 年）福建闽侯人，字苏戡，又字太夷。1882 年中举人。1891 年任清朝驻日使馆书记官。1893 年 4 月至 1894 年 8 月，任清朝驻神户领事，8 月 10 日，奉命回国。后任广西边防大臣，安徽、广东按察使，湖南布政使。辛亥革命后，以清朝遗老自居。1923 年投奔废帝溥仪，先后任溥仪的"懋勤殿行走"，总理内务府首席大臣。1925 年后，总理溥仪的总务处和外交事宜。1931 年"九一八"事变后，唆使溥仪到东北，充当日本帝国主义的傀儡。次年伪满洲国成立，任伪国务总理兼文教部总长等职，1935 年下台。后死于长春。长于诗作和书法，著有《海藏楼诗》。

为外人所信服如此。”[①]张学华则称:“中日构衅,朝使归国,侨商举君暂摄领事,绥怀安定,市肆晏然。”[②]

三、退隐香港,闭户著书

1895 年 4 月,胡礼垣离开日本神户,返回香港。在回到香港后的头 3 年,胡礼垣在香港文学会任翻译。史料记载:“和议成,先生返港,为文学会译员,任事三载。”[③]此时,胡礼垣已是年过半百的人了。

常言道“五十而知天命”。每当结束了一天的繁忙,胡礼垣常常凝望着无垠的夜空,掩卷长思。回忆半个世纪自己走过的历程,胡礼垣是感叹大于欣慰,失落多于得意,尴尬胜于自负。虽也曾试图跻身于官宦之列,无奈科举高中的大门紧紧关闭。虽也曾有升官发财的机会,终因有违“取之有道”的圣贤之论而放弃。虽也是东西兼通,经纶满腹,但报国无门,徒唤奈何。望着镜中日渐稀疏的斑发,抚摸着渐渐发福的身体,胡礼垣时常会有一种莫名其妙的烦躁。难道自己就这样碌碌无为地活下去?难道自己就这样带着遗憾走完后半生的路程?虽说天道有常,何不抗争一下呢?带着无数次的追问,胡礼垣苦苦找寻自己所剩不多的生命价值所在。前半生的经历已经清楚地显示,做官、发财,都非胡礼垣生命本体的理想,都非胡礼垣性情中的钟爱。既然如此,何为胡礼垣的最爱?胡礼垣又能通过何种方式来表达自己的最爱呢?

---

①③ 陆廷昌《胡翼南先生事略》(261)2 页。

② 张学华《胡翼南先生全集·胡翼南先生墓志铭》(261)3 页。

经过一段痛苦的反思，胡礼垣终于找到了答案。圣人曰："达则寓治于教，穷则寓教于治"。半生的落魄，50 年的失意，岂不正合圣人所言的后者？此时的胡礼垣清楚地知道，摆在自己面前惟一可行的路，就是要充分发掘自己兼通东西方文化的资源，运用手中的笔和纸，通过著书立说，宣达对国政、时事的见解，启迪世人的心灵，以待后来者，圆自己做过无数次的梦，补遗前半生留下的缺憾。

答案已经找到，胡礼垣随即付诸行动。史书记载，1898 年之后，胡礼垣辞掉了香港文学会翻译一职，从此"退隐于家，日惟闭户著书，考察列国政治得失，与何君启研究法律。至于哲学、宗教，莫不穷其要理。晚年复研求佛学，具有心得"[①]。好友刘彭龄也说："余抵香港常相过从，必见其手一编不辍，其学之渊博，盖有由矣。"[②]

胡礼垣生命中最精彩的一幕由此揭开。他用生命中的最后 18 年，将自己塑造成一位思想深邃的政论家，成为传之于后的著名改良思想大师，确立了在中国近代思想史上的不朽地位。同时，他也据此实现了魂牵梦绕的书生报国情愫。胡礼垣此时自号"逍遥游客"，仿佛在效仿心中"无待""无己"的庄子，一味追求个人自由的游世者。其实不然，按"游世型"的代表庄子所言，人性即逍遥。逍遥者，自由自在也。只有"无待""无己"，方能逍遥，正所谓："至人无己，神人无功，圣人无名。"[③]推而广之便是，生死相同，人生如梦，只有死才是"大

① 陆廷昌《胡翼南先生全集·胡翼南先生事略》(261)2 页。
② 刘彭龄《胡翼南先生全集·刘序》(261)2 页。
③ 《庄子·逍遥游》。

觉”,才是回老家。然而,胡礼垣却远远没有做到庄子般的潇洒,亲朋好友去世,他黯然神伤,而非庄子“鼓盆而歌”[①];庄子因人生即等死而消极无为,胡礼垣则是“知其不可为而为之”。因而,此时的胡礼垣虽有庄子淡泊名利的一面,但决非无为而治的游世派,更多是孔子为代表的救世派。胡礼垣号称“逍遥游客”的时期,正是他对现实关注最多的时候。

其实,早在12年前胡礼垣就已经开始撰写政论文章。他以著作闻世,是从《曾论书后》发表后开始的。1887年2月8日,香港《德臣西报》刊登了中国近代著名的外交官——曾纪泽的大作《中国先睡后醒论》。曾文的核心观点是:“国势既强,则筹度国是,肃整纪纲,始为有益。譬如居室,先须缮完垣墉,修固门键,无穿窬之虞,然后可以清理内务。”[②]具体到改革次序上,即先军事,后政治。因曾纪泽是名人之后,其父曾国藩文武兼备,武,可灭太平天国,平定长达14年之久的战乱局面;文,堪比宋代大儒朱熹,被称为“中国最后一个道学家”。曾纪泽担任驻外公使前后18年,出使英国、法国、俄国等国,经多见广,更以1881年从俄国人的口中强夺伊犁而名满国际政坛。因而,他的文章一经问世,立刻引起巨大反响。“以此崇论宏议,殚见洽闻之作,读者霍然,听者翕然,而关心时事者,莫不奋然起穆。”[③]

平实而论,胡礼垣对曾纪泽还是很有好感的。曾纪泽所写

---

① 《庄子·至乐》。

② 江都于宝轩辑庄辑《皇朝蓄艾文编》卷一,上海官书局印,光绪癸卯七月(1903年),36页。

③ 何启、胡礼垣《曾论书后》《胡翼南先生全集》(261)卷3,2页。

的出使日记，他都仔细拜读。对曾纪泽捍卫国家民族利益所做出的贡献，更是赞不绝口，称其“功业灿然，声施卓著”。就是《中国先睡后醒论》，胡礼垣也认为此文“于中外交涉事体，昭然若揭，洞中机宜”。曾纪泽本人对于“西学之有功于世，而可补于时也”[①]。但对曾纪泽所宣扬的先军事，后政治的治国理念却大不以为然。考虑到曾纪泽的名人效应，一旦任其散布开来，尔后谈时事者必将随声附和，势必会引起思想界、知识界的混乱。正当胡礼垣决意要撰文批驳，以示正听之时，在香港中央书院的校友何启带着一篇刚刚写完的英文稿，登门拜访。

何启在该文中，针对曾纪泽先军事，后政治的论点，针锋相对地提出，曾纪泽关于中国欲求改变目前的贫弱状态，必须进行变法改良的观点是正确的，但改革的思路是错误的，先军事，后政治的施政方针，必将把中国的改革引入误区。它既不能增强中国的军力，有效地抵御外敌入侵，保卫国家领土完整，也不能使中国腐朽的政治得以清明，到头来追求强国之梦，只能成为镜中花，水中月。古今中外，国家富强的秘诀是：先政治，后军事，“欲攘其外者，先修其内”，“弊政而不修，故积重难返”。

阅毕，胡礼垣拍案叫绝，连声称赞，此文“言言切实，字字由衷，而本末先后，条理晰焉。效验工夫，次序秩焉。可谓先得我心者矣”[②]。

何启适时表达了此行的目的。原来，何启考虑到，中国人懂英语的毕竟是少数，要想使更多的中国人了解自己的观点，赞同自己的观点，引起全社会的共鸣，必须借助于中文这一媒

① 何启、胡礼垣《胡翼南先生全集·曾论书后》(261)卷 3，2 页。

② 同上，1 页。

介,广泛传播。但因国学基础太差,自己无力完成。为此,只好向东西文化兼通的胡礼垣求援,请求合作。

胡礼垣愉快地接受了何启的邀请,"遂取其文而细译之,阐发之,间亦添以己意,涉以喻言,至外交国债等事,发挥更透,畅所欲言,援引经书,折衷尤广,区区之心,略见于此矣"①。

何启虑事周密,言行谨慎,出于各种因素的考虑,最初在英文稿上的署名,没有使用真名,而是用了一个叫"华士"的别名。胡礼垣则恰恰相反,他性格豪放,敢作敢为,认为何启过于谨小慎微,在文章的署名问题上大可不必煞费苦心。于是,他便直截了当地表达了自己的看法,鼓励何启用真名发表。胡礼垣的一番宏论,改变了何启的主意。事后,胡礼垣记录了这一细节。他写道:

> 初何君启之为英文也,自隐其名,称曰"华士"。予谓之曰:"有道之世,忌讳不行,长沙之策,东坡之书,贾山至言,杜牧罪言,何尝以激烈召罪? 方今文明大启,即胪言风听,尚切访闻,而况言皆从实事,尽有徵者哉?"何君启终以为然也。而予于是乎书。②

1887年6月,由何启起草,经胡礼垣翻译、加工润色的华文问世。这就是在海内外知识界、思想界引起一场轩然大波的《中国先睡后醒论书后》,又名《曾论书后》。从此,胡礼垣、何启两位

① 何启、胡礼垣《胡翼南先生全集·曾论书后》(261)卷3,1页。
② 同上,2页。

性格不同,社会地位不同,但思想相通的人走到了一起。[①]

继《中国先睡后醒论书后》之后,胡礼垣又与何启合著了《新政论议》一文。此文是《中国先睡后醒论书后》的姊妹篇。《中国先睡后醒论书后》发表后,有许多人对何启、胡礼垣的观点提出了强烈的批评,认为何、胡所论,不仅言词"过激",而且纯粹是危言耸听,"疑为无病之呻吟"[②]。加之,中国在中法战争中,与世界强国法国打成了平手,中国在"不败而败"的形势下所签订的《中法新约》,也是自《中英南京条约》签订以来所

① 关于何启、胡礼垣在《新政真诠》写作中的地位问题,学术界流行的观点是先由何启用英文写出,再由胡礼垣翻译成汉语,言外之意,何启是《新政真诠》一书的著作者,胡礼垣充其量仅仅是一个翻译。其实,这种说法是不准确的,甚至是错误的。在由"前总序"、"后总序"、"曾论书后"、"新政论议"、"新政始基"、"新政安行"、"康说书后"、"劝学篇书后"、"新政变通"组成的《新政真诠》一书的撰写中,根据何启、胡礼垣本人的叙说,及时人的注释,真实的情况应该是:何启在何胡二氏首次合作的《曾论书后》一文的撰写中起了主要的作用,其余各篇都是俩人在相互协商、切磋中完成的,典型的如《新政论议》,并且越到后期,胡礼垣的作用越大,甚至是起到决定性的作用。如完整阐述该书思想的"前总序"、"后总序",就是由胡礼垣独自撰写的。况且,《新政真诠》一书优美典雅的语言,娴熟渊博的传统文化,这远非国学基础几乎为零的何启所能胜任。以至于时人曾将该书的主要功绩记在了胡礼垣的名下。"一真居士"黎和南曾说过:"初何君自英国回,与先生(胡礼垣——引者注)谈当世之务,如鍼芥相投。先生天怀恬淡,不慕世荣,然悲悯之心,常欲得干济之才,而作司马徽之荐士,乃著书冠以何君之名,以劝当道之听,所著者"曾论书后"(即曾袭侯支那先睡后醒论书后)、"新政论议"、"新政始基"、"康说书后"、"新政安行"、"劝学篇书后"、"新政变通"并"前后总序",合为一编,凡八编,共二十七万余言。"(黎和南《灵魂不死序》,《胡翼南先生全集》(265)卷 47,1 页)根据黎和南的说法,胡礼垣才是《新政真诠》一书的真正作者,之所以署有何启的名,是胡礼垣为提携、扶持何启而为。据实而论,黎和南的说法虽不符合事实,但也由此否定了目前学术界传统的观点——《新政真诠》各篇,由何启用英文写出,然后由胡礼垣翻译、润色。

② 何启《胡翼南先生全集·新政论议序》(261)卷 4,1 页。

受损失最小的一个条约。并且在中法战争之后,欧洲国家过高地估计了中国的军力,当时世界头号强国英国出于远东利益的考虑,更是极力想与中国结盟。当时,英国政府认为:"有同盟资格足以帮助英国抵抗俄法同盟的,只有老大的中国","老大的中国是不可轻视的。"[①]1893 年英国政府责令驻华公使麦克唐纳正式向中国政府建议,英国愿意在做出极大让步的条件下,与中国订立《中英协约》。[②] 外部环境的变化,列强的抬举,新式军工企业的纷纷上马,给清政府带来前所未有的乐观景象。"中兴"言论,广为流传。形势的发展似乎越来越证实了曾纪泽观点的正确。

面对举国上下的这种盲目乐观情绪,胡礼垣、何启深为焦虑,认为完全有必要将已经挑起的这场论战持续下去,在论战中,阐明自己的观点,进一步驳斥先军事,后政治的改革主张。

理论是苍白的,事实才是最好的辩护师。先行的孤独者也正是在事实不断证明其观点正确的前提下,方显出其思想的前瞻性,招来越来越多的同路人结伴前行。1894 年 7 月爆发的甲午战争,成为何启、胡礼垣思想观念的试验场。中日甲午战争堪称中日两国向西方学习的一次考试。由于从西方这位老师的知识宝库里汲取的学养不同,中日两国在这场综合考试中,各自交出了一份不同的答卷。战争仅仅持续了 5 个月左右,清王朝苦心经营了 30 多年的新式陆、海军就被日军打得丢盔卸甲,溃不成军。平壤一战,"一

---

① 张忠绂《英日同盟》,上海新月书店,1931 年,5 页。

② 同上,12～13 页。

夕狂驰三百里，敌军便渡鸭绿水。一将拘囚一将诛，万五千人作降奴”[①]。战火烧到了中国境内。有“东亚第一舰队”“世界第七舰队”之称的北洋水师，经黄海一战便灰飞烟灭。日本的太阳旗插上了山东半岛。慈禧太后的60大寿在惨淡中收场。

中国军队在战场上的惨败，引起了中国思想界、知识界的巨大震颤。如果说，中国人因数次对外战争的失败，对败于欧美列强之下已经习惯了的话，那么，对日战争的结果则是万万没有料到的。因为在中国人的心目中，中国始终都是东亚地区君临万邦的“天朝上国”，日本充其量也只是一个惟中国马首是瞻的“蕞尔小邦”，且不说战胜中国，就是能与中国平起平坐已是匪夷所思。因而，当中国军队全面失败的消息传来时，中华民族出现了少有的“民族集体阵痛”。

与痛苦俱来的，便是对中国封建体制的怀疑。当中国知识界、思想界逆向考察自己的思维路向时，豁然发现先行者的超前睿智，认识到曾经遭到围攻的何启、胡礼垣见识的卓尔不群。“中国之政令，必须改革从新”[②]，成为压倒一切的呼声。接受何、胡的观点已呈水到渠成之势。

战争为胡礼垣提供了一扇认识日本的窗口。1893年底或1894年初，胡礼垣刚到日本时，读过驻日使馆参赞黄遵宪写的描述日本人性格特征的一首诗。诗中道：“解鞘君前礼数工，出门双锷插青虹。无端痛饮围炉醉，笑看仇人颈血

① 黄遵宪《悲平壤》。

② 《胡翼南先生全集·新政论议自序》(261)卷4,1页。

红。”[①]诗文将日本人温文尔雅与嗜杀成性的双重性格描写得淋漓尽致。初读此诗,胡礼垣还有些不甚理解。当甲午中日战争爆发后,羁留日本的胡礼垣,亲身领略了大和民族嗜杀成性的一面,体味到黄遵宪诗文的深刻。经过冷静的反思,他认为,战争只能带来民族之间永无休止的仇杀。古今中外的历史告诉后人,一个崇尚侵略、热衷于战争的民族,是一个危险的民族,同时也是一个没有前途的民族。1894 年元旦,胡礼垣在日本大阪写下了谴责战争,警示日本,呼唤和平的诗篇:

普法师丹[②]战图诗

我闻蚩尤战阪泉,妖云毒雾天茫然。
又闻项羽战巨鹿,十二诸侯尽骇目。
兼斯二者洵大观,其惟普法战师丹。
师丹之战空万古,法皇普皇并英武。
法皇普皇今何存,剩有斯图众口喧。
我观斯图增惆怅,胡不画心只画相?
普皇当日坠坫台,道功虽成心转哀。
岂惟无功直是罪,尸横遍野徒追悔。
一岁酬医卅万金,贵人贱己竟何心。
我今天子经纶务,修文不为斯图误。

① 《胡翼南先生全集·新政论议自序》(261)卷 4,1 页。

② 师丹,“色当”的别译,靠近比利时的法国小镇。1870 年 9 月 1 日,普军进攻色当。9 月 2 日,法国皇帝拿破仑三世率 10 万法军在色当投降。

定有银河手挽人，甲兵洗尽宇宙新。[1]

当中日甲午战争激烈进行之时，远在日本与香港的胡礼垣、何启，既为中国军队的惨败伤心不已，又将其作为宣传自己一贯所倡导的整体社会改革方案的契机。此时的何、胡，虽然是相隔千山万水，但对国家民族命运的担忧之情，却又将两人紧紧地联结在了一起。

1894年底1895年初，正当何启在香港精心构思，准备推出新作时，“胡君在日本亦以书来，即以是质之”。何启随即“条列新政要略，出以英文”，邮寄给了远在日本的胡礼垣。

何启文稿中的中心思想，完全切合胡礼垣的心意。很快，胡礼垣带着加工补充过的文稿又回到了香港。

在此稿中，胡礼垣运用其渊博的历史知识，深厚的国学基础，优美典雅的语言文字，发扬光大了何启的思想观点。何启阅读后，发出了由衷的赞叹。何启在序言中写道：“蒙其（胡礼垣——引者注）引伸触类，畅我欲言。”[2]

后来，文稿又在香港与日本之间几经往返，经过了胡礼垣与何启的反复修改，于是便有了《新政论议》（全名为《中国宜改革新政论议》）的问世。此文是胡礼垣与何启的第二次合作。合作方式依旧是两人相互启发，相互切磋，由何启用英文写作，再由胡礼垣修饰、润色，翻译成中文。此文完成于1895年4月左右。

关于《新政论议》写作的前前后后，胡礼垣在序言中曾有

① 《胡翼南先生全集·新政论议自序》(261)卷4,1页。

② 何启《新政论议何序》同上。

详细的说明:

> 予方有所欲言,而何君启乃条列新政要略,出以英文,邮寄与予。予喜其意之与予合也。重感于怀,不能自已,遂增以己意,复为此篇。议之而复论,论之而复议。反复推详,以见中国此时改革之为,实有不容再缓者。①

英雄互敬之情,君子坦荡之怀,跃然纸上。

从后来的事实看,与何启合作撰写政论文章,是胡礼垣走上著书立说道路的开始。1887 年《中国先睡后醒论书后》和 1895 年《新政论议》的发表,已经初步确立了胡礼垣在中国思想界的地位,尤其是后者的出版发行,更是为胡礼垣赢得了满堂喝彩。史书记载,《新政论议》刚一面世,读者即争相传阅,纷纷要求印刷出版,“阅者争醵资付梓,欲达其言于当道”。至此,胡礼垣作为中国思想界、知识界一颗耀眼的新星,引起了同行乃至达官贵人的注视。完全可以说,著书立说成为胡礼垣体现人生价值的准星,实现其政治理想的坐标。随着知天命年龄的到来,胡礼垣已经厌倦了四处奔波的生活方式。年轻时的逍遥游客,变成了晚年的居家隐士。自 1898 年辞去香港文学会翻译起,胡礼垣从此淡出对功名利禄的追求,一心一意地成为坐而论道的自由知识分子。

1895 年 4 月甲午中日战争的结束,标志着中国思想界一个时代的终结。此前,主流思想皆把“中学为体,西学为用”当

---

① 《胡翼南先生全集·新政论议自序》(261)卷 4,1 页。

成救亡图存的灵丹妙药，将引进西方的坚船利炮视为中国走向富强的捷径。甲午中日战争的爆发如当头棒喝，打碎了中国人的富强美梦，将人们从依恋、幻想中引到国破家亡的现实。就在人们急切地寻找精神家园的时候，胡礼垣与何启撰写的《新政论议》适时地填补了中国思想界的空缺，成为主流社会所能接受的惟一药方。何启曾经说过："乙未之春，中东战事甫平，胡君翼南与予有《中国新政论议》之作，其言颇为当道采纳，多所推行。"[①]求贤若渴者纷纷找上门来。1898 年，洋务巨擘盛宣怀通过伍廷芳的关系，将何启从香港请到了上海，辅佐轮船招商局的经营管理。更有一个史书记载不详的"大吏有以厚禄来聘"[②]胡礼垣。

然而，病入膏肓的封建王朝，岂是一两个思想家的只言片语所能拯救的？甲午中日战争的创伤尚未愈合，勉强向前蹦跳了几步的清王朝，又在自觉无望中呼呼大睡起来。

胡礼垣对此早有预见。1895 年《新政论议》发表之初，何启对于清王朝在战后一度表现出的进取心曾表示了极大的乐观，与胡礼垣商议，准备就新政始基各事，两人分别撰写文章，"以告当道"。胡礼垣对此表示了极大的异议，他劝说何启，不要对清政府期望过高。中日战争的硝烟未散，我们就急切进言，希望当政者能幡然觉醒，奋起变法，可到头来，清王朝仅仅是从昏睡中稍微睁了一下眼睛，伸直腰板，张开两臂，长长地打了几个哈欠，摇晃了几下脑袋，便又进入了"不知今夕是何年"的梦幻之中去了。"廷臣犹是阴拱而默居，朝士犹是旁观

---

① 何启《胡翼南先生全集·新政始基何序》(262)卷 7，1 页。

② 同上(261)卷 4，2 页。

而中立，百官犹是依阿而取容，群吏犹是优游而卒岁。”[①]整个王朝都在麻木中走向死亡之旅。处此之世，纵有你我这些忧国忧民之士的奔走呼号，又怎能唤醒当政者的醒悟呢？说得可悲一些，你我就是“骑驴独行”的韩世忠，“捧龟长叹”的朱遁翁。

1898 年初，一度绝望的胡礼垣拒绝了何启的建议，又恢复了其“逍遥游客”的本性，爬山涉水，登高望远，在大自然中寻找思想的灵感，在自我折磨中发泄心中的苦闷。

> 胡君南游石叻，北涉申江，渡桂津，入蓼内，过蟆港，越龙牙，相逢北海之樽，到处东山之屐，登临吴孤之岭，流连张叔之园，一似以汗漫之游，为无闷之计者。[②]

“父母在，不远游”的祖训，让胡礼垣终止了远行的脚步，回到了香港，承担起照顾老母亲的职责。

云游四海，并没有割断胡礼垣对国事日非的忧患之情。对民族至高利益的关爱，最终使胡礼垣接受了何启的建议——著书立说，启迪民智。在家中，胡礼垣向前来探望的好友何启畅谈了外出漫游的见闻，诉说了心中难以排遣的烦闷。说到这里，话题也就情不自禁地转向了对时局的关怀上。事后，何启回忆说，两人“客腊晤谈，相与叹时事之日非，伤神州之板荡，又复情不能已”。善于把握机会的何启顺势旧话重提。这次，胡礼垣没有拒绝。“胡君乃以其暇，增广予意，复为

①② 何启《胡翼南先生全集·新政始基何序》(262)卷 7,1 页。

此篇。”①

经过一番精雕细刻，1898 年 2～3 月份，胡礼垣与何启合著的第三篇长文《新政始基》问世。

事后，胡礼垣撰文，详细介绍了《新政始基》之所以迟迟未出的缘由。

> 顾是篇久而未成者，以谓肉食者谋之耳。未几，何君将有外国之行，而上游忽为铁路、银行等事，以厚币来聘。止班生于道上，挽祖逖于中流。此邦之人识与不识，莫不喜色相告，谓中国用何君矣。独予闻之，一则喜而不寐，一则如有殷忧。喜则喜其画策素定，成竹在胸，坐言起行，必有所合。而简贤吁俊当以汇征，富国裕民将从此起，而中国庶几一变。忧则忧特达之知，难逢今日，使权不由己，志不能行，则叹致归欤？行不脱冕，而中国之兴不知何日也。乃未及两月，果以水土不服而回，既愈而亦不思复往。是岂其得已耶？抑岂其不得已耶？何君回而予亦从此逝矣。此篇之作所以迟之又久也。今春匡居之暇，从诸友之言，广何君之意而作是篇。②

新作刚一面世，文坛即刻欢声雷动。此时此刻，列强正掀起瓜分中国的狂潮。俄国将东北三省划为自己的势力范围。

① 何启《胡翼南先生全集·新政始基何序》(262)卷 7，2 页。

② 《新政始基自序》同上，3～4 页。

英国占领威海卫作为对俄国占据旅顺口、大连湾的补偿。法国则把广州湾视为禁地。德国更将山东纳入囊中。至此,“水道、门户之险要,俱已归于外人”。中国漫长的海岸线竟没有一处归中国人自己所有的港口。面对着这破碎的河山,中国人发出了“天涯何处是神州”的悲怆。《新政始基》宛若一颗启明星,给黑暗的中国洒下了些许亮光,为正在长夜中摸索前行的中国人带来一线希望。据何启说,“是书甫一脱稿,同人节登日报,旋以全书付剞劂”①。

《大公报》的创始人、中国近代著名报业家英敛之先生高度评价了何启、胡礼垣的论著。英先生在 1899 年 3 月 27 日的日记中写道:

> 是晚始句读何沃生、胡翼南两先生《新政论议》讫,服其立言明白畅晓,说理深透切中,直欲向书九叩,不止望空三揖也。其《新政始基》尤觉为中国之顶门针,对症药,非抄袭陈言、偏执一见者之能望其项背。惜予过香港时,未能拜谒,一伸钦挹之忱;并恨未能多购若干,分赠朋友,使多欣赏奇文也。②

《新政始基》发表后,胡礼垣更是名满天下,登门求贤者络绎不绝。因担心受制于人,“不能行其志”,“胡君概辞不就”③。胡礼垣与何启继续扮演着中国政治改革思想大师的角色。

---

①③　何启《胡翼南先生全集·新政始基何序》(262)卷 7,2 页。
②　《英敛之日记》。

在当时的中国改革舞台上还有一个与胡礼垣、何启齐名的人，他便是康有为。这位同样是来自广东南海的康先生有着胡礼垣、何启无法比拟的优势。在知识学养上，康有为出身官僚兼知识分子家庭，自幼熟读经书，先后拜岭南大儒朱次琦、廖平为师，接受过严格、正统的儒学教育。在科举功名上，康有为先后中过秀才、举人、进士。而所有这一切，都是胡礼垣、何启所难以企及的。

但是，辩证法的观点告诉人们，长处是以短处为代价的。在人类社会的进程跨入19世纪之际，在儒家思想难以解决现实问题之时，康有为自身所具有的长处对指导中国近代社会思想变迁而言，已经显示出先天的不足。换言之，何启尤其是胡礼垣兼通东西方文化这一特长，已是康有为永远无法超越的。与何启、胡礼垣不同，康有为在成为维新大师之前，对西方社会的了解，仅仅限于在香港这块土地上的浮光掠影；对西学的认识，也仅仅是对魏源《海国图志》、徐继畬《瀛环志略》等书的贩卖。凌乱、浮浅甚至断章取义，是康有为对西学认识的特色。当康有为借助光绪皇帝的青睐，大谈“康氏西学”，倡言变法改革之时，其误导作用显而易见。如不加以纠正，只会造成中国思想界、知识界的混乱，真可谓是“谬种流传”。

1898年5月17日，康有为在“保国会”的成立大会上发表演说，痛陈列强环伺，瓜分豆剖，如不急起变法，国将不保，教将不保，种将不保。胡礼垣在读过由麦孟华记录的康有为的演说词后，一方面承认，康有为“激昂理事，捭阖谈风，以牖万民之心，而广士夫之智，其志足嘉也”，另一方面又认为，康有为的演讲，激情有余，理性不足，对于东弱西强本源的诠释纯粹是隔靴搔痒,实际上是在宣扬一种民族复仇思想,“未能握要,非徒无益,而又有害”。如果任其蔓延,必将把中国的改革变法引入歧途,使民族蒙受更大的损失。

同年7~8月,胡礼垣在何启的“怂恿”下,写成了《康说书后》(原名为《书报国会第一集演说后》),“以质康君,并以质诸斯时之欲为中国变法者”。①

中国近代历史的演进,仿佛是在验证胡礼垣、何启思想观念的正确性。《康说书后》发表后仅仅过了一个月左右的时间,由康有为任师傅,光绪皇帝做司机的“戊戌变法”号列车,出站不远,即车毁人亡。9月21日凌晨,退居后宫多年的慈禧太后发动政变,囚禁光绪皇帝于瀛台,斩谭嗣同等六君子于菜市口。康有为与大弟子梁启超在英国、日本驻华使馆的保护下,急急如漏网之鱼,仓皇逃往国外。屈指算来,从光绪帝6月11日发布“明定国是”诏书始,由康有为导演的戊戌变法这场大戏仅仅上演了103天便草草收场。

戊戌变法是中国近代社会变革思想演化的分水岭。它宣告了自鸦片战争以来,中国50多年改革的破产,昭示了“中体西用”思想无力引导中国的变法运动走向坦途。“戊戌六君子”用血淋淋的事实警示后人,欲求中国的独立富强,必须另寻他途。

与每一次变法失败相伴随的,都是对前期信仰的否定和对未来前途的探索。就在中国人再次陷入思想危机之时,胡礼垣与何启合著的新作适时推出,填补了中国思想界出现的真空。它就是《新政安行》。

---

① 胡礼垣《康说书后》,郑大华编《新政真诠》,辽宁人民出版社,1994年,247页。

《新政安行》发表于1898年冬天，此时离戊戌变法失败仅有3个月左右的时间。

关于此书的写作动机、主旨思想，何启与胡礼垣在“序言”中都作过明确的说明。

何启的序言是：

客有问于予者，曰：“今中国时事之迫，如马在埒，如弩在弦，速者一年，久者二年，最近亦恐不过三年，而瓜分之事必见。盖离析分崩之局，久已存于外国之意中，而侮亡推乱之机又已露于中东之一战。其所以持而未发者，尚欲中国之毅然一变耳。乃阅三年而弊政依然也，则中国之不能自治可知矣。再阅三年而弊政依然也，则中国之不能自治愈可信矣。至天下各国共信中国之不能自治，而中国又不可以不治也，则瓜分之事势所必然。使先生处此，将何以整军经武，却退强邻哉？”予应之曰：“是谋非吾所能及也。无已其行新政乎！新政者所以救中国之药也。今不乘他人迟而有待之日为我立行补救之时，而惟是惴惴然，日恐他人之来；窃窃然，日恐他人之未来；或且皇皇然，亟亟然，治我军械，修我甲兵，以为防御。他人之果于一来，蒙窃惑焉？何则？以中国而与一国战，中国犹未必其能胜也。以中国而与数国战，中国更何望其能胜也。使借助于邻国而胜焉，是中国虽胜犹败也。使借助于邻国而败焉，是中国一败再败也。纵使胜负无常，侥幸一胜，试问中国果能善于其后否？战阵之事如奕棋然，其子能动者则胜，其子不能动者则败。今中国战局，盖必不能胜之局也。旅顺非我有矣，威海非我有矣，大连湾非我有矣，广州湾非我有矣，澎湖非我有矣，舟山亦将非我有矣。此数处者，皆出入中国之门户也，而已尽为他人所踞，全局之输可望而见，犹欲驱不教之民以当锋镝，一何其计之左心之忍也。夫杀机逆天，移星易宿；杀机逆地，龙蛇踞陆；杀机逆人，神号鬼哭。谁则忍是而生此杀机哉？迹其所由，乃不行新政之故。而新政虽行，亦有所不能者，乃不能先行厚禄之善法，次及理财之良规耳。”客唯唯而退。予思中国非不欲行新政，而犹未得其方也。因与吾友翼南商榷而成是篇。①

胡礼垣则借助于中国历史，从公与私的辩证关系方面，评说了写作此文的动机与主旨。

予尝论中国古今帝王，才智绝伦，以虞帝、秦皇为冠。稷契皋陶，其德足以任天下之重。而舜独能明扬侧陋，登天位而无惭，问庶民崛起有如是者乎？无有也。齐楚燕赵，其力皆足以抗天下之衡，而政独能远交近攻，扫八荒而一统，问诸侯吞并有如是者乎？无有也。是故政之用起翦也，无异于舜之举元恺。政之灭六国也，无异于舜之流

① 何启《胡翼南先生全集·新政安行何序》(262)卷10,1～2页。

四凶。政之禁腹诽也，无异于舜之察迩言。政之却匈奴也，无异于舜之防猾夏。公私之界，虽判若天渊，而才智之长，则如出一辙。故曰：舜与政，中国帝王之冠也。然而历古帝王学舜学政，皆觉不能者，何也？学为舜而官天下，其公得矣，而其私则不无遗憾。且舜亦幸而得禹耳。若所择如王莽，舜不将贻误苍生，是私失而公亦失也。学为政而家天下，其私得矣，而于公则大觉其非。且政亦幸而生扶苏耳。若其子为隋炀，政不将己身为戮。是公失而私亦失也。然则帝王之冠俱不可学乎？曰：否。以政之私，而学舜之公，即以舜之公而成政之私。其私愈挚，则其公愈明；其公愈真，则其私愈遂。离之两伤者，合之则两美。此之谓也。是说也，其意义具于《先睡后醒论书后》，其规模具于《新政论议》，其从事具于《新政始基》，其质疑具于《康说书后》，而其归宿之地，万派之源，则具于是篇矣。①

思想家大凡都是敏锐的，同时，思想家大凡也都是辛苦的。处于社会整体转型期间的思想家们更是如此。胡礼垣、何启在完成《新政安行》一书的同时，又撰写了《劝学篇书后》，对清末官僚兼儒学大师张之洞在《劝学篇》中所宣扬的“中体西用”观点，进行了全面驳斥。

张之洞是晚清官僚队伍中的另类。他走过了一条“从清

① 《胡翼南先生全集·新政安行自序》(262)卷10,1页。

流健将到洋务殿军"[1]的道路。入仕之初，傍依儒家经典，恪守传统伦理，不遗余力地抨击由曾国藩、李鸿章领衔主演的洋务运动，博得了"清流健将"的美誉。随着由京官外放，主政一方，在中法战争之后，张之洞摇身一变，对中国的西化运动大加扶掖，成为继曾国藩、左宗棠、李鸿章之后的"洋务殿军"。但是，张之洞的思想底色依旧是传统多于现代，保守多于创新。1898 年 8 月，当戊戌变法进入最后摊牌之际，张之洞递上了他在 4 月份写成的《劝学篇》，传递了效忠慈禧太后的信息，保全了官位。

《劝学篇》以"会通中西，权衡新旧"为宗旨，一方面批评顽固派"因噎废食"，"不知通则无应敌制变之术"；另一方面又批评维新派"歧多而羊亡"，"不知本则有非薄名教之心"。其中心主张，还是高举"中体西用"的大旗，在固守儒家伦理说教的前提下，以西方器物层面的优势为参照物，对中国的封建体制进行调适。

张之洞的观点得到了主流社会的认可。《劝学篇》在朝廷的举荐下，广为刊发。不仅如此，在华的外国势力也十分看重该书。1898 年冬天，西班牙耶稣会士管宜穆(Jerome Tobar，1855～1917)在《中法新汇报》(*Lecho de chine*)季刊连载了《劝学篇》的法文译本，该译本于同年底，由上海东方出版社作为"东方系列"的一种正式出版发行。[2] 据统计，该书先后印行了 200 万册，创下当时印刷数量的新高。

对张之洞这种更具欺骗性、危害性的观点，胡礼垣自

---

① 冯天瑜、何晓明《张之洞评传》，南京大学出版社，1996 年。

② 参阅黄兴涛《张之洞〈劝学篇〉的西文译本》，《近代史研究》2000 年，302 页。

然是难以容忍。1899 年春天，在《新政安行》问世数月后，胡礼垣推出了新作《〈劝学篇〉书后》，对张之洞在《劝学篇》中宣扬的观点进行了全面批判。胡礼垣对张之洞《劝学篇》的总体评价是："其志则是，其论则非，不特无益于时，然且大累于世。"

至于该书的写作体例、写作动机，胡礼垣在序论中作了明确的交代。

> 初仅欲将其正权一首为书后以辩。继而思之，本不立者道不生，体不明者用无济，故取其全书，每首要节略为折辩，而置正权一篇于末，而节节辩之，一语无遗，以明其弊端实由于此。所以然者，深恐似此之说出自大吏，不难如曾侯中国已醒之论，又害我中国十年也。书成请还以质之张公，并以质之天下后世。或谓张公，身为大臣，立言之体，自应尔尔。不知大臣者以道事君，不可则止，从无有以容悦之言，为固宠邀荣之计，而能不愧为大臣者。保一官而亡一国，智者之所以不为也。倾天下以顾一家，仁者之所以不忍也。况身为大臣，而使国家倾败，则虽欲保官顾家，亦不可得。张公之清，颇为遐迩所信，纵有背道之言，原可置之不议。然而不得不辩，且不得不详辩者，诚欲为中国保其国，并为张公保官阶。《书》曰："有言逆于汝心，必求诸道。"请为张公诵之。[①]

① 《胡翼南先生全集·〈劝学篇〉书后》(262)卷 15，1～2 页。

思想需要阐发,思想更需要整理、归纳。何启、胡礼垣自1887年发表《曾论书后》以来,他们的论著在社会上广为流传,人们争相传阅;他们所倡导的整体社会改革的观点,已经成为验证清末改革的一面镜子。但由于多是单本发行,也由此带来了诸多缺憾。单本发行,一则不便于收藏,二则不利于读者系统、完整地掌握作者的改革思路。基于这种情况,在写完《〈劝学篇〉书后》,应朋友们的要求,胡礼垣决意将此前发表的政论文章汇集成册,出版发行。可在整理手稿的过程中,胡礼垣总有一种言犹未尽的感觉,认为此前的论著未能充分、完整地表达自已的政治见解,尚不能构成一个严谨的理论体系。于是乎,1899年冬天,胡礼垣在总序(即《前总序》)已经写好的情况下,又写成了《新政变通》一文,附于书后,"以明新政之终于必行而勿虑其不行,使阅之者得以兴起,为之者毋托空言"①。

《新政变通》完稿8个月后,一场更大的灾难降临中国大地。1900年,义和团运动席卷北中国地区。东西方列强在"保护"使馆的名义下,组成"八国联军",发动了大规模的侵华战争。联军所到之处,烧杀掳掠,无恶不作。腐败无能的清政府在刺刀的威逼下,签订了丧权辱国的《辛丑条约》。中华民族蒙受了闻所未闻的耻辱与损失。

面对着破碎的河山,思想家悲痛欲绝;面对着愚莽的民众,思想家痛心疾首。为了培养理性的爱国主义思想和民族主义意识,胡礼垣加快了编辑书稿的进度。1900年冬天,胡礼垣写了一篇"后总序",置于原序(即"前总序")之后。至此,

① 《胡翼南先生全集·新政变通》(262)卷19,1页。

编辑成册，整书发行的工作已经准备就绪。

凡是论著必有书名。望着厚厚的书稿，胡礼垣、何启陷入了沉思。朋友区凤墀[①]的出现，解决了书名的难题。受家庭环境的影响，出身基督教之家的何启与香港的教会人士非常熟悉，同区凤墀、王煜初（王宠惠之父）等皆为好友。胡礼垣作为何启的至交，自然也就与之相识。当获悉胡礼垣、何启将所发论著编辑成册的消息后，就书名问题，区凤墀发表了自己的意见。他说："凡曰书后，意在舍旧；凡曰新政，意在图新。同人以为汇成一部，则新政之心法以全"，基于此，该书当以《新政真诠》命名。

听罢此言，胡礼垣、何启拍案叫绝，连声叫好。于是，《新政真诠》便成为何、胡政论文集的书名。此后，区凤墀又"敦促翻刻，力任校雠，辨字正伪，夜深不倦"。对于区凤墀的贡献，作者在《新政真诠》的前言中，表达了深深的谢意，称"此德不能忘也"[②]。

1900 年 11 月底 12 月初[③]，《新政真诠》在香港出版发行。时人对胡礼垣及《新政真诠》作了高度评价。李肇燾作为胡礼

① 区凤墀，广东顺德人，基督教牧师。曾在柏林大学担任中文教授多年，归国后寄居广州。与孙中山关系密切，曾任孙中山在香港求学时的中文教师，1885 年为加入基督教的孙中山起名"孙逸仙"。1894 年为孙中山起草"农学会宣言"。1895 年广州起义失败后，避居香港，任港英政府华民政务司署华文总书记。1899 年帮助陈少白在香港刊发《中国日报》。——参阅冯自由《革命逸史·区凤墀事略》初集，中华书局，1981 年，12 页。

② 何启、胡礼垣《胡翼南先生全集·新政真诠·目录》(261)2 页。

③ 关于《新政真诠》一书首次出版发行的时间问题，目前学术界多有异议。一为 1899 年说。此说由台湾学者许政雄先生提出。许先生在其大作《清末民权思想的发展与歧异——以何启、胡礼垣为例》(第 18 页)道："《新政真诠》应该完成于 1899 年"。并且在作为史料注出的第 25 页"注二"中申明其说的依据是"见沈云龙主编《近代中国史料丛刊续辑》(台北：文海出版社)第 261 册《胡翼南先生全集》1051 页。"对于许先生的此种提法，笔者实不敢苟同。(转下页)

垣的忘年之交,是这样评说胡礼垣的:

(接上页)原因有二:一则,许先生提到的"沈云龙主编《近代中国史料丛刊续辑》(台北:文海出版社)第 261 册",全书共 418 页,根本就不存在许先生所说的"1051 页"。可见许先生在引用史料上存有明显的错误。况且作为史料引用,学术界通常的用法是,不采用翻印本的页数,而是使用原著左侧的页数。二则,许先生所提"第 1051 页",见《胡翼南先生全集·新政变通》(263)卷 19,1 页。但笔者认为,许先生对史料的理解存有错误。尽管在该页中,胡礼垣自己说道:"曩所著《曾论书后》、《新政论议》、《新政始基》、《康说书后》、《新政安行》以及《〈劝学篇〉书后》,前后凡六种,谬为同人所许,拟汇印为一部,而名之曰《新政真诠》"。时间为"光绪二十五年己亥孟冬之月"。笔者认为,胡礼垣在此并不是为《新政真诠》出版作序,而是为《新政变通》的发表作序。所写时间应是《新政变通》写作完毕的时间,而非《新政真诠》出版的时间。更何况"光绪二十五年己亥孟冬之月",当为 1899 年 11 月,而非许先生所说的"1899 年 10 月"。二为 1902 年说。此说见诸于郑大华先生编《新政真诠·编序》第 14 页:"'庚子事变'发生后,何启、胡礼垣又于是年孟冬写了一篇'后总序',置于原序(即'前总序')之后,与其他几篇文章一起于 1902 年汇集出版。"笔者认为郑先生的提法不妥。理由有二:一则,"后总序"是构成《新政真诠》的最后一个部分。胡礼垣在此的落款为"光绪二十六年庚子孟冬之月,再序于香江之无可无不可轩。"[《胡翼南先生全集·后总序》(261)卷 2,50 页]据此可知,1900 年 11 月底 12 月初,当为《新政真诠》出版发行的时间。二则,据将《新政真诠》一书在上海印刷发行的英敛之先生的日记记载,该书在香港的首次发行应为 1900 年 11 月底 12 月初。《英敛之日记》首次提及《新政真诠》一书是在"光绪二十六年十月二十日"(1900 年 12 月 11 日)。是日,英先生记载:"十月二十日……昨晚接到香港何、胡一函,云:《新政真诠》先于港印数百部,后再寄上,印略大字模。"光绪二十七年正月二十二日(1901 年 3 月 12 日)英先生记载:"二十二日……香港发至《新政真诠》两部,胡翼南先生信一函,内开在申印书章程,请联合同志代办,并晤郑陶斋观察(郑观应,广东香山人,字正翔,号陶斋——引者注)相商,缘郑乃其故友也。"由上可知,《新政真诠》在香港最初的发行出版,绝非郑大华先生所说的"1902 年",而应是"1900 年 11 月底 12 月初"。

先生之书真实获我心也。我所欲言者，先生已先我言之；我所不能言者，先生已代我言之。①

《大公报》的创始人、《新政真诠》上海版的筹划者——英敛之先生满怀敬仰之情，遗憾之意，写了如下文字：

自海禁开，和局成，风气为之一变。列国角逐，竞尚富强，上求下应，不遗余力。其取长舍短，推陈出新，惟日不足。于是中国怀才赍志之士，识时达变之儒，睹相形见绌之情，为思患防之计，亦日出其聪明才智，思所以策治安图富强者，发为议论，鸿篇巨制，充栋汗牛，其良法美意，博引旁征，井井有条，娓娓动听，固皆蒿目时艰，痌瘝在抱，而其献可替否之意，无非忠君爱国之诚也。顾铁路、电线、战舰、炮械之属，中国亦既行之有年，其效卒未大著，适足以滋弊而畀敌。其故何哉？得毋未得其要领而徒事皮毛耶？善乎！陶方帅之疏略曰："变法当变于根本，病根不治，但学西法，弊上加弊。"试令各国效我取士、用人，则所谓富强者不过四五年而衰弱矣。令我阘茸嗜利之辈，往治彼国，不过一二年，弊端百出矣。诚哉！是言也。然使今之当道者非阘茸嗜利之辈，而但知奉公守法，拘执旧章者，无达变之才，不足以济时艰也。其或能办事认真，破除情面者，无识时之略，不足以挽大局也。其他谬执古义，墨守常经者

① 李肇春《胡翼南先生全集·李序》(261)1页。

流,只堪容于太平无事之秋,当此列国竞长之时,非徒无益,适足取辱而已。下此伴食宰相歌宝市曹无论矣。再下恡法营私,恡壬邪佞以及冥顽谬妄,倾国残民者,更无论矣。或有稍识横书,浮慕西法者,拾西人之唾余,袭各报之陈说,于眼前小利小益,道之津津,若者可以富国,若者可以强兵,若者利权可以收回,若者外人可以慑服,皆不足为正本清源之计,而成起死回生之功。盖华尝遍求,夫立说著书,期能坐言起行,确有成效者,实不数觏。

今者香港胡翼南先生以所撰《新政真诠》全部见示,属于沪上重印善本,以广其传。披读一通,叹未曾有其为生面别开,匠心独运者欤?先生议论宏深,识见远到,如《曾论书后》、《新政论议》、《新政始基》等书,久为海内名公倾折。兹复增入《康说书后》、《新政安行》、《〈劝学篇〉书后》、《新政变通》四编,晰疑辨难,推勘入微,务期真理昭揭,不使伪辩混蒙,挈领提纲,搜精抉髓,辨别今昔、中西之异同,发明郅治大同之归宿,大声疾呼,振聋发聩,苦心一点,热泪两行,直使华五体投地,一瓣心香。因倩格致新报馆重印,公诸世人,以开吾中国四千年之风气,以牖吾中国四万万民之聪明。世之君子读此书者,知不以华等为阿所好至。全书之援古证今,旁讽曲喻,浩瀚数十万言,如长江大河,一泻千里,掀翻跌宕,略无滞机。贾生之上书,逊兹精详,刘向之条陈,无此痛切,恻怛慈祥。若杜工部之每饭不忘愤激忧危,类屈大夫之行吟憔悴。立言如此,足与日月争光,堪为中华生色矣。嗟乎，使当轴者早用其言，岂有今日？然则先生之不遇也。是其不幸耶！抑国之不幸耶！华尝闻之，否极泰来，有剥斯复，拨乱反治之时，兹岂其会耶？太白诗云“天生我才必有用”，若先生者，岂能终老林泉，不为苍生霖雨乎？使先生之果见用也，以中国之地大物博，何难转弱为强，驾欧洲而上之。即以此书为吾中国富强之左券也可。

——光绪辛丑春日都门英华敛之甫叙于沪上[①]

四、《梨园娱老集》
——修身齐家治国平天下

胡礼垣多才多艺，同人称其“博学强记，间好为诗”[②]。在写完《新政真诠》一书之后，胡礼垣将大部分精力用于写诗唱和，以诗歌的形式，抒发其意犹未尽的修身之道，齐家之术，治国之经，平天下之策。《梨园娱老集》当属胡礼垣此期的代表作品。

《梨园娱老集》共分二册，第一册由四部分组成：“举狮观图传奇”、“咏则天徐策诗六首”、“咏薛刚诗一首”、“咏纪鸾英诗二首”。第二册包括：“施图公案传奇”、“咏七姝诗四首”、“咏白生诗一首”、“咏九郎诗一首”、“咏施公诗一首”、“咏朱媛诗一首”、“咏朱婢诗一首”、“咏钟六诗一首”。该书写于1906

① 英敛之《胡翼南先生全集·新政真诠叙》(261)1～3页。
② 陆廷昌《胡翼南先生全集·胡翼南先生事略》(261)2页。

年前后,结集成篇于1907年春天,1908年春天出版。

关于《梨园娱老集》的写作动机与过程,胡礼垣曾做过清晰的解释。1907年,胡礼垣离开香港再次到内地作“汗漫之游”。此时的中国正上演着一出名为“新政改革”的历史话剧。义和团运动之后,远逃西安的慈禧太后迫于内外形势的压力,颁布诏书,宣布“变法革新”。这便是历史上的“清末新政”。单就所改革的范围而言,此次改革超过了此前清朝历史上的任何一次变法革新,内容涉及到政治、经济、军事、法律、文化教育、外交体制等众多领域,并且某些方面显示出些许进步。但就实质而论,这次改革仍是在“中体西用论”的指导下由清政府导演的一场自救运动。挽救清王朝的统治,确保数千年的封建专制体制,依然是本次改革变法的首要任务。

史书记载,胡礼垣“对光景而流连,逢栏干而倚遍”。极目远眺,山河壮美,遥想当年,秦皇、汉武、唐宗、宋祖、成吉思汗、明太祖、康熙大帝、乾隆王朝,中华帝国是何等的威风,何等的气派。低头暗思,痛心疾首。鸦片战争之后,短短数十年间,国事日非,东西方列强扫庭犁穴,登堂入室,割地赔款,接踵而至。更可恨的是,清王朝已经彻底丧失了调适更新的锐气,苟延残喘成为其惟一的选择。维新思想家改革的泣号,被淹没在陈陈暮气之中。中国社会依旧在毫无起色中走向死亡之旅。

胡礼垣在痛苦中行走,在思索中漫游。旅途劳顿之际,观看富有浓郁地方特色的戏剧,也就成了胡礼垣旅行中的最佳消遣形式。他曾经说道:“竹棚歌舞间亦往观,至则见其踵趾相接,注目倾耳者常数千人。”戏台上所演内容不外乎是帝王将相、才子佳人,宣讲的无非是忠孝节义。这时,胡礼垣明白了中国何以不振的缘由，找到了苦苦思考的答案。“戏文去文明之道尚远，然演者不自以为演也，而以为事实躬亲；观者亦自忘其为观也，而以为现身说法。悲欢离合，场上下有同情焉。一唱三叹，男若女有遗音焉。国俗之浇漓见矣，人心之不死明矣。”①此时此刻，胡礼垣深深体味到，深植于社会民众中的传统意识，是专制制度长期存在的根基。专制制度的依存，强化了下层社会的封建观念。要使民众思想观念的普遍更新，必须对于下层民众加大宣传力度，开启民智，培养国民的现代公民意识，提高全民族的现代文明素质。在这个封建传统根深蒂固的国家，仅仅依靠改良是远远不够的。撼动专制政体的最有效的办法是推翻它、消灭它。从胡礼垣前后思想的变化来看，1907 年是其思想发生巨变的分水岭。此前，他对封建专制体制尽管多有抨击，但主调仍是改良，幻想统治集团的自我更新，实行自上而下的社会改良。但从 1907 年起，在胡礼垣所留下的大量书稿中，“革命”已成为其贯穿通篇的中心思想，推翻专制政体明显变成了他的核心论点。

如何才能做到启迪民智，向民众大范围地灌输现代公民意识呢？胡礼垣此时能够想到并做到的，依旧是运用手中的笔，学习白居易作诗征询村妇的做法，以通俗易懂的语言，宣达现代文明观念。于是，胡礼垣“返棹香江，即以付梓，并自为音义笺注，使妇孺共解焉”②。

如胡礼垣所言，他当初写诗时并没有想到要出版成册，殊不知，诗文写成后，同人们竞相传颂，称赞其诗“切中时务，谬

① 《胡翼南先生全集・梨园娱老集》(263)卷 23，“弁言”，1 页。
② 同上，2 页。

加激赏”。更有人将其中的“则天徐策诸篇”寄往北京,供当权者作为此时立宪的参考。1908 年春天,两个法号为“白衣大士”和“藐姑仙子”的佛教中人写信,请胡礼垣“大发慈悲,作速排印”。此后又有越来越多的佛教界人士纷纷加入了敦促胡礼垣印刷出版的行列。迫于同人、教友们的鼓励,胡礼垣便从所写诗文中,“仅择七言短章之清新俊逸者,各选其二,总列卷首,一律笺注,用诂琼琚,间有点易字句,悉本原意而成。左太冲之讥,非所论也”①。

至于《梨园娱老集》的寓意,胡礼垣在给外孙黄临初的书信中有过交待。

> 此书虽曰娱老,实小则为少年男女修德育,大则为齐家治国平天下而作。以梨园者人所同乐,故借其题以为发挥。人老则事无能为,只写其心,以为愉快。此《梨园娱老集》之所以名耳。②

“一真居士”黎和南为此撰写的序言,则更是明白地诠释了《梨园娱老集》的核心思想。1908 年冬天,“一真居士”作为胡礼垣的至友,欣然为《梨园娱老集》作序。

> 是集合中外古今宗教、名教、治术、学术一炉而冶之,归宿于哲学,以为至治大同之根据。此胡翼南先生以数十年之积学,一旦乘兴疾书而作。其不著

---

① 《胡翼南先生全集·题词缀言》(263)卷 23,1 页。
② 《胡翼南先生全集·示外孙黄临初书》(266)卷 60,23 页。

书而作诗者，盖欲以乐府新声，造世界于和平而不觉也。诗分二册，第一册破专制，第二册箴自由。见识议论俱臻绝顶，惊心动魄，洗髓伐毛，加以笺注，精博益智无量，诚男儿励志之丹书，亦女子铭心之金版，声音之道，与政通不朽之业。此其券名曰娱老，犹谦辞耳。然而才情绮丽，逸趣风生，读者如游，兜率天宫，如入莲花藏界，但见天魔虷女，璎珞华鬘，纷集吾前，各证菩提，同皈般若，虽老莱戏彩，子晋吹笙，无此娱也。有目共赏，无俟烦言。至其弁言一首，已直指大同至治之方针，蹑影寻声，命俦啸侣，张法曲奏，灵璈竞八，风宏五际，不图为乐，竟至于斯，固无庸更赞一词，学皇甫谧之强污佛顶，食莼而美，辄欲分甘，谨献数言，以当介绍。①

《梨园娱老集》上下两册共收录古诗 19 首，凡 16100 余言，分别是观看传统戏剧“举狮观图传奇”和“施图公案传奇”的有感而发。通过两出剧目的故事梗概，可以透视胡礼垣的良苦用心。

“举狮观图传奇”由薛刚反唐的故事改编而成。唐朝高宗皇帝，正月十五率领妃子、皇子在皇宫大摆宴席，张灯结彩欢度元宵之夜。当日，郡王薛刚饮酒过量，迷迷糊糊被一帮王公大臣簇拥到宫中观景。因事起误会，薛刚起脚踢死皇子，唐高宗也受惊而死。醒酒后的薛刚自知闯祸，夺门打出，畏罪潜

① 一真居士《胡翼南先生全集·梨园娱老集》(263)卷 23，第一册，“介言”，1 页。

逃。武则天矫诏继位后,不顾群臣苦谏,下令诛杀世代为唐朝立下赫赫战功的薛家367口。仓皇出逃的薛刚,在御林军的追杀下,逃到了二龙山。在经过一番激战后,薛刚被二龙山大王之女纪鸾英诱捕上山,招为驸马,推为寨主。洞房之夜,为一决高低,纪鸾英与薛刚展开肉搏战,两人武功相当,以平手收场。当年薛家被满门抄斩时,薛刚的幼子薛蛟才刚刚出生三个月,也在不赦之列。大臣徐策念薛家世代英烈,想为薛家留一血脉,冒死将薛蛟藏在家中。又将薛家三代列祖列宗的画像悬挂室内,教育薛蛟铭记在心。常言道,将门出虎子。童年时的薛蛟孔武有力,手举石狮如探囊取物。徐策眼见薛蛟已长大成人,便将薛蛟领至室内,指着图像,历述其祖辈的功名,皇室的无情。性情刚烈的薛蛟闻知自己的身世后,痛不欲生,投袂而起,前往二龙山寻访落草为寇的父亲薛刚。历经一番曲折,父子终于相见,随之举兵反唐。

胡礼垣以其独特的视角,就薛刚父子举兵反唐一事发表了自己的观点。从表面上看,薛刚父子举兵反唐的起因非常简单,无非是皇帝的薄情寡义,皇室的残暴无情等等。这也是后世文人墨客立论的主旨。明朝文人胡致堂就曾谴责"武氏之祸,古所未有"。胡礼垣则认为前人的立论仅仅是看到了问题的表面,并没有认清表面背后的实质。武则天下令将薛刚全家满门抄斩所表现出的并非武氏个人的残毒,而是封建君主专制制度的罪恶。胡礼垣评述道,当年武则天被立为后,反对者如云。倘若按照现代社会的原则行事,皇帝要想废除皇后,只需将皇后的罪行、劣迹公诸于群臣,然后就此事在全国范围内征求国民的意见,以国民的意见为废立的依据。这样,则不会出现唐朝历史上如褚遂良、韩瑗、长孙无忌、许敬宗等人所持“武则天出身贫寒，艳妻可以亡国”之类的奇谈怪论。皇帝既然置群臣的反对于不顾，大臣们完全可以“相率以去”。“朝宁既空，君与立谁？”

胡礼垣话锋一转，引向了立论的核心，“由此观之，民权立则专制无不除。夫民权之立易如反掌，则与其去专制于民权既立之后，孰若除专制于民权未立之先”[①]。反封建专制统治之情跃然纸上。

“施图公案传奇”是依据清朝初年施愚山断案故事改编而成的一出传统戏剧。故事说清初有一个名叫七姝的年轻尼姑，进入佛门圣地，本应六根皆净，诵经修行，但其“春心浪动，忍俊不禁”。说来话巧，英俊小生白富全为躲避尘世的嘈杂，留居莲花寺专心苦读。居住在隔壁的七姝心生爱慕之情，先是弹琴寄情，以表心意。书生白富全心如止水，不为所动。寂寞难忍的七姝随即直入书室，媚态百出，多方勾引，欲行男女之欢。不料遭到了白富全的怒斥，并被赶出书室。俗话说，螳螂捕蝉，黄雀在后。七姝在白富全书室中的一幕被莲花寺的一个叫九郎的人发现。当天夜里，九郎假冒书生之名叩响七姝的房门。闻知书生星夜叩门，七姝不顾白天的蒙羞，开门拥入。九郎进门后不许点燃蜡烛。黑暗中，两人完成了苟合之事。激情过后，七姝才发觉被九郎骗奸，虽心有不甘，但木已成舟，也只好将错就错。随着时间的后延，书生的存在便成了两人偷情的绊脚石。九郎就设计毒瞎了书生的眼睛，并劝其离开莲花寺回家治疗。

一天，吴员外携妻子来莲花寺烧香拜佛，在后园遇见九郎

① 《胡翼南先生全集·梨园娱老集》(263)卷24，4页。

与七姝舞刀调情。吴员外以佛门圣地不得亵渎,厉声斥责。九郎担心奸情暴露,当夜窜入吴员外的家中,挥刀杀死了员外夫妇,并将他们的脑袋割下。返回莲花寺的途中,九郎遇见了一个熟悉的老乞丐,便托他将员外夫妇的尸首掩埋,答应将有厚报。第二天清晨,吴员外之子发现父母被害,就以"无头公案"报县令施公。施公接案后,深知此案蹊跷,经微服私访,找到了员外夫妇尸首的埋藏地,以此为线索,将老乞丐抓捕归案,然后顺藤摸瓜,将杀人凶手九郎与七姝绳之以法。

胡礼垣借此阐发了他的"自由观",自由决非个人欲望的无限蔓延。自由是有善恶之分的。从表面看来,七姝是一个为追求个人幸福而大胆尝试的女性,但就其过程与结果而言,七姝的所作所为,仅仅是为了满足生理器官的一时之需,并非是追求高尚的爱情。从其最初爱慕书生,后被歹人九郎骗奸而不觉悟,发展到后来与九郎狼狈为奸,共同谋害书生中得到证明。

胡礼垣针对世人可能会产生的错误认识辨析了"自由"的内涵。"为善为恶皆可名为自由。然自心理、性理、伦理论理,物理以及群理之学既明,则自由者只许为善,不许为恶。此则近世理学家所公认者也。""岂知自由之理可生可杀而不可使为不善哉?"由此可知,"七姝人格原来不值一文"①。

胡礼垣阐述了写作此书的目的。

> 自由必勖以最高之人格,勗以最高之人格者知识务广,闻见务多,酌理务深,言情务尽。凡拘墟、肤泛、搔痒不着之老生常谈,须全行扫去,而惟将一切

① 《胡翼南先生全集·梨园娱老集》(264)卷29,5页。

胡思乱想为之烛照，为之数计，燃温犀、张秦镜，使魔心妖胆、肺肝毕露而无所遁其形，然后以一二庄语格其非心，使之言下顿悟。①

五、呼唤友爱，谴责战争
——《伊藤叹》

胡礼垣是一位人道主义者，和平主义者。在其卷帙浩繁的论著中处处闪烁着呼唤和平，倡导公平、正义的理性之光，而且这种倾向越到后期越加鲜明。《伊藤叹》当属此类著述的代表作。

《伊藤叹》大致写于 1909～1910 年。其写作起因是从伊藤博文被刺身亡开始的。

伊藤博文（1841～1909 年），日本历史上著名的政治家，出身于长州（今山口县）一个贫农家庭。其父被下级武士伊藤家收为养子，遂继姓伊藤。幼名俊辅，号春亩。曾入松下村塾和幕府长崎炮术传习所学习。1863 年与井上馨秘密赴英国，闻四国舰队炮击下关而回国。此后参加"尊王攘夷"的"倒幕运动"，力主还政于天皇，大力倡导改革变法，与木户孝允、西乡隆盛并称为"维新三杰"。从 1885 年起四次担任日本首相（分别为 1885 年 12 月～1888 年 4 月，1892 年 8 月～1896 年 9 月，1898 年～6 月，1900 年 10 月～1901 年 6 月）。执政期间曾发动中日甲午战争，作为首席代表强迫清政府签订《马关条约》，夺取中国领土台湾，并将朝鲜置于日本统治之下。

① 《胡翼南先生全集・梨园娱老集》(264)卷 29，5 页。

1905年日俄战争后，逼迫朝鲜与日本缔结协约，使朝鲜成为日本保护国，并于汉城设立统监府，1906年出任首任朝鲜统监，并封公爵。1909年10月26日，为与俄国谈判，在中国哈尔滨车站被朝鲜爱国志士安重根刺死。

胡礼垣与伊藤博文的关系，得从1899年谈起。据胡礼垣介绍，甲午战争后的日本，军国主义大为猖獗，狭隘的民族主义思想恶性膨胀。乘甲午战争战胜中国之余威，日本迅速走上了对外侵略扩张的道路，与亚洲乃至世界人民为敌的特征昭然若揭。目睹来自日本的巨大威胁，感受到日本发展的潜在危险，胡礼垣既为亚洲人民计，更为日本民族的前途命运考虑，闻1899年伊藤博文将来北京时，他毅然决然地致书伊藤博文，规劝日本悬崖勒马，与亚洲各国重修和好，否则日本将会走上不归之途。在给伊藤博文的书信中，胡礼垣依循中国儒家传统的为人之道、立国之道，诠释了现代国家民族、民权主义思想，着重指出，在民族主义、民权主义思想风行世界之时，儒家学说所倡导的"爱人"主张更具普世主义价值，它应当成为国与国交往的黄金准则和国家领导人制定大政方针的基本原则。倘若完全以己国的利益为考虑问题的出发点，全然不顾及他国人民的利益与感受，尽管可能会换得一时的荣耀，但这种建立在仇恨基础之上的荣耀，也必将会被仇恨所吞没。

历史的发展印证着胡礼垣的先见之明。单就伊藤博文而言，他在日本走上近代国家的发展历程中真可谓居功至伟，称得上是日本历史上的"民族英雄"，在他的领导下，日本迅速由一个弱国跻身于世界先进民族国家之列，成为近代亚洲惟一的独立国家。但伊藤博文领导下的日本，是以侵略扩张为手段，以牺牲他国人民的生命财产为前提，以肆意践踏他国人民的感情为代价。在日本暴富的同时,也埋下了一颗颗仇恨的种子。

平实而论,胡礼垣对伊藤博文杰出的治国才能是大为赞叹的,对他领导的日本所发生的天翻地覆的变化由衷敬佩,1909年伊藤博文被刺身亡的消息传来,胡礼垣"愕然",次年又传来日本吞并朝鲜的噩耗,胡礼垣"更愕然"。经过一番痛苦的思索,胡礼垣决意以诗词的形式,表达自己的治国之道、做人之道。这便是《伊藤叹》七律诗的写作动因。

1910年12月,作者在《伊藤叹》诗集出版的序言中,清晰地阐述了其中的原委。

己亥之岁(清光绪二十五年,1899年——引者注),日本伊藤侯博文在北京时,予尝致书,劝侯当爱人而及人之邦,毋徒顾己而私己之国。谓爱人而能及人之邦,其为英雄也。全若徒顾己而私己之国,其为英雄也则半而已矣。云云。后亦淡然置之矣。去岁忽闻侯为高丽刺客安重根轰毙,予为愕然。今岁又闻日本并吞高丽,予更愕然。思之思之乃知侯之所以不得其死者,实为行其吞并之谋也。当今之世,国家之理大明,民权、民族两主义渐渍各国人之脑筋,土地之事,非一君所能独主,挟其君以制其民,其民之不服也。固宜且数年前日俄之战,日本仗义执信,言尊中国韩国之自主,声震天下,万国仰之。今一旦自食其言,贻笑人口,荣辱之间,前后霄壤。易曰:初登于天,后入于地。此之谓也。其事非必尽出于侯,然为之主动力者必侯也。昔人咏高敖曹诗云:赠汝人间开国公,一头手自掷东风。年年布绢三千

> 疋,苦累西朝赏未终。叹惜之意,溢于言表。夫流览陈编读史者,犹生感慨,况予之于侯也。始则爱之,欲诱而至于大道,继则闵之,深痛其自入迷阳者乎,因长言以叹之,名曰《伊藤叹》。①

《伊藤叹》为七律诗,共125首,7000个字,该诗问世后,先在好友王韬主编的香港《循环日报》刊发,引起了巨大反响,读者盛赞之:"卓识鸿裁,绝千古,诗才史笔兼擅其长。于哲理关键,大放光明,读者知天下环球各国之必将趋于大同之道也,实有不得不由之势。盖诚与正者,事事物物之终始,出百诡而后归于一诚,不如纯以一诚而消其百诡。试千奇而后返乎一正,不若专以一正而化其千奇。荣而为外观之耀者,荣非真荣;辱而为本心之失者,辱乃真辱。长言咏叹之方,敦厚温柔之教,类情通德,彰往察来,诗之足以感化人心,而复其固有之天良者,无过于此。至其腹笥之繁富,波澜之老成,慷慨高歌,声情激越,犹属余事耳。山人野鹤,闲云世味,久同嚼蜡,而民胞物与,常系怀来,虽感不绝于予心,未能溯流风而独写得此一篇,直觉凡善知识,莫不以为笔捉灵均,字字皆如其意之所欲出也。"② 但因诗句"以议论为主,援引故典,多出经史",读者以不能深解其意为缺憾,遂纷纷致函,请求作者"再加论注,使读之者兴会淋漓"。应广大读者的要求,胡礼垣对诗篇中"有略僻者,以及人名、地名等从西文译出者,始注释之"。经过注释后的《伊藤叹》七律诗,又在好友英敛之主编的天津《大公报》刊载,再次赢得好评如潮。此后,为便于收藏和

---

①② 《胡翼南先生全集·伊藤叹》(264)卷35,1页。

阅读,胡礼垣又将《伊藤叹》七律诗集结成册,印刷出版。

按照胡礼垣在诗中表达的思想,将《伊藤叹》分为三部分。第一部分,是对伊藤博文一生功过的定位。胡礼垣认为,尽管伊藤博文对改变日本的前途命运贡献颇丰,但从人类理性发展的角度讲,他并不是一位真正的"英雄",充其量不过是一个与中国三国时期庞统近似的"半英雄"。《伊藤叹》的第一首诗即清楚地表达了作者的思想。

其　一

富强王霸变将通,欧化应推渐自东。
赫赫大名君世上,觥觥小传我胸中。
谁知八面才无敌,转使三生数忽凶。
傅巽荆州曾鉴别,襄阳庞统半英雄。[①]

从第 2 首至第 105 首,为《伊藤叹》诗集的第二部分。在此部分中,胡礼垣以甲午中日战争、日俄战争为重点,比较详尽地记述了日本明治维新以后社会面貌发生的巨大变化,赞赏日本在迈向近代化的进程中所表现出的锐意进取的精神。作者指出,明治维新以前,日本也如中国清王朝一样,对外实行闭关锁国政策,但在欧风美雨的冲击下,凭借着伊藤博文等政治精英的鼎立支持,在"倒幕运动"中获胜的明治天皇,倾心西化,率公卿诸侯亲临紫宸殿,祭祀天地神祇,明定国是,颁布"矢誓五条":"一曰广兴会议,万机决于公论;二曰上下一心,盛行经纶;

① 《胡翼南先生全集·伊藤叹》(264)卷 35,1 页。

三曰官武一途，下及庶民，使各遂其志，人心不倦；四曰破旧来之习，从天地之公道；五曰求智识于世界，大振皇基。”[①]以此为开端，日本走上了迅猛发展的快车道。1894年甲午战争，日本战胜了拥有千年文明古国之称的中国，一跃而雄居亚洲，打破了亚洲历史发展的原有格局。又经过短短的10年时间，日本再次向世界展现了它无与伦比的巨大能量，在1904年开始的日俄战争中，一举打败号称世界强国的沙皇俄国，由此确定了它在世界舞台上的地位，从而改变了20世纪人类历史发展的走向。作为这一时期“亚洲英国”——日本历史飞速发展的见证者、参与者、决策者，伊藤博文成为举世公认的杰出政治家，攀登上了人生的最高峰，44岁起连续执掌日本首相大印，驾驭着日本这艘巨舰，行驶在波涛汹涌的争霸海洋里，并一次次地躲过险礁暗滩，艰难地驶向成功的彼岸。伊藤博文在日本政坛上的成功，让胡礼垣感慨万千。同样是有留学英国经历的“海归派”——伍廷芳却始终处于中国政治中心的边缘，以幕僚、随员的身份，参与着中国的内政外交。伊藤博文在日本的飞黄腾达，伍廷芳在清朝的长期低沉，甄别了中日两国改革力度的深浅，折射出中国何以不振的缘由。

当然，胡礼垣在此也犯了一个以讹传讹的错误。他认为伊藤博文与伍廷芳是留学英国的同学。在《伊藤叹》诗集第六首的注释中，胡礼垣写道：“闻伍廷芳与博文同学于英，马关订约时，伍犹末吏，而伊藤已拜相封侯矣。”[②]其实，这是一个长存于学术界的错误。笔者在拙著《从西方到东方——伍廷芳与中国近代社会的演进》(商务印书馆，2002

①② 《胡翼南先生全集·伊藤叹》(264)卷35，2页。

年)中依据多种史料,辨析了此历史问题。根据吴杰主编的《日本史辞典》(复旦大学出版社,1992 年,363 页、542 页),日本历史学会编《明治维新人名辞典》(吉川弘文馆,昭和五十七年,101～102 页),日本民友社出版的《伊藤博文》,久米正雄著,梁修慈译《伊藤博文传》,久米正雄著,周容译《伊藤博文传》等史料,笔者发现,伊藤博文一生共三次到过英国。第一次是在 1863 年 3 月与井上馨偷渡英国,1864 年 6 月回国。第二次是在 1871 年以副使身份参加岩仓俱视使节团出访欧美,1873 年 9 月回国。第三次是在 1882 年 3 月,赴欧洲考察英法德等国宪法。伍廷芳留学英国是在 1874 年。史料记载,是年伍廷芳"爰出十年来撙节所得,以为游资","奋发走英伦,入林肯法律学院,习法律,开游学之先河"①,成为中国近代自费留学的第一人。1877 年初,伍廷芳获得法律博士学位,随即返回香港。据此得知,伍廷芳与伊藤博文留学英国期间在时间上毫无重叠,因而也就绝无有同学关系的可能。至于俩人的相识,应当是在 1885 年伊藤博文率团到天津与李鸿章缔结《中日天津条约》时。②当时,伍廷芳是李鸿章的外交智囊,参与了此次谈判。

① 《伍秩庸博士哀思录・附哀启》,华东师范大学图书馆藏未刊本,1 页。

② 据担任日本驻华使馆书记官中岛雄记载:伊藤博文与伍廷芒最初相识是在 1885 年(光绪十一年)的天津谈判之际。日本外务省外交史料馆藏《日清交际史提要》,编号 1-1-2-54。又据春畝公追颂会《伊藤博文传》记载:1895 年 2 月 2 日,日方拒绝谈判后,伊藤留住伍廷芳讲了清国没有遵守国际公法之后,专门谈到"这些是因我与足下自天津以来的旧交才在此说上一句的",伍听了这话后先表示了感激,然后继续交谈。春畝公追颂会《伊藤博文传》(下),原书房,1970 年(复刻原本昭和 18 年),160～162 页。

第 106 首至第 125 首，为《伊藤叹》诗集的第三部分。胡礼垣在此愤怒谴责了侵略战争，表达了对人类和平的向往与憧憬，鲜明地指出，伊藤博文的暴死，当为世界列强者戒。他认为，伴随着人类文明的进步，民族自决已成为全世界各民族国家的共识；平等交往，和平共处，正在成为国际交往的黄金准则。倘若继续奉行恃强凌弱的霸权主义，必将遭到全人类的共同唾弃。胡礼垣坚信，人类社会在发展演进的途中，尽管会有种种的艰难曲折，但摒弃侵略，消灭战争，建立一个相互友爱社会的理想会长存人间，始终不灭，未来的世界必定是一个友爱的世界，必定是一个平等的社会，必定是一个大同的乐园。

第 107 首诗最典型地代表了胡礼垣心目中的世界大同理想。这首诗集中表达了胡礼垣对世界发展趋向的认识，他坚信，在理性之光的照耀下，人类社会的明天将会是一个没有种族歧视，没有疆界之分，讲求平等，互通有无，和平共处的美好世界。作者在诗中写道：

方今民族讲全球，兼并凭陵敢不休。
互市财盈通马宝，相沿界定划鸿沟。
胜优败劣非他自，倾覆栽培在己求。
平等精研真理出，恃强怯弱总包羞。[①]

在此后的诗中，胡礼垣进一步阐明了对日本吞并朝鲜的观点。他认为，日本吞并朝鲜的一大缘由是为了抵制沙皇俄

① 《胡翼南先生全集·伊藤叹》(264)卷 35，30 页。

国的南下，其实吞并朝鲜并非上策。当初英法等国为了抵御俄国的南下，有意保存土耳其国的独立与完整，而正因为土耳其的存在，构成了一道阻挡沙俄南下的缓冲地带，确保了英法等国在南亚、中东地区势力范围的安全。反观日本，自吞并朝鲜后，原本不甚尖锐突出的日俄矛盾进一步升级，最后发展到剑拔弩张，兵戎相见的地步。经过一场血战，双方在付出了"死伤者数十万人，破耗财物所值以数十万万计"的惨重代价后，日本尽管取得了日俄战争的胜利，但却埋下了日俄仇恨的种子，在未来的岁月里，新的日俄战争很可能会再度爆发。

沿着此思路，胡礼垣继续分析道，日本吞并朝鲜，投降的只是腐败无能的李氏王朝，经受欧风美雨洗礼的朝鲜人民却并没有停止反抗。日本吞并朝鲜的开始，就是朝鲜人民抗击日本侵略，争取民族独立解放的开始。在朝鲜人民中将会涌现出千千万万个安重根这样的民族英雄，胸怀"不自由毋宁死"的信念，舍生忘死，勇赴国难。[①] 一个拥有安重根这样的英雄的民族是不会被征服的。日本从中所获得的只能是朝鲜全体国民的仇恨。而一个被仇恨的民族既是痛苦的，更是可悲的。这样的一个民族是没有什么幸福可言的，其前途也必将是渺茫的。在民权思想日渐发达的今天，朝鲜的前途应该由全体朝鲜人民投票公决。针对日本究竟可否吞并朝鲜的提问，胡礼垣以"孟子告齐王之语"作为答复，"取之而高丽之民悦，则取之。取之而高丽之民不悦，则勿取"。因为朝鲜是全

① 《伊藤叹》其一百二十二，"民气年来似可言，安能耳冷学平原。乍闻丝竹犹情往，每到悲歌放胆论。先轸面生灵未泯，杲卿发动首徒存。当初若听虚尧语，百万何愁安重根？"《胡翼南先生全集》(264)卷35，34页。

体朝鲜人民的朝鲜，决非一族一姓的朝鲜，因而对于涉及全体国民利益的军国大事，理应由全体人民来裁决。“民者举通国而言，非一二权贵族之谓也”①。

在诗集的最后一首即第125首的注释中，胡礼垣认为，日本原本应该在“大胜强俄而后，翻然一悟，知兵凶战危，止戈为武。名虚祸实，尚德为高，则俄德势孤，不能不变，是一举而寰宇太平之局成矣”。可惜的是，日本并没有就此止步，反而在侵略扩张的险途上加速前行，越走越远，继打败中国、俄国之后，又将侵略的魔爪伸向了它的近邻——朝鲜。在此，胡礼垣警告日本，倘若再不悬崖勒马，继续穷兵黩武，等待着日本大和民族的只能是死路一条。对于日本好战缘由的分析，胡礼垣认为，这全在于日本过分地迷信武力，无休止地追求本民族的利益，将本民族的幸福，完全建立在他民族的痛苦之上。在民权思想日渐发达的当今社会，国与国之间的争分原本是可以通过协商解决的，本不需要诉诸武力，因为“武功之与文德，孰劣孰优，不待智者而可决”。更何况，所有的争端最终都要通过外交协商来解决，“战亦协，不战亦协，特战而始协，其协也危且有后患；不战而协，其协也安且无后灾。此维持公理者知之，恃强权者不解也，则亦以持公理者公，恃强权者私耳。故文德武功，利害之别，其端在公与私一念之殊”。胡礼垣在此，强烈谴责侵略战争，坚信公理必定战胜强权，断言，假如一意孤行，崇尚武功，不讲文德，到头来用血流成河换来的武功霸业必将坍塌，在人类的史册中留下的只能是对文德的追忆和对恃强凌弱的蔑视。雄才大略的伊藤博文的遇刺身亡，并

① 《胡翼南先生全集·伊藤叹》(264)卷35,34页。

不仅仅是他个人的不幸，从更广阔的意义上讲，是人类对公理的信守和对强权的鄙视。伊藤博文的暴死，实际上已经预示了侵略成性的日本国家的前途与命运。

最后，胡礼垣用诗词的语言，总括了《伊藤叹》的核心思想：

我欲高倾河朔卮，瓢翻东海和天倪。
位升上国惟凭德，功列名邦在济时。
曲直只从公议稳，干戈不步霸朝危。
灵台偃伯方隅静，绝胜尊俄作帝师。①

六、弹奏灭清咏叹调——《满洲叹》

《满洲叹》是胡礼垣留传后世的另一部长篇叙述诗集，写于清朝末年的"新政改革"。

义和团运动之后，清政府四面楚歌，处境艰难。《辛丑条约》签订后，帝国主义列强加强了对中国政治、经济、军事、文化的全面控制。清政府彻底丧失了民族自卫的能力，变成了帝国主义侵略中国的驯服工具——"洋人的朝廷"，帝国主义则成为了"太上皇"。以孙中山为首的资产阶级革命党人以"振兴中华"为己任，发动了越来越猛烈的反清武装起义。民族资产阶级的中上层对清政府的腐败无能表现出愈来愈强烈的愤懑。广大的农民阶级以抗粮抗捐的方式，表达了对清政

① 《胡翼南先生全集·伊藤叹》(264)卷35，35页。

府腐朽统治的不满。

处此变乱之世，封建顽固势力在结束了最后一次大规模的抗拒之后，终于深切地体味到抗拒变革的惨痛教训，认识到历史潮流不可抗拒。于是，一场由清政府导演的“不变亦亡，变亦亡”新政改革运动粉墨登场。1901 年 1 月 29 日，远逃西安的慈禧太后和光绪皇帝颁发“预约变法”的上谕，内称：“世有万古不易之常经，无一成不变之治法”，“盖不易者三纲五常，昭然若日星之照世；而可变者令甲乙，不妨如琴瑟之改弦。”“自播迁以来，皇太后宵旰焦劳，朕尤痛自刻责，深念近数十年，积习相仍，因循粉饰，以致成此大衅。”为求振作，上谕督令军机大臣、大学士、六部、九卿、出使各国大臣、各省督抚，“各就现在情形，参酌中西政要，举凡朝章国故，吏治民生，学校科举，军政财政，当因当革，当省当并，或取诸人，或求诸己，如何而国势始兴，如何而人才始出，如何度支始裕，如何而武备始修，各举所知，各抒己见，通限两个月，详悉条议以闻。”① 同年 4 月，又设立以庆亲王奕劻为首的“督办政务处”，具体负责“新政”。新政改革的帷幕至此拉开。10 月 2 日，清廷再次以慈禧太后的名义发布懿旨，重申变法改革的决心。懿旨称：

> 自经播越，一载于兹。幸赖社稷之灵，还京有日。卧薪尝胆，无时可忘。推积弱所由来，叹振兴之不早。近者，特设政务处，集思广益，博采群言，逐渐施行。择西法之善者，不难舍己从人。救中法之弊者，统归实事求是。数月以来，兴革各事，业已降旨

① 《义和团档案史料》(下)，中华书局，1979 年，915～916 页。

饬行。惟其中或条目繁重，须待考求，或事属创举，须加参酌。回銮以后，尤宜分别缓急，锐意图成。兹据政务处大臣荣禄等面奏，变法一事，关系甚重，请重新诫谕，示天下以朝廷立意坚定，志在必行，并饬政务处随时督催，务使中外同心合力，期于必成。用是特颁懿旨，严加责成。尔中外臣工，须知国势至此，断非苟且补苴所能挽回厄运。惟有变法自强，为国家安危之命脉，亦即中国民生之转机。予与皇帝为宗庙计，为臣民计，舍此更无他策。尔诸臣受恩深重，务当将应行变通兴革诸事，力任其难，破除积习，以期补救时艰。①

在以后的几年中，清政府陆续颁发谕旨，提出了包括"废科举，办学校，派游学"和变官制等在内的30多项新政举措。

学术界对于"清末新政"曾经给予了较高的评价，或称其为"由地主阶级领导的资产阶级改革运动"，或称其为"中国早期现代化运动史上的里程碑"。评价虽然有多种，但有一点是勿庸置疑的，那就是这场长达10年之久的新政改革，与此前的洋务运动、戊戌变法同样，都是由封建统治阶级发起的，旨在维护封建统治的自救运动。就其实质而论，它的示范性大于它的实效性，欺骗性多于它的真实性。特别是在本次改革最关键的部分——官制改革上就更是如此。在改革的过程中，清政府曾经极力渲染官制改革，要仿效日本实行立宪政体，并煞有介事地派大臣出国考察政治，但当箱盖揭开的时

① 《义和团档案史料》(下)，中华书局，1979年，1327～1328页。

候,却发现箱子里是空的。1911 年 5 月,在公布的 13 名内阁成员中,满族有 9 人,且皇族即爱新觉罗氏又占了 9 人中的 5 人,“责任内阁”变成了“皇族内阁”。事实证明,清政府的“预备立宪”,实质上是一场骗局。

就在国人寄厚望于新政改革之时,蛰居在香港厚丰园寓所的胡礼垣却自始至终保持着怀疑态度。他在新政帷幕拉开之时就断言,新政改革既不是真正意义上的资本主义性质的改革,也不是保治百病的灵丹妙药,能医治清朝腐朽统治的肌体。君主专制统治已经成为了世界潮流的废弃物,早就丧失了存在的合法性。清王朝作为中国历史上长达二千多年之久的君主专制统治的一个组成部分更是病入膏肓。时至今日,任何修修补补的改革、变法,都不可能使君主专制统治起死回生,东山再起,等待着清王朝的只能是死亡。除此之外,别无出路。

为唤醒国人的迷梦,坚定清王朝灭亡的信念,胡礼垣以清朝 200 多年的统治为序,用诗歌的语言,从清朝的创业始祖努尔哈赤起,逐朝论述了清以来历朝历代的兴亡更替,承亡灭绝。最后的结论是,清朝当灭。否则,法理不容,天理不容。这便是传诵一时的长篇七律诗歌《满洲叹》。

《满洲叹》系七律诗,共由 150 首组成,写于 1911 年 7 月,完成于 9 月中旬,历时 3 个月有余。写成后,先是单篇在天津《大公报》上刊载,尔后“辑印成书”。据时人介绍,《满洲叹》发表后,反响巨大,好评如潮。“近达京师,远通寰宇”。读者无不为作者的勇气与见识所折服,诗篇写出了人人欲言而人人不敢言,人人欲言而人人不能尽言的境界。80 岁高龄的王运焕在为诗集所作的序言中,对作品及作者本人均给予了高度评价。他说：

> 诗之妙，以能感人之情而揭人心之所欲言者为主。情本不一，其能以缠绵之思，运清妥之气，因物赋形，随影换步，察其心则孔嘉也，玩其词则蔼如也。如是则妙之妙者也。而世运之转移，人心之进化亦必赖乎是。曩读逍遥游客《伊藤叹》一篇，其言明且清，其理纯以正，激昂慷慨，使人之意也，消私心，向慕目。作者为伟人。今复睹其《满洲叹》之作，读之如沐酥酪，而润人之肤肌也。如饮醇醪而沁人之肝脾也。如礼杖拂而迥人之愚痴也。如受砭刺而起人之癃疲也。①

关于《满洲叹》的创作旨意、体例，胡礼垣在序言中有过明确交待。

> 文明必无专制，专制必非文明，予素所持论也。乃世又有开明专制之说，窥其意，得毋以专制为未可尽废乎？顾其语，囫囵而不分权藉而无据，其义则求诸历史不可得而见也。是岁六月避暑山林，取《东华录》阅之。自康熙乾隆之世，若有枨触于予怀者，所谓开明专制将毋在。是陈仲子误食之鶃鶃肉，必出而哇之，其心始快。因取中国国朝事，仿客岁《伊藤叹》而咏之，得七律诗一百五十首，名曰《满洲叹》。篇中独

---

① 王运焕《满洲叹诗初序》，《胡翼南先生全集·满洲叹》(264)卷36，1页。

注重康乾之专制者,以其为开明之时代也。诸余各朝,则但存专制之梗概,且自咸同以来未见实录,其事之耳闻目见者,多在《伊藤叹》中,故每朝仅作两首,避重复也。夫专制必有其源,从流溯源,自不能不掀翻数千年学术之案。专制之毒,康乾之世中之最深者,由不能清其源耳。而其祸实流于子孙。袁子才书仓颉庙云:公如肯补过,请公南面坐,周公右孔公左,始皇在旁手把火。删除六经质诸圣,黜陟百家来问我,朝不必多书,野不必多儒,拔兔一毛利天下,钦明文思追唐虞。此数语用于今日适合其宜。①

在《满洲叹》中,胡礼垣依皇帝的继立为线索,梳理了清朝200多年的历史,得出的结论是:专制制度随着清朝对全国控制的稳固而逐渐加强,专制制度的弊端也与日俱增,到"清末新政改革"之时,已经到了难以为继的地步。因而,从另一个角度讲,诗集《满洲叹》又是一部清朝历史的缩写本,更准确地说,《满洲叹》是一部清朝专制制度的兴亡史。它运用诗歌的形式,描述了有清以来君主专制制度的沿革、确立,直至最后消亡的全过程。

在《满洲叹》中,胡礼垣认为,清朝入关以前作为历史上的后金政权,由于受到民族发展阶段性的限制,满族更确切地说是建州女真,当时还处于奴隶社会时期,加之游牧民族的特性,表现在体制方面还保存了若干民主性的色彩。这一时期就是统一的满民族形成和清王朝建立的准备阶段。具体表现

① 《胡翼南先生全集·满洲叹》(264)卷36,1页。

为努尔哈赤的横空出世。

1583年，女真族的英雄努尔哈赤打着为其祖父报仇的旗号，举兵讨伐仇人尼堪外兰，开始了统一女真各部的大业。经过数年的征讨，一个强大而又统一的民族——满族逐渐形成。在以后的岁月里，努尔哈赤及其继任者皇太极乘借着明王朝末年的腐败，打败了明朝军队，占有了东北地区，在关外建立起了一个强大的清王朝。1644年则成为清王朝由地方政权发展为全国性政权的转折点。在这一年中，被李自成、张献忠农民起义军拖得筋疲力尽的明王朝终于走完了它最后的行程。李自成统帅大军闯进北京城，明王朝最后一位皇帝——崇祯皇帝吊死在煤山。中国短时间内出现了政权的真空。鹬蚌相争，渔翁得利。在吴三桂的配合下，清军顺利实现了由关外向关内大进军的历史性跨越。这便是清朝历史上的顺治王朝。对此，胡礼垣在诗中写道：

国卜马羊亡突厥，桥成鱼龟渡朱蒙。
水滨作主人三万，辽沈来王族九宗。
自在骑牛今竖子，苦辛逐鹿昔英雄。
何如天赐渔人便，一旦双收鹬蚌功。①

胡礼垣认为，顺治王朝的建立，既是清朝成为全国性政权的开始，也是清朝走向专制政体的起步。顺治帝之后，经过康熙、雍正两朝的励精图治，到乾隆帝时一个强大而又统一的帝国屹立于东方这片古老的土地上。与此同时，在中国延续数

① 《胡翼南先生全集·满洲叹》(264)卷36，1页。

千年之久的君主专制制度也发展到登峰造极的地步。对此，胡礼垣在诗集《满洲叹》最后一首，即第150首的注释中这样写道：

清自天命之世，以杀祖父之仇，饮泣思报，志必伐明，其理自正。然初不料竟夺中原一子也。天聪(努尔哈赤时的年号——引者注)时既得志于长城以外，不为刲昏，而乘黑耻作侮，懦而避凶，迫于拥戴，始称中国之君，改元崇德(皇太极在位时的年号——引者注)。顾其言曰："帝皇那得称天子，则平旦之气存焉。盖其时，虽有制而未知所以专也。明怀宗(即明朝崇祯帝——引者注)既殁，世祖(即顺治帝——引者注)入关，惊睹汉官威仪，始知天子之贵，思所以安之计。惟以改装易服为压伏汉人之具，非法之苛违者无赦。陈名夏名臣也，其蓄发复装之言，挽回人心，殆无以过。宁完我忌之，多方进谗，卒置名夏于死。夫名夏之言若行，则三藩之祸势必潜消，乱党之盟无从而起。使当时明降谕旨，发剃不剃由人，装改不改任便，岂不大慰？人心翻然向化，何乃未入关以前此情不昧，既入关以后此理顿忘也？无谓之事，与民为仇，谓非专制之凶，何以至此？……惟崇尚功名，将虚作实，造成一专制之局，贻子孙以器窳瓠落之忧，煦煦以为仁，孑孑以为义，束缚驰骤，余力不遗，徒观其柏梁赓唱之盛，无当于安国家之大经也。雍正初元，其君年已四十有五，趋庭有素，继志孔殷，其停事远征者，以困于家难之故，未必其为释道宗教之所化也。至遽杀年羹尧，追戮吕留良，则大有父风焉。乾隆时海内清晏，四方无事，然文事武功必欲追踪乃祖，以为治天下者舍是更无以尚，故其才略相同者，其为害亦适相等。在位既久，滋息繁多，且训政四年，古所未有，张皇粉饰，而专制之局遂习惯自然，竟成牢不可破。继之者嘉庆而道光、咸丰，而同治，以至光绪之朝，虽屡经挫败，忧患频仍，然而南山可移，专制终不可改也。①

伴随着乾隆王朝的结束，清王朝便开始了由盛变衰。在此后的历史进程中，由嘉庆王朝、道光王朝，中间经过咸丰王朝、同治王朝，到光绪王朝，清王朝呈现出日薄西山，江河日下的趋势。对于清王朝所表现出来的这种衍化趋向，胡礼垣以敏锐的眼光，独到的视角，透过历史的表象，深刻指出，清王朝由乾隆帝时的盛世转变为之后的衰世，实质上是君主专制制度的由盛转衰。作为人类历史上长期存在过的君主专制制度，在包括清王朝在内的中国历史上曾经发挥过积极而又巨大的作用。它促进了民族的统一与发展，推动了经济、文化的繁荣与昌盛，提高了人类征服自然、改造自然的能力，在中华五千年的文明史上作出过卓越的贡献。但是，人类历史的演化是一个动态的过程，从低级到高级，由野蛮到文明，是人类社会发展中一个带有普遍意义的规律。据此，胡礼垣指出，在肯定君主专制制度积极作用的同时，更应该看到，历经数千年的君主专制制度，经过历朝

① 《胡翼南先生全集·满洲叹》(265)卷38，25～27页。

历代的修缮、补充，到清王朝统治时，它已经成为一种僵化的统治模式，成为阻碍中国历史发展进步的桎梏，其反动性表现得越来越明显。仔细探寻鸦片战争以后中国在军事、经济、文化等方面落后于西方国家的根源则不难发现，君主专制制度实乃难逃其咎。

胡礼垣继续分析道，君主专制制度从根本上说，就是一种极端自私自利的制度，萦绕在皇帝心中的只有一家一姓或一族一朝的利益，但凡触及到皇权尊威的任何举动，历朝历代的君主绝无饶恕的可能。皇朝的巩固与稳定，实质上是以牺牲绝大多数人的福祉为前提的。君主的尊威是建立在最广大人民的尊严丧失殆尽的基础之上的。所以，君主成为了专制、残暴、自私的代名词，“不平之别名也”。君主专制政体的这种不讲人道，违背公理的行动宗旨，势必会遭到人民的强烈反对。综合中国历史上此起彼伏的农民起义、农民战争则会发现，尽管爆发的具体原因各有差别，但在最核心的问题上却是相同的，那就是反抗君主专制制度，试图通过武装暴力的方式，改变这种违背公理、正义的社会制度，而代之以一个符合人性的制度。“等贵贱，均贫富”、“平均”、“平等”等不绝如缕的起义口号、纲领，均折射出农民阶级对君主专制制度的痛恨，对公平、正义社会的渴望。建立在这样一种基础之上的封建王朝，其政权势必难以稳固持久。中国历史上封建王朝的频繁更替便是一个明证。

胡礼垣从人类社会进步的角度剖析了君主专制制度难以长存的缘由。他认为，君主专制制度因其反人类的缘故，不仅要遭到国内人民的反抗，而且随着资本主义制度在欧美国家的确立，它还要面对来自国外力量的巨大威胁。清朝作为中国历史上的最后一个封建王朝，自然就要承受前所未有的压力。处于封建君主专制制度下降期与资本主义上升期交汇点上的清王朝，注定要扮演一个悲剧王朝的角色。处此境地的清王朝虽也曾竭尽全力维护君主专制制度，如采用闭关自守的政策，企图隔断中国与世界的联系，但是资本主义从登上人类社会的舞台起就一直在按照它的要求规划着世界的演进，绝对不会允许中国的清王朝游离于它的规范之外，自由自在地、亦步亦趋地向前爬行。当正常的商业贸易无法打开中国的大门时，文明与野蛮交杂的欧美列强，便通过侵略战争的方式，轰开了关闭已久的大门，登堂入室，将中国赶出了中世纪，在君主专制制度的肌体内强行注入了一个新的政体因子。至此，长存于中国数千年之久的君主专制制度破天荒地遇到了挑战，面临着未曾有过的生存危机。对于鸦片战争以后，中国君主专制制度的发展走向，中国政治体制改革的演进趋势，胡礼垣以印度、非洲的命运为例，作了极具说服力的阐述，指出：改革现行制度已是大势所趋，倘若继续抗拒，等待着中国的只能是无休止的被动挨打，中华民族必将遭受灭顶之灾。

虽然天下事，平则公，不平则私；平则正，不平则邪；平则顺，不平则逆；平则治，不平则乱。专制者不平之别名也。以专制为政，则其政府必根柢于不平。根柢于不平矣，而欲矫揉以为平，于是乎一国之事，无一而能平。无一而能平，则其为政皆私而非公也。邪而非正也，逆而非顺也，乱而非治也，私邪逆乱，虽在山河隔阂闭关锁港，一国自为之时，其机陧颠连尚儳焉，而不可以终日，况在舟车大通，群雄角立之下而能望其岿然独存于天壤哉？侮臧甬获，舍此而谁？印度、斐洲可为前鉴。泰西诸国争为立宪，务求其政之平，而归于公正。顺治者无他焉，为欲免其国之奴隶于人耳。①

当然，胡礼垣对于中国在政治体制改革方面表现出的些许进步也表示了由衷的称赞，事实上也正是如此。一部中国近代史从最本质意义上讲，就是一部中国人自觉追求政治体制改革的历史。从19世纪40年代起，包括何启、胡礼垣在内的一大批先进的中国人就举起了效法西方资本主义制度，改革乃至推翻中国君主专制制度的旗帜。禁烟英雄林则徐在《四洲志》中写道：美国设总统一人，“综理全国兵、刑、赋税、官吏黜陟。然君国重事，关系外邦和战者，必与西业会议（国会——引者注）而后行。设所见不同，则三占从二。升调文武大吏，更定律例，必询谋佥同。……数百年来，育奈士迭（美国——引者注）遽成富强之国。……故虽不立国王，仅设总领，而国政操之舆论，所言必施行，有害必上闻，事简政速，令行禁止，与贤辟所治无异。此又变封建郡县官家之局而自成世界者。”②对美国民主制度的的赞赏之情，溢于言表。魏源则在《海国图志·外大西洋墨利加洲总叙》中，将美国“匪惟不及世，且不四载即受代，一变古今官家之局”的总统制，称之为“公”，把“三占从二，舍独询同”的做法，称之为“周”，认定“墨

① 《胡翼南先生全集·满洲叹》(265)卷38,27～28页。
② 林则徐《四洲志·弥利坚国即育奈士迭国》,《小方壶斋舆地丛钞》。

利加北洲之以部落代君长，其章程可垂奕世而无弊”[①]。梁廷枬从法理上论证了美国民主政治的优越性。他说：“凡一国之赏罚禁令，咸于民定其议，而后择人以守之。未有统领先有国法”，“终未尝以人变法”。作为国家最高元首的总统“其举其退，一公之民”。由此得出的结论是：讲求法治的美国民主政治体制“是以创一开辟未有之局，而俨然无恙以迄于今也”[②]。《瀛环志略》的作者徐继畬同样高度评价了美国的民主制度。他说：在美国“不设王侯之号，不循世及之规，公器付之公论，创古今未有之局，一何奇也。泰西古今人物，能不以华盛顿为称首哉！”[③]1861年，冯桂芬在《校邠庐抗议》一书中，从“人无弃材不如夷，地无遗利不如夷，君民不隔不如夷，名实必符不如夷”[④]四个方面，揭示了欧美富强，中国贫弱的原因。作为早期维新派的马建忠则将“学校建而智士日多，议院立而下情可达”[⑤]称之为西方富强的根本。薛福成更是称赞西方的君主立宪制度“无君主、民主偏重之弊，最为斟酌得中”[⑥]。到19世纪90年代以后，先驱者们改革现行政治体制的呼声最终变成了活生生的现实。康有为导演的旨在变君主专制为君主立宪的“戊戌变法”，孙中山领导的推翻君主专制制度，建

---

① 魏源《海国图志后叙》。

② 梁廷枬《合省国说序》道光二十四年。

③ 徐继畬《瀛环志略》卷九。

④ 冯桂芬《校邠庐抗议·制洋器议》。

⑤ 马建忠《适可斋纪言纪行·上李相伯言出洋工课书》，沈云龙主编《近代中国史料丛刊·正编》(153)，(台湾)文海出版社，65页。

⑥ 薛福成《庸庵文编》，沈云龙主编《近代中国史料丛刊·正编》(943)，(台湾)文海出版社，256页。

立民主共和国的资产阶级革命,均已表明,君主专制制度已经成为众矢之的,改变中国现行的政治体制已是大势所趋,人心所向。

然而,在人类社会进入20世纪之际,仍有为数不少的中国人在恋古情结的驱使下,叫嚷着"开明专制",配合、支持着清政府实行的"立宪"骗局。对这种在"开明"的旗号下,维护君主专制制度的谬论,胡礼垣进行了彻底的揭批,指出:"开明"即是圣贤,"专制"即是盗贼,开明与专制,判若东西,差若天壤,绝无调和的可能:

> 今中国亦知以外国之文明为立宪之政体矣。然物必揣其本,方可以齐其末,事方在诸北,必不能求诸东,入彼出此,道无两趋。以立宪为维新,以专制为法古;立宪为从人,专制为著我。而立为开明专制之说,如近世学士大夫之所云云,以谓昔以专制而败者,由文明未开耳。今姑以从人而间执谗慝者之口实,以著我而存自行我法之心传,调和于中外之间,俯仰于上下之际,浑沦于物化之境,通达于今古之宜,变不离宗,毅然有守,白虽可涅,和而不流,是则既开明矣,何妨专制;虽专制矣,仍是文明,上可以对祖宗,下可以笼百姓;柔则茹之,刚则吐之,权衡在手,轻重惟心,中和之道,如是而已。是说也。水以济水,涂以附涂,方内圆缸,巽而易入,殊不知,开明专制四字,即其句解,试为分析其义,已自觉不通。今为直白言之,罕譬而喻,则开明犹云圣贤也,专制犹云盗贼。世无有圣贤之盗贼,又安得有开明之专

制哉？警告变法诸公毋为含糊蒙混之言所惑。[①]

《满洲叹》宛如一封讨伐清王朝的檄文，体现了辛亥年间胡礼垣的政治立场的新变化。勿庸讳言，胡礼垣此前所发表的一系列政论文章和诗歌，均带有明显的改良维新的痕迹，尽管对清王朝执行的内政外交政策也多有抨击，但在字里行间流露出的是一副恨铁不成钢的情结。在其思想的深处，仍把清王朝视为一个可以改造的政府，认为只要清政府发奋图强，立志革新，就有将中国带入独立富强境地的可能。清王朝依旧是中国实现振兴的希望所在。无数次的翘首以待，数不清的满怀希望，换来的却是清王朝的泥古不化和每况愈下的民族危机。依照胡礼垣的判断，八国联军侵华战争之后，留给清王朝的机会已经不多，摆在清政府面前的只有痛定思痛，断然变法，除此之外，别无选择。可事实上，清王朝再次将国人赏赐给它的最后机会挥霍一空。它所导演的"新政改革"最终搞成了一场假立宪、真专制的骗局，将满怀希望的国人玩弄于股掌之间。清王朝的所作所为最终表明，它已经丧失了自我调适、革新的机能，它已经丧失了民族自卫的能力。对于这样一个只知有王朝利益，不知有民族利益，只知专制为祖训，不知民主为何物的封建王朝，推翻它也就顺乎天，应乎地，于理至顺，于情至大。令胡礼垣百思不得其解的是，清王朝一次次地欺骗、玩弄国人的感情，可仍然有相当一批中国人对清王朝抱有幻想，为清王朝的立宪骗局辩解。尤其是当清王朝宣布"铁路国有"时，竟然有众多的拥护者。对此，胡礼垣进行了彻底

---

① 《胡翼南先生全集·满洲叹》(265)卷 38，27～28 页。

的揭露,尖锐地指出,“铁路国有”是一个笼统而不确定的名词。胡礼垣认为,对清王朝宣布实行的“铁路国有”政策,应该作如下理解:首先要弄清楚此处所说的“国”,到底是“君之国”,还是“民之国”。其次,按照中国古代“民为邦本”的传统和现代西方国家理论,“无君尚可以为国,无民则决不可为国也”,因而,所谓“国有”,实质上应该是“民有”。但是,清王朝竟然置广大民众的利益于不顾,在“铁路国有”的旗号下,强行将民间集资建成的粤汉铁路、川汉铁路攫为己有,并由此引发了四川地区的“保路运动”。当清王朝调集重兵入川镇压“保路运动”时,胡礼垣则挺身而出,为“保路运动”辩护。他认为,“保路运动”之所以爆发,根源就在于清王朝无视民众利益的存在,把民众当家奴,依照传统的思维模式认定,“朕即国家,国家即朕”。这种观念是极其错误、荒谬的。既有悖于公理,又违背了进化。在民主思想、观念日益深入人心的时代,四川人民勇敢抗拒专制王朝旨令,奋不顾身地维护自身的利益,完全是一种正当、合法的行动,决没有任何被指责的理由。恰恰相反,遭到谴责的应该是逆历史潮流而动的清王朝,抱残守缺、不思进取的专制王朝。胡礼垣断定,“保路运动”将如奔流不息的洪水,冲决清王朝这道早已溃烂不堪的堤防。清王朝必将在滔天洪水中被吞噬。在此,胡礼垣以轻快的口吻表示,清王朝的这种可悲下场,完全是咎由自取,绝无任何同情、怜悯而言。他说:“忽闻中央政府以铁路国有四字强行专制,瓦解民心,遂令革命军起,怨积毒深,若江河不可收拾,谁秉国成,可为浩叹!”[①]事态的发展,完全证实了胡礼垣判断的正确性。四

① 《胡翼南先生全集·满洲叹》(265)卷38,25页。

川的“保路运动”愈演愈烈，清王朝只得调集周边省区的重兵入川镇压，结果给立志推翻清王朝的革命党人提供了可乘之机。正当四川战事吃紧之际，革命党人在四川的后院——湖北策动了新军起义，打响了推翻清王朝的第一枪。这就是中国史上的武昌起义。四川“保路运动”成为了武昌起义的导火线。胡礼垣的预言变成了现实。

在《满洲叹》诗集的最后一首即第150首的注释中，围绕着“朕即国家，国家即朕”的论点，胡礼垣阐明了自己的观点。他认为，“凡物彼此相资者，必不能夺彼以予此，顾此以失彼也。惟有偏心，遂成反侧，其人谋之不臧耶？吾以为非专制之法必不至此。是故于其人无可尤也，法则深可咎也”。胡礼垣的《满洲叹》诗集，既是一篇战斗檄文，又是一首清王朝灭亡的葬曲。当国人还沉醉于专制政体的迷梦之时，胡礼垣以理论家的睿智，改革者的前瞻，角斗士的勇气，站在时代发展的高度，系统论证了专制王朝必不能存于当世的法理，详细阐述了清王朝必然灭亡的观点，大胆预言：中国的历史将碾过清王朝，开创一个新的纪元。那便是一个荡涤专制，高扬民主的时代。行将灭亡的清王朝，将以一个反面教材的角色，存留在中外历史上。对此，胡礼垣的好友——“羲皇上人”王运焕是这样评价《满洲叹》的：

> 此篇不特为满洲言，并可为各国言；不仅为今世言，亦且为后世言。谓足资为国者之法戒。[①]

① 《胡翼南先生全集·满洲叹》(265)卷38,25页。

七、馨香一瓣祈共和

胡礼垣在《满洲叹》中的预言，一个月后变成了现实。1911年10月10日，武昌城的枪声，敲响了清王朝灭亡的丧钟。经过一夜激战，革命首先在武汉三镇获得成功。在随后的50多天里，先后就有湖南、陕西、山西、云南、江西、上海、贵州、浙江、江苏、广西、安徽、福建、山东、广东和四川等15个省区响应起义，宣布独立，脱离了清王朝的统治，迅速形成了一个反清独立的高潮，并且这股独立风潮大有漫卷全国之势。清王朝的灭亡已成必然之势。

现代化的传媒手段，迅速将这一20世纪初叶人类社会最大的信息传遍世界各地。蛰居香港的胡礼垣喜获此信，夜不成寐。他抑制不住内心的激动，夜以继日，奋笔疾书，写成了讴歌新纪元，喜迎辛亥年的《民国新乐府》诗篇。此时离武昌起义仅33天。《民国新乐府》的诗序中有：

> 民国军是年八月十九日(1911年10月10日——引者注)由湖北起，至九月十九日，为时仅三旬，而反正之局大定。稽之史册，微特中国之所无，抑亦全球之所未有。且废君主为民主，由大暗而复其大光，万国大同，和会之基永远平等，自由之福，将于此是赖焉。常谓民权之立，易如反掌(《娱老集》第一首诗说)，今既不失所料，因用古今体，以平仄韵，制为新汉乐府，得诗十二章，名曰民国新乐府，非徒志喜也，且以惩前毖后之词，为进化文明之劝。

辛亥九月二十三日
(1911 年 11 月 13 日——引者注)
逍遥游客香江翼南胡礼垣识①

诗集的第一首，胡礼垣以轻快的笔调，描述了全国人民燃放爆竹，载歌载舞，欢庆胜利，喜迎共和的欢乐景象："匝地欢呼父老笑，轰天爆竹儿童跳。"廖廖数语，将中国人在卸掉专制枷锁后的喜悦心情展现得淋漓尽致，表达了中国人民对专制的痛恨和对民主的渴望之情。胡礼垣在诗中追忆了中国人民推翻帝制，创建民国的艰辛历程。他说，40 多年以来，为了摆脱专制政体的锁链，赢得民族的新生，先进的中国人几十年如一日，奔走呼号，由上书建言，倡导变法，至抛头颅，洒热血，赴汤蹈火，在所不惜，真可谓是，虽历尽风雨而痴心不改，虽九死而不悔。韧劲，可与叼石填海的精卫媲美；毅力，可与射日的后羿、补天的女娲争胜；恒心，更是远超临渊垂钓的姜太公。在中国家喻户晓的姜太公，垂钓渭水河畔 10 年、3600 天就遇到了明主周文王，可先驱者们为实现民主共和，整整奋斗了 40 年之久。已经超过了姜太公用时的 4 倍，先驱者们的伟绩，更是惊天地泣鬼神，必将与日月同辉。

说到这里，胡礼垣话锋一转，东汉张衡的《思玄赋》记载，后人为了纪念三顾家门而不入的治水英雄大禹，在湖南衡山岣嵝峰勒石立碑。从对全民族造成的毒害而言，专制制度甚于洪水。由此可见，共和英雄们为推翻专制制度所立下的功绩不在大禹之下。为此，胡礼垣提议，将来应当在首义之

① 《胡翼南先生全集·民国新乐府并序》(265)卷 45，1 页。

区——湖北，树碑立传，铭记共和英雄们的丰功伟绩，以与邻省湖南的大禹碑遥相呼应，万年映辉永载史册。对此，胡礼垣在诗中写道：

千年天眼不轻开，一旦人心皆返照。
平等自由果尔来，大同至治相将召。
自从希望到如今，四倍三千六百钧。
一个香江老秃翁，天人交际罗心胸。
不思雕虎擒平子，但愿飞熊得太公。
放手字应成岣嵝，开怀风直奏黄农。
今当乐府清商会，先为新调十二钟。①

在后面的诗中，胡礼垣从大汉族主义思想出发，论证了中华民国建立的正当性。他认为，被称为中华民族祖先的黄帝就是中国历史上的第一位总统，当选时所处的环境，与当今社会相同，都是各个相对独立的诸侯通过推举产生的。在以后的历史演化中，从“二帝”(唐虞)到“三王”(夏商周)，不管其政体或表现为民主立宪，或表现为君主立宪，在推选的形式上，都仿效了由黄帝开创的民主选举的办法，都体现了人民的意愿。因此，未来的中华民国大总统，在法统上是上承黄帝，下继“二帝三王”，未来的中华民国，实际上是对中国历史传统的继承与发展，绝无任何唐突之嫌，绝不容有任何的怀疑。

在随后的部分里，胡礼垣阐释了中国历史自“三王”以下，民主蒙羞，专制大倡的缘由。胡礼垣认为，从黄帝直至“二帝

① 《胡翼先生南全集·民国新乐府并序》(265)卷45，1页。

三王”，在他们的身上都体现了卓越的个人品德，拥有高尚的道德品质，是他们能够被推戴的惟一缘由。胡礼垣坦言，中国传统文化素来重视德化统治，典型的如孔子。孔子认为，国君用道德来实行统治，就会像北极星一样，只要处在一定的位置，群星都会环绕着它，所谓“为政以德，譬如北辰，居其所而众星共之”①。在孔子的心目中，最理想的政治形态，既不是民主政治，也不是独裁政治，而是教化政治。政治被孔子视为一种道德规范，只要统治者讲道德，老百姓也会讲道德，一切问题都会迎刃而解。无怪乎他对鲁国诸侯季康子说：“政者，正也。子帅以正，孰敢不正？”孔子反对季康子“杀无道，以就有道”的政策，“子为政，焉用杀？子欲善而民善矣。君子之德风，小人之德草，草上之风，必偃”②。在孔子看来，治国根本用不着杀人，统治者想做好事，老百姓自然就会跟着做好事。因为领导者的品德好比是风，老百姓的品德好比是草，风吹到草上，草就必定跟着倒。孔子所倡导的教化政治，成了历朝历代统治者治国的最高追求，也成了广大民众评定当朝天子称职与否的通用标准。对于这种约定俗成的评价标准，胡礼垣表达了不同的观点。他认为，注重或者强调个人品德固然重要，但仅有这些还是远远不够的。品德具有不确定性，人性更是带有先天的缺陷。建立在残缺的人性和不确定的品德之上的民主政体，就如同建筑在松软的沙滩之上的大厦，随时随地都有坍塌的可能。这就是为何自“二帝三王”以下，中国历史倏然由民主变而为专制的根源。

① 《论语·为政》。

② 《论语·颜渊》。

基于此种认识，胡礼垣提出了以法治国的政治理念。他认为，为了确保民主政体的长治久安，应当汲取“二帝三王”的经验教训，在治国理念上，除大力弘扬“尚德”之外，还应该提倡立法、尊法，以法治国，将全国人民的意愿统一在法律之下，让法律成为全民族共同遵守的最高道德，让法律成为全民族道德品质的鉴定标尺，让法律成为人民权利的最大保护神，据此实现在法律面前人人平等的治国理想。胡礼垣乐观地认为，这样以来，就能自然而然地避免“二帝三王”时期的“人存法存，人亡法亡”的弊端，从根本上断绝代表家族利益的专制制度的存在根基。他说：“专制既破，宪政既行，则是法存人存，法亡人亡，君民皆自愿受治于律法之中，与专制时适相反。”①

从第四章开始，胡礼垣论述了专制制度在中国的产生、发展以及给中国社会所造成的深重灾难。他认为，秦始皇是中国专制制度的始作俑者，汉朝刘邦是一个为虎作伥者，正由于这两个私欲极强的人的出现，在中国延续了数千年之久的民主政体惨遭夭折，从此开启了一个惟我独尊，视人民为猪狗的专制时代。为了争夺这个定于一尊的至高权位，千百年来历朝历代不知酿造了多少人间惨祸。秦二世胡亥杀兄②、吕后断戚夫人手足③、曹操司马懿父子“欺人孤儿寡妇”④、西晋“八王之乱”⑤、随末王世充之反、⑥唐朝的“女宠、宦官、藩镇”三大祸⑦、宋朝的“烛光斧影”⑧、元世祖忽必烈的“贪残好杀”⑨、

①～③　《胡翼南先生全集·民国新乐府并序》(265)卷45，3页。
④～⑨　同上，4页，5页，6页。

明朝叔侄相杀的“靖难之役”①、清代遍及朝野的“文字狱”②等等，人间悲剧产生的根源，专制制度实在是难逃其咎。胡礼垣认为，伴随着中国封建统治的延续，由专制制度带来的祸患呈现出越来越重的趋势，尤其在元明清三朝，这一特征体现得最为明显。

《民国新乐府》的第九章，集中概述了元朝统治者的残暴行为：

元胡逐逐来沙漠，南北中原如火灼。
铁木真传四世才，红羊白马移蒙索。
鲸鲵相引食人多，鹰犬反甘为敌掠。
团体平时不讲求，同胞到此难联络。
攻城不下即屠城，恶感都从异族生。
东讨流尸浮海满，南征积胔与山平。
争皇但欲行凶德，作帝徒成好杀名。
杂骨饮头人理绝，百年何久迟朱明。③

在这首诗的注释中，胡礼垣列举了元朝自开国元勋铁木真以来的残暴事实。他说，元太祖铁木真嗜杀成性，依靠着血腥的屠杀，完成了对蒙古各部落的统一，在踏上扩张、征伐的道路之后，所到之处，常常会出现“千里无人烟，万里无鸡鸣”的悲惨景象。元世祖忽必烈继位后，更是将其祖宗

① 《胡翼南先生全集·民国新乐府并序》(265)卷45，7页。
② 同上，8页。
③ 同上，6页。

杀人如麻的恶习发挥到了极致,单单是东征日本、南讨交趾就死伤数十万人,浮尸盈海,白骨满壕。据张溥《史论》所称,"征日本而胔积东洋,击交趾而尸高战骨"。另据《元史》记载,仅忽必烈即位以来,"杀人共计一千八百四十七万有奇"①。在追讨南宋王朝的过程中,忽必烈更是干出了令人发指的暴行。他命令元军所到之处大肆发掘宋朝王室与大臣的坟墓,仅仅在绍兴一地,就有101处陵墓被挖掘,并且准备将挖出的的尸骨,掺杂上牛骨、马骨,制成"镇南浮屠"。最令人难以接受的是,元世祖忽必烈竟然将宋理宗的头颅,经过炮制,作为饮器使用。所有的这一切,无不体现了元朝统治者的凶残。

明朝统治者在继承元朝统治的同时,也继承了元朝统治者的残暴习性,且呈现出有过之而无不及的趋势。如果说,元朝统治者的凶残主要是在异族之间进行的话,明朝统治者的暴虐则更多地在骨肉同胞之间展开。明太祖朱元璋死后,为争夺皇位,其子朱棣与其孙朱允炆不惜兵戎相见,全然不顾及骨肉之情。一次"靖难之役",就造成了无数冤案,"逾百万"人死于非命。后期的宦官专权,更是造成了明朝数不胜数的冤假错案。大宦官王振、魏忠贤自恃有皇帝的宠信,恣意妄为,专横跋扈,动辄兴狱,大开杀戒。明王朝将君主专制统治推向了一个新阶段。对明王朝的残暴举动,胡礼垣《民国新乐府》诗集第十章的下阙这样写到:

---

① 《胡翼南先生全集·民国新乐府并序》(265)卷45,7页。

岂期隔代即情迁，同室操戈剧可怜，
靖难兴兵冤满地，效忠殉节怨滔天。
胡蓝惨狱传家法，王魏刑余弄帝权。
专制到头凶若此，唐宗汉祖总依然。①

同室操戈加剧了内部的分裂，加速了明王朝的灭亡，得渔人之利的清王朝乘虚而入。在《民国新乐府》诗集第十一章中，胡礼垣带着时代所特有的大汉族主义情绪，历述了清朝立国的缘由，认为，清王朝之所以能够在中国存在了近300年，是因为前有吴三桂、洪承畴，后有李鸿章、左宗棠等汉族败类的支撑。这些败类为了寻求光宗耀祖，追求个人的荣华富贵，置“夷夏大防”的祖训于不顾，甘愿作满族的鹰犬，任其驱使，毫无廉耻之心。贪生怕死的洪承畴，“冲冠一怒为红颜”的吴三桂，打开了满族由关外通往关内的大门，帮助清朝实现了入主中原的春秋大梦。李鸿章、左宗棠之流则在清王朝行将垮台之际，投笔从戎，组建淮军、湘军，挥兵上阵，大开杀戒，辅佐清王朝度过了困难时期，进入了所谓的“同治中兴”，继续着对中国的统治。汉族的不自重，更使满族视汉人如猪狗。遥想当年，满族入关之初，就强迫汉人改换服饰、发型，发出了“留头不留发，留发不留头”的通牒，敢有不从者，概杀无赦。翻阅清初的历史，看到的是斑斑血迹。清朝大军所过之处，留下了“扬州十日”、“嘉定三屠”等惨绝人寰的暴行。数千年积淀而成的习俗，最终变成了暴力的奴仆。剃发留辫是女真人的习俗，演化成满汉民

① 《胡翼南先生全集·民国新乐府并序》(265)卷45，7页。

族共同的习俗,象征着满族统治的确立。一条长长的辫子,记载着满族的兴盛衰亡,诉说着汉民族的悲欢离合。

不仅如此,清王朝为了实现区区百万之满族对泱泱四亿之汉族的牢固统治,彻底征服人口众多的汉族人,在军事上残杀的同时,还在文化思想领域大兴文字狱,对不利其统治的思想言行,进行了严厉钳制和残酷镇压。据史料记载,在康熙、雍正、乾隆三朝,尤其是雍正、乾隆时期,文字狱达到了登峰造极的地步。对一切文字著述,只要统治者认为触犯了君权,或者有碍于自己的统治,便被目为"狂吠""异端""悖逆",必兴大狱,置之重典,常常是一案株连数百人。如1663年(康熙二年)的"庄氏明史案"。浙江潮州富商庄廷鑨请人增编《明书》,真实地书写了明末天启、崇祯两朝的一段历史,如建州卫与明朝的关系等,被认为是有意反清,庄氏全族和为此书写序、校对以及买书、卖书、刻书、印刷等共70余人被斩杀,还有数百人充军边疆,已经死去的庄廷鑨也被剖棺戮尸。发生在雍正年间的查嗣庭案更是令人匪夷所思。1726年(雍正四年),查嗣庭为江西省的主考官,出的题目是"维民所止"。这本是儒家经典《论语》中的一句话,不料清王朝竟认为"维止二字,意在去雍正二字之首",即诅咒当朝皇帝暴死,遂将查嗣庭投放大狱。后来查嗣庭死于狱中,仍被戮尸。其亲属有的被杀,有的被流放。1728年(雍正六年)的"吕留良案"更是将文字狱推向了顶峰。浙江吕留良所著诗文和日记中有激烈的夷夏之防等言论。湖南曾静与弟子张熙,因受其思想影响,在劝四川总督岳钟琪举兵反清的书信中,列举了雍正帝的九大罪状:一害父夺位,二逼母殉死,三阴弑其兄,四屠弟,五贪财,六好杀,七耽酒，八淫色，九诛忠用奸。后因岳钟琪奏报朝廷，惹得龙颜大怒，下令将吕留良家属、师徒，以及其他与此事件有关的人员一律治罪。主要人物死者戮尸，活者斩首，受牵连者或被杀头或被流放，或发配为奴，轻者亦受杖责。清廷且于次年九月，将吕、严、曾、沈所著之书及其言论、历次所下谕旨编为《大义觉迷录》一书，刊布学宫，颁行天下，以示警戒。乾隆时期织结的文字网罗更是严密，哪怕是朝廷命官，无论平时多么受宠，只要被认为稍有“不安分”的表现，就会横遭杀身之祸。

胡礼垣认为，清朝长期推行文字狱，钳制了人民的思想，限制了人民的自由，将人与生俱来的聪明才智扼杀于摇篮之中，造就了一个毫无灵性、木讷、呆板的族群，致使中国文化难有新的突破与发展。这就是中国文化长期落后于西洋文化的症结所在。这就是自鸦片战争以来，中国在历次对外民族战争中惨败的症结所在。

随后，胡礼垣把矛头指向了君主专制制度。他说，清朝统治者之所以强力推行文字狱，归根结底是为了强化君主专制制度。由此可见，君主专制制度是中国贫穷落后的根源。中国要进步，中国要发展，中国要想跻身于世界文明国家之列，就必须根除君主专制制度。除此之外，别无他法。况且，在文明趋向于大同的今天，君主专制已经成了阻碍历史演进的绊脚石，废弃它已是大势所趋，人心所向。可以断言，随着辛亥革命的爆发，统治中国近300年的清王朝的末日指日可待，长存中国数千年之久的君主专制的末日指日可待。当这一黑幕落下之后，一个崭新的中国将冉冉升起，一个觉醒的民族将巍然屹立。中华民族将由此昂首阔步，迈向新的世纪。此处引胡礼垣的诗词为证：

莫谓满洲能越俎，太阿授柄谁教可。
初招入国自洪吴，更为中兴来李左。
人事天时岂偶然，逢机构会皆因果。
此因此果合而言，只是汉人忘有我。
屈指依稀三百年，当头专制一条辫。
此辫直与国终始，后世闻之亦辗然。
好学功成文字狱，免粮恩等乞儿捐。
文明阻塞伊胡底，政界何能不改弦？①

第十二章是《民国新乐府》诗集的最后一首，胡礼垣盛赞武昌起义是顺应民心、合乎时势的正义之举，反映了在欧风美雨的洗礼下，已经觉醒的中国人民，再也不愿匍匐在君主专制制度的脚下，做一个毫无尊严的"苟活者"。伴随着亿万人民大觉醒而来的，必定是旧世界的坍塌和新世界的诞生。在此，胡礼垣指出："夫文明所趋，势无可压，君不肯改，则民必改之。事有必至，理有固然。"武昌首义后，风起云涌的反清独立浪潮，正应验了胡礼垣12年前在《新政变通》一文中所预言的一切。对此，胡礼垣欣然写道："今日人心知反正，太平万岁三旬定。狂澜倒挽海隅清，唳气齐祛寰宇净。公理强权天下平，变通久大时中圣，岂徒中国复光华，将使六洲来善庆。"酣畅淋漓之情，溢于言表。对于推翻君主专制统治，开创民国新纪元的革命党人，胡礼垣给予了

① 《胡翼南先生全集·民国新乐府并序》(265)卷45，7～8页。

高度评价，称他们是“自强不息”的“义士”、“仁人”。

常言道：“骑马打天下难，下马治天下更难”。深谙此理的胡礼垣在诗集的后缀中，警示世人，在中国这样一个拥有数千年君主专制传统的国度里，实行民主共和是一项前所未有的伟大事业，通往民主共和的大道，决不会一马平川，必定还会出现各种难以预料的坎坷。清王朝虽然行将被推翻，但君主专制的毒草并没有随之根除，在未来的岁月里，只要有一点风吹草动，它就有可能死灰复燃，卷土重来。为了使民主共和的旗帜永久地飘悬在中国天空，胡礼垣谆谆告诫同人：“虽然破除者其事巨而简，建设者其事细而烦，深愿始事诸君，善持其后，而识时抱道之士群出而共济之，以期于至善，则鄙之大愿庶乎其尽偿也。”①

胡礼垣的担心并非多余。武昌起义后，南方各独立省区曾展开了一系列的权力争夺。先是参加起义的立宪派与革命党人之间的争夺。立宪派成分较为复杂，既有清王朝的政府官员、封建士绅，也有受过新思想影响的知识分子，因不满清王朝的腐朽无能而参与了推翻清王朝的武装起义。在革命获得成功，中国将向何处去的紧要历史关头，以汤寿潜、张謇等人为代表的立宪党人相继发难，试图建立一个由袁世凯掌权的立宪政权。后是革命党内部的权力争夺。这主要表现为武昌与上海之间的争夺。武汉三镇的革命党人凭借首义之区的有利条件，强烈要求将武昌作为新政权的所在地，成立一个由黎元洪任总统的国民政府。该主张遭到了上海地区革命党人的坚决反对。以

① 《胡翼南先生全集·民国新乐府并序》(265)卷 45，8～9 页。

上海都督陈其美为代表的共和国元勋认为,论贡献论才干论影响,黎元洪与武昌皆不适宜作为总统与政府所在地。未来的政府应当设立在上海或者南京,未来的民国总统也应在孙中山与黄兴之间选择。一时之下,南方各独立省区呈现出了一种极度混乱的状态。

远居香港的胡礼垣对此深为焦虑。借与革命党人的关系,上书建言,也就成为他惟一能够做的事情了。1911 年底与 1912 年初,胡礼垣给伍廷芳寄去了一封长长的书信,表达了对时局的关心和未来中国的前途走向。早在 54 年前,胡礼垣就与伍廷芳结识。1857 年,当伍廷芳还是香港圣保罗书院的学生时,胡礼垣就拜伍廷芳为师,学习英语。后来,由于伍廷芳与何启的特殊关系,自然也成就了胡礼垣与伍廷芳的熟悉。1911 年武昌起义后,闲赋在上海的伍廷芳接受了陈其美的邀请,出任沪军都督府外交总长,不久又受全国各独立省区推荐,担任南北和谈南方总代表,成为举世瞩目的人物。上书伍廷芳成为胡礼垣的首选。

胡礼垣在书信中,高度评价了民军反清的正义性。他说:"民国军之起为反正也。将来政体则共和,国体则民主。举数千年来篡弑攘夺杀伐凶残之惨,扫而空之,使不复见。是盖太平万岁,开宗明义之第一章,开辟至今,拨云见日之第一世。微特汉人之所望,抑亦满人之所思;微特中国之所欣,抑亦外国之所悦。观于群雄之共守局外,蒙古之独立,毅然概可知矣。"[1]再加上,全国各地接踵而起的反清独立。这一切正吻合了孟子所说的"天时、地利、人和",真可谓是天意之不可违,

① 《胡翼南先生全集·致伍秩庸书》(266)卷 59,4 页。

人心之不可抗。

针对当时少数人反对共和，拥戴清王朝的行径，胡礼垣进行了深入的剖析。他认为少数人的倒行逆施，纯粹是“祸福不分，利害不别，名声不顾，杀戮不辞”。究其原委，全在于此类人渗透于灵魂深处的奴才性和自私性所导致。欲消解此类问题，可用兵威、孤立、揭批三管齐下的办法。具体就是：“厚集兵力，以夺其魄；联络一气，以形其孤；多用间谍，以发其奸；宣昭大义，以彰其诈。始事诸君，谋定后动，应智沉几，热血豪怀，琴心剑胆，知必有以善处之矣。”

在书信中，胡礼垣向伍廷芳提出了一个解决汉满民族矛盾，速定共和的方案。胡礼垣认为，由于历史的原因，根深蒂固的民族矛盾，造成了民族之间互不信任的格局。与每次王朝更替相伴随的，既有民族之间无休止的杀伐，也有汉民族与少数民族之间的失国、得国的猜疑。这既是历史的可悲，更是中华民族的悲哀。同时，也是眼下共和旗帜难以在全中国上空飘扬的根源所在。在人类社会已经进入20世纪的今天，应理所当然地避免历史悲剧的再度发生，万万不可固守历史陋俗，以怨报怨，做亲者痛，恨者快的蠢事。“满清用人既已大错特错，深愿民国军勿踵其错，而为后世之累也。”为了消除主要是来自满蒙等少数民族的阻力，结束国内混乱的局面，迅速建立民主共和国，胡礼垣主张，应在民族平等的观念下，本着相互尊重，相互理解，和平共处的原则，兵不血刃地解决长期存在的民族纷争，扫清建立共和国的障碍。具体说来就是：“满以代满，汉以代汉，直接施受，然后彼此无猜，群疑可释。苟将此义先行布白，则彼之居间把持者自知无功之可居，无利之可得，而其私心之必不能以遂也，当亦废然自返矣。”

胡礼垣追忆师生之情，称颂伍廷芳的雄才大略，言明自己的志向。他说，早在54年前您老就是我的业师，只可惜由于自己生性懒惰，没能陪伴先生左右，有负先生厚望，但先生的教诲如黄钟大吕，没齿难忘；先生的宏论，绕梁三日；先生折冲樽俎之才，更令我辈高山仰止。近来读了先生所著《慎食卫生》之书，学生受益匪浅。值此国家动荡之际，正是先生大展宏图之时，万望先生“运旋转乾坤之手心，行乎天之一周畅，箴锥今古之言名，极乎地之九有，为中华植平等自由之福，为寰宇立大同至治之基”。学生现在身居局外，虽然不能披坚执锐，建功立业，但对时局的关切之情时刻萦绕在心，眼下我所能够做到的就是，以笔代舌，“使闻风者有进无退，庶几尽我区区也”。随信寄去学生一个月前的新作——《新汉乐府》(即《民国新乐府》)。该诗集共12章，又名《世界反正篇》，“纯用排拶法，以明专制之毒，正宜于此时洗刷净尽也”①。尽管革命尚未成功，还不到鼓乐庆贺之时，但可以肯定地说，推翻清王朝，建立民主共和国的日子已经为期不远。为了坚定世人共和必胜的信念，还望先生鼎立推荐，在各大报馆登载，广为传布。如事之能成，也算是学生对共和事业所尽的一份心力。

伍廷芳对胡礼垣的书信给予了高度重视，遂在南北和谈紧张之际回信作答。可惜的是，由于资料的匮乏，伍廷芳回信的全文难以找到，但从胡礼垣“再答伍秩庸书”中，可以窥见一些内容。

---

① 《胡翼南先生全集·致伍秩庸书》(266)卷59，5页。

胡礼垣第二次上书伍廷芳的时间，现存史料没有明确记载，但从书信中所涉及的内容分析，此封书信应当是在清王朝垮台之后，也就是在 1912 年 2 月 14 日之后。

称颂先生，恭维先生，自然是书信的必备内容。胡礼垣在书信的开篇中说道：

> 捧诵还云，如亲大教，缅怀道范，尤切遐思。新政府成立而后，读电告各省及表布列邦之文诰，一则提纲挈领，硕画井然。一则吁众呼天，情真语挚，按切时势，感动天良，无过于是。乃知民主作用与前朝专制君主以虚文笼络天下者迥乎不同也。今者满清之逊国终成，汉土之共和已立。民权之色，变作风云，兵气之光，销为日月。甲犹揖乎北伐，琴已鼓乎南风，揽辔澄清，空诸前古矣，而非大才，干济洞中机宜者，曷克臻此？按外交、法政二者，实为和众安民之要领。今得先生以为指南，是诚缔造邦基之幸。①

胡礼垣向伍廷芳合盘托出了自己的治国理念，描绘了一个“大同世界”的宏伟蓝图。他说，自己向来怀有“大同”的理想，深盼全球各国，友好相处，消灭战争，结束人类永无休止的征战杀伐。倘若国与国之间发生争执，则由“万国和平会”审议公断。届时，由各国公举一位德高望重者为“全权会长”，各国公使为陪审员，先由争执双方各自申述理由，说

① 《胡翼南先生全集·再答伍秩庸书》(266)卷 59，6 页。

明原委。与会者将根据双方的陈述,“判断曲直”。对事端的挑起国,给予一定数量的罚款,但不许兴师动众。假如被判赔款之国拒不执行“万国和平会”的判决,全球各国则联合起来,共同对其实行经济制裁,断绝其货物流通。如此以来,各国就可以将节省下的兵费用于发展与国计民生有关的工贸事业,推广各项工艺技术,教会人们谋生的手段。胡礼垣乐观地认为,这样一来,全球万国就再也听不见隆隆的枪炮声,种族与种族之间,和睦相处,彼此友爱,到处都是一派物产丰盈,国泰民安的新气象。

在中国未来的发展走向上,胡礼垣提出了自己的治国之道。他认为,当前的中国正处在一个整体的社会转型时期,旧制度已经被推翻,新政权业已确立,“此实为天下和战转棙之机关”。倘若在对外民族战争中屡战屡败的满清政府“兴言弭兵”,必定会被列强各国传为笑柄。现在情况则不同。民国已经成立,“专制之毒害已除”,“际此而倡为万国弭兵之议,想各国心理相若,必无间然”。刚刚诞生的南京临时政府应当抓住这千载难逢的机遇,在新纪元开创之际,与世界万国订立永久和平条约,“修文偃武,只凭公理而行,惟以道德相尚”。将枪炮铸成家具,战舰改作商船,军费变为商本,联合世界上千百万太平无事的士兵,专心于“开物呈功之实业”。[①] 展望前景,胡礼垣充满了乐观之情。“洵是也,世界之庄严应操左券,尚何有于植民均富者之煦煦以为仁,孑孑以为义哉?”

胡礼垣向伍廷芳大谈其和平观念。认为,天下万国虽然

---

① 《胡翼南先生全集·再答伍秩庸书》(266)卷59,7～9页。

争战不休，但总归要化干戈为玉帛，趋于和平。拿破仑可以称得上是雄才大略，但他也不能"搀列国之民权"。英国可谓雄霸寰宇，它也仍然不能"遏美邦之自主"。这是因为，"民权、自主为守国之方针，保邦之命火。强弱虽异，轻重则同"。1870～1871年的普法战争，割地赔款为"古今之最烈"，但现在德法两国已经和好如初。1904～1905年的日俄战争，"攻坚破浪为宇宙所震惊"，现在两国也已经订立和平协约。由此看来，"诚与正者，事事物物之终始"。"出百诡而后归于一诚，不若纯以一诚而消其百诡。试千奇而后归乎一正，不如专以一正而化其千奇。"可以设想，假如法德日俄等国早知兵战凶危，不可轻试，必定会以和平为念，"省费安民，早臻极乐"，这样，自然也就不会有"国耗民残"之后的后悔。可以肯定地说，"战胜攻取之说，必非文明大启之世之所宜称"。早在数千年前，中国的先哲们就对此有过论断。孟子曾经说过："善战者，服上刑。"

基于此种认识，胡礼垣建议伍廷芳等共和国的缔造者们，"沉几观变，奋迹匡时，请揭进化之精神，发为至大、至公、至中、至正之确论，使万流仰镜，四裔倾心，作鲁仲之息纷，为臧洪之首歃，措天下于正直、荡平之路，牖斯人以民胞物与之衷，复礼归仁，中外禔福，胥是道也。伟绩隆名于古无两，敢以一时千载之机会难逢者为我公"①。

胡礼垣告诉伍廷芳，此番道理数月前曾经与英国在华

① 《胡翼南先生全集·再答伍秩庸书》(266)卷59，8～9页。

的著名传教士李提摩太[1]交流过[2]。李提摩太对胡礼垣所阐发的"争战者之为害,弭兵者之为利"的见解颇为赞同,并特地将此书信推荐给《大同报》,准备予以刊载。现在,特将给李提摩太的书信抄录一份与您,并随信寄去三本去年写成的《伊藤叹》诗集,请转交时任南京临时政府外交总长的王宠惠和曾经出任南方和谈副代表的温宗尧,万望诸君从伊藤博文死于非命之事吸取教训,倾心和平,造福国家。

胡礼垣的社会资源是丰富的。除了与伍廷芳、王宠惠、温宗尧等共和元勋们有千丝万缕的联系外,同孙中山的关系更为直接。这也促成了胡礼垣上书孙中山一事的出现。

1911 年月 12 月 25 日,正当南方独立各省争权夺利愈演

① 李提摩太(Timothy Richard,1845～1919),英国基督教(新教)传教士。威尔斯人。1870 年(同治九年)受英国浸礼会差会派遣来华,1887 年前,先后在山东、东北和山西等地传教,并与清政府官僚结交。1900 年(光绪十六年)7 月应李鸿章之聘赴天津主办《时务报》。次年任同文书会(后改名广学会)总干事,联合基督教各团体扩大在华行动,出版大量书刊宣传基督教,传播西学,也附和中国的维新运动。1895 年 10 月,在北京与康有为会晤,参加强学会,企图将维新运动纳入他们的轨道。中日甲午战争后,著有《新政策》,要求清政府设新政部,多次向张之洞、李鸿章建议将中国置于英国的保护之下,向翁同龢提出"聘用外国顾问"、"成立半数由外国人参加的内阁"的所谓"新政策"。1898 年 9 月赴北京拟任光绪帝顾问,因慈禧太后发动政变而未成。1900 年到美国活动,鼓动美国政府参加联军镇压义和团运动,又印发《如何在中国恢复秩序意见书》给各国政府,要求对中国实行国际共管、各国派遣常备军分驻中国、组织最高法庭审理联合内阁产生的纠葛等主张。1902 年勒索山西省地方赔款设立山西大学堂并直接控制该校的西学书斋。他竭力反对孙中山领导的辛亥革命,后又支持袁世凯的反动政府,并攻击中国人民的民族觉醒运动。后死于英国。主要著作、译作有:《留华四十五年》《广学会年报》、《时事新论》、《泰西新史揽要》等。

② 关于胡礼垣与李提摩太的交流情况,见胡礼垣《寄李提摩太书》,《胡翼南先生全集》(266)卷 59,9～15 页。

愈烈之际，孙中山回到国内，填补了辛亥革命后南方出现的权力真空。12 月 29 日，孙中山以绝对多数当选为中华民国临时大总统。1912 年 1 月 1 日，孙中山在南京宣誓就职。凭借着好友何启与孙中山的特殊关系，胡礼垣继上书伍廷芳之后，又上书孙中山，再三阐明其以和为贵的大同理想。

胡礼垣上书孙中山的时间现存史料没有明确记载，但从上书的内容和孙中山回函的时间上推断，大致在 1912 年 1 月至 2 月间。从上书的内容看，胡礼垣此次上书并没有什么新的见解，只是重复了此前上书伍廷芳的意思，重点突出了弭兵息战，注重实业这一主题。在上书中，胡礼垣先是表彰了孙中山为首的革命党人数十年来为推翻清王朝所立下的不世之功，称颂“民国军之起也，如春霆，如旭日，如太阳之沃霜雪，如大旱之现云霓，水未到而渠成，风乍吹而响应。稽之史册，亘古未闻”。胡礼垣道出了上书孙中山的目的所在：

> 仆义主大同，心怀至治。际此昌期聿应，尤思进我深言，以谓通工易事，相助为理者。一国国内之情，亦天下环球各国相与为国之情也。夫事愈推则愈广，力愈合则愈宏。诚使天下各国之人，融其畛域，忘其形色，惟以自由为主，彼此皆相生而不相尅，相爱而不相憎，视己犹人，冲融和会，相与通力合作，酌有济无，以共开宇宙之丰功，以扩张斯人之幸福，攀天堂如尘土，化鄙陋为庄严。洵如是也，世界之欢娱，曷其有极？①

① 《胡翼南先生全集·与孙中山书》(266)卷 59，2 页。

胡礼垣在书信中提请孙中山，待北伐成功之后，可遣散各省巡警队，“以兵办警，则人无冗员，其费亦省矣”。新政权将集中一切人力物力，专注于“商务工业”。如此一来，“人皆生利，而利无不兴”；“路皆坦荡，国尽和亲，大同之基卓然成立，由此而进，郅治可期矣”。

为了让孙中山更好地了解自己的大同思想，胡礼垣随信寄去了近期的三部作品：《梨园娱老集》《伊藤叹》《民国新乐府》。

收到胡礼垣来信后，孙中山于百忙中当即复函。孙中山在信中写道：

> 周宇传来言，知陶弘景必无能致之理。拜读华函，并大著三册，崇论闳议，钦佩无已。此次南军崛起，朔虏败北，几月之间，使东南半壁，气象一新者，自是我族茹苦含辛，久困必享之所致，文何功焉！所愿虏酋知机，及今逊位，不劳兵力，克底共和，还大汉之河山，免生民于涂炭，则文之志也。来教主张大同，尤其婆心济世，蒙虽未逮，敢不勉旃。①

八、皈佛唱颂送终年

辛亥革命如同一场来势迅猛的暴风骤雨，在最短的时间内涤荡着旧制度，冲刷着旧世界，给灾难深重的中华民族带来

① 《孙中山全集·复胡礼垣函》第二卷，中华书局，1982 年，143 页。

了前所未有的变化。但是，还应该清醒地看到，辛亥革命尽管推翻了清王朝，但却没有根除封建制度所赖以存在的社会基础，没有从根本上改变最广大民众的社会心理。因而，注定了辛亥革命的不彻底性。从 1912 年 2 月 12 日清帝宣布退位，到 4 月 1 日孙中山宣布正式解职，中华民国南京临时政府仅仅存在了 48 天，孙中山在中国历史上首位大总统的宝座上也仅仅坐了 88 天，便迅速让位于袁世凯。袁世凯当上了临时大总统后，在帝国主义和中国封建势力的支持下，先是铲除异己，武力消灭南方军队，继而走上了帝制自为的道路。1915 年 12 月 13 日，袁世凯在北京居仁堂受文武百官朝贺，改国号为“中华帝国”，以 1916 年为“洪宪元年”，并决定元旦举行“中华帝国皇帝”的登基大典。

中国历史在转了一个圈后，仿佛一切又回到了老样。社会的沧桑巨变，极大地刺激了胡礼垣。曾几何时，胡礼垣将中华民国南京临时政府视为实现大同理想的可靠保证，中华民族走向新生的开始，并为此倾注了满腔热忱。孰料，现实同他开了一个最大的玩笑。随着暴风骤雨的消失，中国的上空依旧是黑云密布，中国人民依旧生活在水深火热之中，割地赔款条约依旧是接踵而至。面对着国将不国的严酷现实，回忆数十年来的泣血追求，胡礼垣悲痛欲绝，寝食难安。胡礼垣再次面临着人生的选择。在一个相当长的时间里，胡礼垣陷入了苦苦的思索之中。夜幕降临后，胡礼垣时常带着悬而未决的心绪，一个人在香港“厚丰园”中披衣散步。灯影下，他的身影是那样的孤寂悠长。花白稀少的头发，渐趋消瘦的身体，胡礼垣百感交集，凄凉无限。几十年的奔走呼号，几十年的壮怀激烈，几十年的惨淡经营，换来的是南柯一梦。如今青春不再，强魄已逝,何处才是自己的归宿地?

经过一番痛苦的思索,胡礼垣步入了中国近现代史上许多思想家曾经走过的道路。既然理想在现实中已经破灭,为了寻求心灵的寄托与安宁,倾心向佛自然就成了胡礼垣此时的惟一选择。于是,胡礼垣人生的另一个侧面便凸显出来。

辛亥革命成为胡礼垣人生转变的一道分水岭。辛亥革命以前,胡礼垣是一位见识超群,奋发有为的思想家,辛亥革命以后,胡礼垣则成为一位热衷于佛教的信徒,含饴弄孙的长者,大有东汉明德马皇后"吾但当含饴弄孙,不能复关政矣"的作派。从现存史料看,辛亥革命后,胡礼垣在上书伍廷芳、孙中山之后,主要是在读经颂佛,作诗唱和,享受天伦之乐中打发时光的。可以胡礼垣所作的一首名为《头绪》的七绝诗为证。

头绪纷如不断丝,一程来了一程追。
直须炊到黄粱熟,始是庐生梦醒时。①

诗文形象地刻划出胡礼垣在辛亥革命后的失落心境:大梦觉醒之后,留给思想家的只能是凄凉的心绪,孤寂的情怀。激流勇退,归于平淡,成为了胡礼垣在辛亥革命后的一种人生选择。有《勇退》一诗为证。

生长江南鬓已皤,也曾积学戒蹉跎。

① 《胡翼南先生全集·七绝》(265)卷45,25页。

书生敢与人论福，老境惟期乐省窝。
朊仕荣华辞最早，太平岁月享犹多。
倘非勇退甘闲散，或恐亨衢有折磨。①

面对辛亥革命后中国日趋恶化的现实，追忆为求变法惨遭屠杀的谭嗣同等"戊戌六君子"的血腥事例，胡礼垣为能保全性命而庆幸。但细细品味，这决非诗人真情的告白，此诗流露出胡礼垣对人生更多的无奈。此诗当是胡礼垣在屡起屡挫之后消极、逃避的写真。

生活还要继续，日子还要进行，放弃乃至逃避时事，成为思想家一种无奈的选择。从卷帙浩繁的《胡翼南先生全集》中可以看到，胡礼垣在辛亥革命后传至后世的作品，就主题而言，已经不再是对国家前途命运、对现实问题的强烈追问，他更多关注的是平淡无奇的生活琐事，以及对自己人生际遇的回忆。从胡礼垣称自己为"野夫"、"闲民"中窥见一斑。民国二年(1913年)后，胡氏在为其友梧桐山人邵村田子所作《梧桐山诗文第四集》序中说道："我则老夫衰矣。春蚕未死，剩有余丝，蟾魄将沉，空留残照。"话语中流露出壮士暮年，空寂无奈的心境。故在其中，胡氏以"崔元山濑乡记曰老师为十三圣，师养性得仙，各自有法，凡三十六"为自己境况而写真、辩白。其实，通篇文字流露出的是胡氏晚年诸种复杂的心态。既有对威风八面，挥戈杀敌，建功立业，名垂青史，彪炳史册的渴望，如"长城饮马，塞北扫氛，功勒燕然，推倒卫霍，不亦仙乎？"也有久居淡泊宁静生活之后的坦实，和对著书立说，屡有

① 《胡翼南先生全集·七绝》(265)卷45，10页。

收获,且能引起社会较大反响的满足。如“家人重逢,其乐融融,妻子不拗语,良子不胡行,不亦仙乎?”“桑麻遍野,家有余积,时会宾朋,恒歌酣饮,不亦仙乎?”“遍种百花,满园春色,艳若桃李,芬芳扑鼻,不亦仙乎?”“劫后余生,遣兴投稿,屡蒙揭出,文字有缘,不亦仙乎?”“立一说丛,风行社会,著一部书,蚪醒神魂,不亦仙乎?”又有文人墨客式的洒脱无羁,仿效庄子云游天下,“修到梵天,只从慧业,高寻云景,无害肉人,不亦仙乎”①的宗教情怀。

根据胡礼垣大量感悟诗篇可知,辛亥革命之后,胡礼垣是在平淡无奇中度过的。清晨醒来,一杯家人递上的热牛奶,高兴之余,顿生诗趣,遂成绝句一首。这便是“入冬日饮牛乳一升以代朝粥戏成绝句”②。盘中餐虽说多是野菜、粗粮,但并不妨碍诗人诗绪大发,遂成诗句“野蔌”③。茶余饭后,胡礼垣漫步庭院,突然发现墙角堆积了数以万计的蚂蚁,跑前跑后,忙个不停。胡礼垣好生奇怪,赶忙俯下身来,细细观察,原来是两帮蚂蚁正在为争夺地盘而战。蚂蚁们在各自首领的带领下,全线出击,奋勇搏杀。大战过后,地上留下了无数残缺不全的蚂蚁尸体。此情此景,触动了诗人敏感的神经,遂写下了

① 《胡翼南先生全集·文集汇钞》(266)卷51,“梧桐山诗文第四集序”,1～12页。
② 《胡翼南先生全集·七绝》(265)卷45,22页。诗文:“清晨饫我乳花香,省得张苍子妇忙。笑问奶婆何姓字,遥遥华胄出奇章。”
③ 同上。诗文:“菜根风味出江村,恰称田家老瓦盆。辣玉甜冰常馔足,不知世有乳蒸豚。”

"蚁阵"[①]诗篇，以蚂蚁鏖战为例，比喻人类的厮杀，讥讽称王霸土的好战者们，到头来只落得个戕杀生灵，遗臭万年的可悲名声。春暖花开，夜色如画，结束了一天的劳作之后，一家人聚在庭院内。儿孙的追逐嘻闹，感染、激发了胡礼垣的童心，跃跃欲试之情顿生胸间，谁知刚一起身，顿觉腿老体乏，难以支撑，静坐观赏，自不待言。人之将老之意如一阵秋风，掠过诗人的脑际，胡礼垣遂写下感怀诗《春夜看男女孙等舞灯戏作》：

儿女青红乐事多，新年例得免谯诃。
老夫恐蹈唐休璟，不敢随他戏拔河。[②]

儿孙们的游戏结束了，纷纷入室休息。胡礼垣独坐书房久久难以平静，绵绵的思绪又将他带回飘逝的过去。曾几何时，自己是那样的年轻气盛，慨然有揽辔澄清之志，为了实现这个宏大的抱负，数十年来，泣血呼号，奋笔疾书，梦想在国家富强的过程中，体现出个人的价值。然而，命运与他开了一个巨大的玩笑。清王朝是被推翻了，但代之而起的军阀统治，在专制统治上较之清王朝是有过之而无不及。拥有数千年历史的华夏民族依旧是一个任人宰割的弱势群体，东西方列强在中国的土地上更是肆无忌惮，为所欲为。半世探求，半世空。到头来只落得人老体衰，凋零独叹。环顾四周，惟有堆满四壁的书籍为伴。想到这里，一股凄凉之气透过脊背。茫然中，胡

①② 《胡翼南先生全集·七绝》(265)卷45，23页。诗文："万蚁纷纷各逞强，纵强能占几封疆？可怜不自知微末，结阵居然作战场。"

礼垣捉笔赋诗《坐守》：

> 经年坐守故书堆，一事无成信可哀。
> 始觉孟尝门下客，鸡鸣狗盗亦奇才。①

岁月如歌，时光飞逝。“中华民国”这块招牌在中国也悬挂了数年之久。胡礼垣在失意、丧志中延续着自己的生命。1915年底，胡礼垣的生命之旅将要走到尽头。不经意间他发觉自己老了。醒来穿衣，原来合体的褂裤，突然间变得宽肥起来。抚摸着自己渐趋萎缩的肌体，胡礼垣明白了事情的原委。一声长叹中，作诗《渐矮》：

> 上堂须要摄齐升，旧着衣衫觉倍增。
> 儿辈渐长吾渐矮，聊欣跨留有先徵。②

抬手搔头，华发纷纷落下，对镜相视，脑壳光亮如昼。望着所剩不多的头发，胡礼垣一阵惆怅。他清楚地记得，60岁时，自己还是满头黑发③，且常常为头发茂密而烦恼。他曾经说道：“卫生者其发须日梳千遍，山人（胡礼垣——引者注）发少，日日梳之，虽非千遍已苦其烦，遑论鬓发如云者，遑论发垂委地者。山人无事犹以发碍自由，又遑论军国之人，遑论工作之人。”④孰料，几年间，白发代替了黑发，以至于日渐稀少，几乎成了秃子。此情此景，令胡礼垣感伤颇多。他既为伴随了自

①② 《胡翼南先生全集·七绝》(265)卷45,25页。

③④ 《胡翼南先生全集·七绝》(265)卷45,12页。“予年六十时，发犹未白。”

己60余年的头发的消失而悲哀,又为人生的短暂而哀叹。为头发作诗,即为自己的一生作证。胡礼垣遂以"辞发"为题,赋诗四首,信口读来,仍然觉得意犹未尽,于是又以"忆发"为题,写诗四首,作为对前诗未尽之意的补充。其中一首这样写道:

发去招魂异楚词,真同长吉作歌诗。
老聃胎熟人难傲,大眼绳长梦不驰。
一握已偕红线渺,四边惟有紫云吹。
华簪个个秕糠视,物外逍遥得我期。①

胡礼垣是一个敏感的人,越是到了晚年就更是如此。一日,天气晴朗,胡礼垣在家人的再三劝说下,走出庭院,来到街头散步观景。抬头望去,居住在街道两侧的人们,结绳搭线,晾晒衣服。南来北往的行人,经过此处,无不在衣物间低头穿过。看到这里,胡礼垣不禁想起了楚汉争霸时淮阴侯韩信所受的"胯下之辱"。按其秉性,绝无低首穿过之理,但一则此路是其必经之途,一则前面风景独好,难以割舍。胡礼垣站在街头徘徊了好一阵子,最后还是从衣物间穿行而过。这真是"人在屋檐下,不得不低头"。回到家中,想起刚才的经历,胡礼垣感慨万千。自己虽一生追求人格独立,视尊严如生命,绝不与世俗苟合,绝不向权贵献媚,可到头来,纵有满腹经纶,胸怀悬壶济世之志,又有谁肯接受,又有谁能欣赏,更有谁愿重用呢?恍惚几十年,自己不依旧是一介草民,只能在自怜、伤感中打发时光吗?且说今日之

① 《胡翼南先生全集·七绝》(265)卷45,13页。

事,纵有一千个不情愿,可最后不也照样如韩信一般,甘受胯下之辱吗?带着对人生的反思,胡礼垣作诗录下了白天的经历,这便是《新晴民跨街晒衣肩舆多从辂下过》:

积雨初晴衣共晒,街悬穷胯裆裲多。
老夫不受淮阴侮,也复低头胯下过。①

当天晚上,胡礼垣躺在床上,辗转反侧,难以入睡。孤灯青影,煞是凄凉。回想自己一生,笔耕不辍,著作颇丰,但真正能够传至后世的又能有多少呢?想到这里,胡礼垣更是一阵恍惚。胡礼垣明白,就自己一生的经历而论,能对后世产生影响的应该是自己在社会改革理论方面的建树,如果连这一点都难以胜任,可谓是白来人世走了一圈。换言之,其一生对社会无任何贡献可言。想到这里,胡礼垣不禁对自己前半生钟情的著书立说产生了怀疑。此时,鼓楼上的钟鼓响了,在寂静的夜晚显得是那样的嘹亮、悠长。胡礼垣实在难以成寐,索性披衣伏案写下《谯鼓》诗篇:

谯鼓声残即晓乌,床边侧几一灯孤。
不知偶得惊人句,可有前贤说过无。②

一夜无眠,在烦躁中胡礼垣迎来了黎明。

从此以后,胡礼垣更是绝少出门,其住所"厚丰园"是他晚

① 《胡翼南先生全集·七绝》(265)卷45,24页。
② 同上,25页。

年的人生活动舞台，散步赏花成了他每日的必修课程。此处有诗《僮约效李师中体》为证。

少日曾嗤处虱裈，老来习懒成真预。
预颁僮约如军令，除了看花不出门。[①]

晚年的胡礼垣过着深居简出的生活，但与外界的联系并没有割断。进入民国时期，胡礼垣的交友主要是在宗教界。从《胡翼南先生全集》中可以发现，胡礼垣对宗教主要对佛教是颇有研究的，且越到晚年对佛教的兴趣是越加浓厚，以至于到后来成了一个佛教的皈依者，做起了"居士"。胡礼垣传至后世的《灵魂不死》、《作如是观》、《涅槃经论》、《持斋诵经论》、《宗教略义》、《金刚驭世》等篇章，处处展现着他对佛教的探索、研究与钟情。散布在《胡翼南先生全集》中的大量诗作，更是清楚地记录了胡礼垣与佛教界同人的广泛交往。他所写的《读〈吴芝瑛女士传记事略〉感言》高度评价了佛教精神的伟大。吴芝瑛是一位佛教信徒，著有《楞严拓本》，1901 年《辛丑条约》签订后，她在全国发出倡议，创设"女子国民捐"，号召国人为早日挣脱"奴隶法"，踊跃捐款。胡礼垣深为吴芝瑛女士博大的爱国情怀所感动，认定这是倾心向佛的结果。敬佩之余，写下了洋洋洒洒数千言的读后感，文中写道：

始吾阅吴芝瑛女士《楞严拓本》，不事波磔，纯写中峰，笔笔秀劲，如著绣铭，如裁花骨，通体一气。又

① 《胡翼南先生全集·七绝》(265)卷 45，25 页。

如述神授之法，如呈手狎之文，谓是真能以隃麋之迹，生彤管之辉已耳。及读其传记事略帖，乃知女士远迹崇情，深中笃行，豪杰所错愕，能以身先之庸，流所辟睨；必以智决之，易人之所难，敢人之所畏。凡其行之慈祥、爱国，皆其心之诚正、公平视为善。近名者不可同年而语。①

事实上，胡氏在佛教研究上是具有相当水准的。从其所著文章可窥见，也可从现有史料中寻找。他曾经与"一真居士"黎和南合著过《佛理哲学》一书，主要论及华严经、圆觉经、维摩经、楞伽经。也为廉惠卿夫人吴芝瑛女士所写《楞严帖》作过《楞严经论》。还为梅史氏之诗，作过《涅槃经论》。他设想，有朝一日，为《金刚经》、《法华经》作论。此处有胡礼垣的文字为证：

数年前，余与一真居士作《佛理哲学》一书，已将《华严》、《圆觉》、《维摩》、《楞伽》四经论列。去岁为廉惠卿夫人吴芝瑛女史手写《楞严帖》曾作《楞严经论》。兹因梅史氏之诗，复作《涅槃经论》如左，附诸梧桐山二集内，异日如有机缘，当续论金刚、法华二经，以满吾愿。②

胡礼垣的学识与社会影响，决定了他在知识界的地位。其晚年的信佛、讲佛、论佛，同样为他赢得了巨大的社会声誉。

---

① 《胡翼南先生全集·读吴芝瑛女士传记事略感言》(266)卷53，4页。
② 《胡翼南先生全集》(266)卷54，24页。

善男信女们在自觉与不自觉中，皆把他视为同道、觉悟者，纷纷登门求教，切磋教义。在他的影响下，其儿女亲家刘女士也提笔撰文，发表对佛教的感悟。胡礼垣在为其作的序言中写道："余亲家刘女史，道号妙荣，佛号法身大士，生平洗斋最虔，读余桐山二集诗评，欣然起慕，撰序一篇，专函请益，情词恳挚。"[①]无独有偶，受胡礼垣宣讲佛法的影响，胡氏的另一个陈姓亲家的女儿陈善清更是虔诚修佛，以致终身不嫁。对此，胡礼垣曾有过明确的交待。

> 善清者，予陈亲家之女也，号藐姑仙子，貌美而好学，性慧而通灵，求婚者争委禽焉。尝效徐吾之妹故事数年，终以贤才难遇，慨然曰："孟子称大孝终身慕父母，男子尚尔，而况女流。"遂矢志不嫁，长斋绣佛，为父母祈百年寿。[②]

除此之外，胡礼垣还花费了大量时间，为登门求教的佛教中人，写下了一系列的诗评，内容全都是称颂佛法，弘扬佛教。见之于《胡翼南先生全集》的主要有：[③]《邵村氏咏梧桐仙洞三十六景诗评》、《紫东氏次韵梧桐山诗评》、《凤笙女史次韵梧桐山诗评》、《执中氏次韵梧桐山诗评》、《梅史氏次韵梧桐山诗评》、《叶溥霖觥甫梧桐山诗集评》、《刘妙荣女史梧桐山二集序评》、《陈善清女史次韵梧桐山诗评》、《刘妙荣女史次韵桐山诗

① 《胡翼南先生全集》，26 页。
② 同上，27 页。
③ 以下诗评均见《胡冀南先生全集》(266)卷 54，1～32 页。

评》、《少骧氏次韵桐山诗评》、《五云氏次韵桐山诗评》、《梅山氏次韵桐山诗评》、《恒修氏次韵桐山诗评》、《蔚霞氏次韵桐山诗评》、《竹溪氏次韵桐山诗评》、《止端氏次韵桐山诗评》、《修蓬氏次韵桐山诗评》、《世模氏次韵桐山诗评》、《彤阶氏次韵桐山诗评》、《善超氏次韵桐山诗评》、《紫东氏次韵桐山诗评》、《应铿氏次韵桐山诗评》、《庄慕龑次韵桐山诗评》。

胡礼垣对佛教的痴迷，根据现存资料来看，主要在辛亥革命以后。这其中既有个人性情方面的原因，但更多的是辛亥革命后中国日趋恶化的现实深深刺激、挫伤了其改造中国的信心所致。当理想被无情的现实吞没后，当殚精竭虑化为泡影时，留给思想家的往往是悲观、失望乃至绝望。这样，为了排遣内心的紧张，寻求心灵的慰藉，在经过一段相当长的徘徊、徬徨之后，他们常常是选择逃避现实，远离政治，或放荡形骸，在醉生梦死中聊寄余生；或效仿陶渊明"采菊东篱下，悠然见南山"，过起平淡无奇的田园生活；或醉心于宗教，当上披发修行的"居士"。胡礼垣思想脉络的发展变化，也没有超越以上的规律，至少后两种情况他是具备的。

消极无为的生活方式让胡礼垣找到了晚年的乐趣，但却难以抵挡自然规律的淘汰。进入1915年之后，胡礼垣的身体每况愈下。初时，他还能在深秋十月，翻山越岭，踏着清霜，到深山老林中观赏红叶。望着漫山遍野的红叶，胡礼垣每每发出"夕阳无限好，只是近黄昏"的感叹。人生苦短，生老病死难违。此时此刻，想得更多的是对死的恐惧和对生的渴望。秋风中，胡礼垣写下了《山行看红叶》的诗篇，表达了他对人生的眷恋之情。

十月清霖萎绿莎，翻看红锦绚山阿。
天公也有才人习，晚景诗尤绮丽多。①

时光进入1916年，胡礼垣的人生之旅即将走到尽头。他自知来日不多，顽强地同疾病作抗争。此时此刻，他所能做的，就是一改往日的消极倦怠心理，以达观诙谐的心情，泰然处之。与此同时，他更加注意养生之道，每日坚持饭后围着庭院行走600步，以期舒筋活血，延年益寿。常言道：天道有恒，人生无常。胡礼垣在最后的日子里，虽极力抗拒病魔的侵袭，但却无法阻止衰老的出现和病情的恶化，以至于后来难以正常行走，不得不借助于拐杖。此处有胡礼垣的诗词为证：

每日饭后庭中行六百步，冀以流通血脉，遂成老年日课

不可徒行旧大夫，聊当行乐步庭隅。
磨牛踏处惟陈迹，垤蚁旋来总坦途。
饱食不教摊饭卧，伛行时亦没阶趋。
更添短拐相携便，自笑无官尚给扶。②

在生命的最后日子里，胡礼垣已经感受到死神的召唤。1916年10月2日夜，胡礼垣做了一个梦，梦见自己飘入一个深不见底的黑洞之中，远方站立着一位老者，向他频频招手。

① 《胡冀南先生全集》(265)卷45，23页。
② 同上，10页。

当他醒来时,自知命运难违,死期将至。躺在床上,胡礼垣静静地回顾了自己的一生,虽说人生不如意者十有八九,但毕竟自己努力去做了,也算是死而无憾,惟一难以舍怀的就是平生的著书立说还未加整理。说来话巧,第二天,好友田子邵村登门拜访。嘘寒问暖之后,胡礼垣将长子恒升叫到床前,当着田子邵村的面,再三叮嘱他们,将自己的全部著作整理出版。[①]在获得了满意的答复后,胡礼垣平静地等待着死神的降临。

10 月 14 日,胡礼垣走完了他的人生之路,离开了这个让他多有牵挂的世界,享年 69 岁。风光秀丽的嘉露兰山又添了一座新坟。一阵秋风吹过,坟茔的主人仿佛又开始了他那洒脱不羁,逍遥飘逸的生涯。

妻子梁氏,先于胡礼垣而逝,生有四子。长子恒升,号僖堂,投资于轮船运输业。次子恒锦,号絅堂,是一位学有所成的法律博士。三子恒滔,未及成年而死。四子恒铎,留学美国。共有儿孙 13 人。

胡礼垣去世的消息传出后,全港震惊。人们为失去这位学贯东西的学者、多有建树的思想家而悲伤。几大报纸纷纷发表悼念文章,纪念香港历史上这位杰出的人物。

胡礼垣逝世后,好友陆廷昌为他写就了一生的事略,张学华亲笔撰写墓志铭,全面概括了胡礼垣毕生的经历,高度评价了胡礼垣对后世的巨大贡献。现将这这部分资料整理如下,以飨读者。《胡翼南先生事略》:

---

① 刘彭龄《胡翼南先生全集·胡翼南先生全集序》(261)39 页。“岁丙辰九月,田子邵村函称,胡君于是月初六夜得噩梦,自知归化,嘱将全集二十三种出版,且命余(刘彭龄)为序,旋于十八日捐馆舍。”

先生讳礼垣，字荣懋，号翼南，晚号逍遥游客，姓胡氏。先世系出舜裔胡公满之后，战国时有著书。胡非氏者，其远祖也。本安定郡，自宋兼山公始祖，徙居广州南海。至明嘉靖五年析南海及高要二县，地为三水县，遂为三水县三江乡人。父献祥，号敏之，字文周，服贾香江，乃流寓焉。先生少颖异，读书过目成诵。十岁通四书五经，能为文，未冠应童子试，辄冠其曹，屡试不售，即弃举业，专研经史，肆力于诗古文辞，复研究西学，肄业香港大书院。凡西国文学、政治无不考求。毕业后充院教习二年，创办《粤报》，有英例全书之译。钦差大臣郑君藻如、陈君兰彬，先后出洋，聘往襄赞，辞不就，其淡于荣利，素性然也。有英国巨商拟辟南洋北般鸟地为商埠，其时一荒岛耳，稔先生才，约与偕往。至则披榛辟莽，因地宜定经界。凡官署、民廛、商市，以至沟渠、道路，区分畛别，以次建筑。数年之间，商贾辐辏，遂成巨埠，先生功也。其邻苏禄国王闻而贤之，遣使于先生道求见之诚。苏禄国小而富，其地有绿松宝石，俗称为吕宋绿者也。先生谒王，为言国家大计。王大嘉，纳留于宾馆，待以殊礼，居数月，政无大小，悉与闻。王与先生益相得，将改革政治，以求自强，遂欲委国事于先生，且让位焉。先生闻而大惊，亟藉他事引去，时人莫不颂王之贤，而尤叹先生之高，为不可及也。嗟乎，士人怀负殊异，不得行其志于中国而万里以外蛮夷之长，独有举国以相从者，一旦据土地之富，行南面之尊，亦可谓奇遇矣。先生屣脱富贵，决然舍去，非其中确有以自守而能如是乎？甲午春，先生游东洋，值中日失和，钦差大臣李经方奉命归国，参赞以下随使臣同归，中国驻神户领事谋举代者，各国领事咸推先生，固辞不获，遂权摄焉。兵事方棘，调和抚戢，商民赖之，其为外人所信服如此。和议成，先生返港，为文学会译员，任事三载，退隐于家，日惟闭户著书，考察列国政治得失，与何君启研究法律，至于哲学、宗教，莫不穷其要理。晚年复研求佛学，具有心得。尝论中国变政图强，著《新政真诠》一书，使当轴知所趋向。是时有一二巨公，均力言新政，著立书说，风靡一时，先生以所论皆新政之建设，虽有规模，尚无基础，乃著《新政始基》《新政安行》《新政变通》三书，补所未备，人皆服其卓识。先生博学强记，间好为诗，有《梨园娱老集》《伊藤叹》《满州叹》《民国乐府》。其论中外政教所著书，又十余种；又有未编定《宗教、佛教略异》一种。丙辰秋，先生方汇其平日著述，重加编辑，将付剞劂，甫从事而疾作，竟以不起，春秋六十有九。喆嗣四人，长恒升，号僖堂，业轮船、商务。次恒锦，号絅堂，法律博士。三恒滔，早没。四恒铎，游学美洲。孙十三人。僖堂将刊先生全集，乃综其平生行谊，嘱廷昌述其大略如右，使后之君子得浏览焉。

新会陆廷昌谨述[①]

① 陆廷昌《胡翼南先生全集·胡翼南先生事略》(261)1～2页。

胡翼南先生墓志铭

君胡氏讳礼垣，号翼南，广东三水人。少肄业香港皇仁书院，既以优等毕业，为政府所委任。君有大志，负时名，出使大臣争欲致君，谢弗往。既客南洋，岛地广而荒。君治其榛芜，遂成巨埠。苏禄国王闻而慕之，礼以客卿，凡所条画，罔不采纳。王既年老，举国让焉。君亟避去。闻者高之。中日构衅，朝使归国，侨商举君暂摄领事，绥怀安定，市肆晏然。晚岁返里，仍寓香港，闭门著书二十三种行世，卒于丙辰年九月十八日，春秋六十有九，配梁氏，先君卒，子三人，是年九月葬君于嘉露兰山，特来请铭，谨志如右。

铭曰：

穷海以南，群岛环峙，乃辟榛芜，遂成都市。君志高尚，千乘脱屣，归而著书，跌宕图史，世氛溷浊，一瞑不视，述德镌辞，永贻孙子。

己未仲冬番禺张学华拜撰①

① 张学华《胡翼南先生全集·胡翼南先生墓志铭》(261)3 页。

第四章 思想篇

一、大同思想

清末改良思想家们改造社会的主张各有侧重，各成焦点，或侧重于商业，或侧重于工业，或侧重于议会政治，或侧重于人才培养，但就构成改良主义思想的内容来看，还在于“富国强兵”。但却不能由此将改良派混同于洋务派。洋务派作为一个过渡时期的政治派别，其施政的核心在于通过“坚船利炮”的引进，实现清王朝的“富国强兵”。改良派则有着远超洋务派的新见解，他们不仅赞成向西方学习，购置大量的“坚船利炮”，改变中国国防疲软的现状，而且还要从观念与制度上的革新达到国家的富强。可以说，“坚船利炮”在改良派的治国理想中，只是一种手段，且是一种低层次的手段。观点与制度的革新才是改良派的终极关怀。在思想分野上，“富国强兵”的思想是一种“国家主义”思想，而大同思想则是一种世界主义思想。胡礼垣作为清末改良主义思想家的重要代表人物，在其留给后世的煌煌巨著中，处处闪耀着大同思想的光辉，时时流溢着对大同思想的向往与渴望。完全可以说，胡礼垣的思想是以大同思想为归宿的。诚如其好友黎和南（“一真居士”）所说：“（胡礼垣——引者注）生平以大同为主义，数十年来立说著书未尝或变其宗旨。盖所言皆平理、近情、顺道、公量，绝无流弊。”①

其实，对大同理想的向往在中国近代思想发展史上并非仅有胡礼垣一人，且也难说是第一人。揆诸中国近代思想发展史则可以发现，绝大多数思想家几乎都以大同理想为归宿。如学贯中西的王韬提出了“六合将混为一”②的观点。他认为人类文化有着同一的源流，“天下之道，其始也由同而异；其终也由异而同”③。文化之所以存有歧异，是由于山川湖海的隔阂所致，如今海道大通，舟车通畅，正是合一的良机。

> 其言曰：“天下车同轨、书同文、行同伦。”而即继之曰：“天下所覆，地之所载，日月所照，霜露所坠，舟车所至，人力所通，凡有血气者，莫不尊亲，此之谓大同。④

在牛津大学的演讲中，王韬道出了心目中的“大同文化”，

---

① 黎和南《胡翼南先生全集·辑印金刚般若驭世经序》(266)卷57,1页。
② 王韬《六合将合为一》,《弢园文录外编》卷5,18页。
③ 王韬《原道》,《弢园文录外编》卷1,1页。
④ 同上,2页。

即否定“孔子一统论”，倡导中西融合论，坚信“一旦圣人出，而四海一也”。他在回答“中国孔子之道与泰西所传天道若何?”的提问时答道：

> 孔子之道，人道也。……人类一日不灭，则其道一日不变，泰西人士论道，必溯源于天，然传之者，必归本于人，非先乎人事，亦不能求天降福，是则仍系乎人而已。夫天道无私，终归乎一。由今日而观，其分则同而异；由他日而观，其合则异而同，前圣不云乎？东方有圣人焉，此心同，此理同也；西方有圣人焉，此心同，此理同也。请一言以决之曰：“其道大同”。①

此外，郑观应的“维新之治为大一统之端倪”，严复的“理道无异”，都闪烁着大同思想的色彩。在中国近代思想史上最有名的大同思想家当属康有为。康有为在其《大同书》中，博采东西，系统阐述了他心目中的大同理想，赋予了长存于中国历史上的大同思想以崭新的内容。总括近代中国改良主义思想家们的大同思想，可以发现一个共同的路向：追求富强是迫在眉睫的要务，进入大同则是美好未来的目标。

“大同”一词，源出《礼记·礼运篇》。《礼记》是孔门弟子学习《礼经》的心得体会及设问辩难的笔记文章，与《周礼》、《仪礼》合称“三礼”，成为现存儒家礼学的基本典籍。有关“大同”理想，《礼运篇》是这样描述的：

---

① 王韬《漫游随录》543 页。

> 昔者仲尼与于蜡宾，事毕，出游于观之上，喟然而叹。仲尼之叹，盖鲁也。言偃在侧，曰："君子何叹?"孔子曰："大道之行也，与三代之英，丘未之逮也，而有志焉。大道之行也，天下为公。选贤与能，讲信修睦。故人不独亲其亲，不独子其子，使老有所终，壮有所用，幼有所长，矜寡孤独废疾者皆有所养。男有分，女有归，货，恶其弃于地也，不必藏于己；力，恶其不出于身也，不必为己。是故谋闭而不兴，盗窃乱贼而不作。故外户而不闭。是谓大同。"①

《礼运篇》为后世描绘了一个天下为公、人人平等、相互友爱、宁静和睦的理想世界。尽管这是一个在小生产基础上不可能实现的儒家"乌托邦"(Utopia)，但它涵含的积极意义，既表征了儒家的入世精神，又给后世的思想家、社会改革家以及农民运动以一定的启迪，激起人们对理想社会的追求与向往，并据此引发激烈的行动。中国古代史上的众多农民起义、农民战争，近代史上接踵而至的改良、革命，探究其缘由，无不与这一儒家的社会理想相关联。当然，在认识儒家"乌托邦"理想正面意义的同时，还应看到，这一理想所含带的负面影响。换言之，儒家的"乌托邦"理想在倡导积极入世的同时，又流淌着浓浓的悲观厌世的情绪，常常会使人们因"乌托邦"理想社会的遥远无望，以及现实世界的贫富不均而产生消极无为、得过且过的苟且之念。在中国历史上，最典型的当属陶渊明的"桃花源"。总之，"乌托邦"理想，是人这一高级动物对社会现

① 《礼记 · 礼运篇》,《十三经注疏》,中华书局，1983年。

实极度不满、彻底绝望的反映，表达了对美好生活的向往与憧憬，刻画出某一时代的痛苦。既给人一种现实世界的失落感，又给人带来了生活的希望。这两种看似矛盾而又实为一体的感受，伴随着人类社会演进的始终，续写着人类痛苦、幸福的篇章。

中国近代社会的沧桑巨变，使近代中国思想家赋予了“大同”理想以新的内容，凸显出“大同”理想积极向上的正面作用。这是近代“大同”理想有别于古代的最显著特点。1840年爆发的鸦片战争，将中国历史拦腰斩为两段，古老的中华帝国在隆隆的枪炮声中被迫走出中世纪。面对着“数千年未有之强敌”，和“数千年未有之变局”，中国的知识精英们在经历了痛苦的反思后，依循着“穷则思变”的朴素变易观，开始了对未来中国命运的探索。就改良派所热衷的“大同”理想形成的过程来看，大致可分为两个阶段。第一阶段是追求国家的富强，其方法是效仿西方，广泛移植西方的“坚船利炮”，引进西方的政治制度，变君主专制为君主立宪。其理论基础就文化而言，无论是东方文化，还是西方文化，实则心同理同，都表达了人类最美好的愿望与设想，并且随着海道大通，原先阻隔东西方文化交融的地理障碍亦不复存在，全球一体化的端倪已经露出，借用王韬的话来说，即是“六合必将合为一”。第二阶段是追求全人类的幸福。从现实政治上讲，改良派虽然对西方国家的强盛表现出了无比的羡慕，但他们清楚地认识到，“强权即公理”的列强争霸时代毕竟不是人类社会应该长期存在的时代，充其量它只代表了人类进程中的一个短暂时期，人类社会的终极目标必将越过这一时期，定格于相亲相爱、平等相处的“大同”时代。届时，人类社会将是一个没有剥削，没有压迫，没有民族，没有国家，没有疆界的太平乐园。据此可知，改良派所宣扬的“大同”理想，既是对中国苦难现实的一种反映，同时又是对全人类共同命运的理想诉求，体现了近代“大同”理想较之传统儒家学说无可比拟的宏大视野。事实上正是如此，在近代改良主义者的思想里，儒家学说不再是“大同”理想的惟一知识养分，不仅杂糅进了佛教、墨家的诸多说教，而且更多地吸纳了来自西方的宗教、哲学、社会主义思想，因而也就使得“大同”理想更富有时代性与世界性。

在中国近代的改良主义者中，对“大同”理想作过完整、系统论述的当属康有为。康有为于 1902 年写成的《大同书》，代表了近代中国改良派对“大同”理想的最高认识水准。但从时间上来看，最早阐述“大同”理想的并不是康有为①，而是胡礼垣。

胡礼垣的“大同”理想，不像康有为那样系统、完备，而显得零乱，散见于各种文学作品如剧本、诗歌、韵文中。他虽然孜求“大同”，也多有论述，但终其一生没有写成一部如康有为《大同书》这样的学术著作，这也是后世学人谈“大同”理想必然首推康有为的缘由。其实，胡礼垣畅谈“大同”理想，不仅在时间上早于康有为，在所涉及的内容上，认识的水平上，也丝毫不亚于康有为。翻开卷帙浩繁的《胡翼南先生全集》就会发现，胡礼垣才是中国“大同”理想的传人，近代中国首倡“大同”理想的第一

① 〔美〕萧公权著、汪荣祖译《近代中国与新世界：康有为变法研究与大同思想研究》：“他（康有为——引注者）不顾眼前败坏的制度和社会，而展望在完美制度和理想之下的想像中的社会，终于描写出他的大同见解。他足可称为中国第一个乌托邦作者，他的大胆设想足令他与其他国家的伟大乌托邦思想家并驾齐驱。”江苏人民出版社，1997 年，387～388 页。

人,其地位可与法国的圣西门相比拟。

就现存资料来看,涉及胡礼垣探求"大同"理想历史有两处说法有异、但实质相同的史料。

其一,胡礼垣在为《梨园娱老集》所作的序文中透露:

> 四十年前,予曾为《天人一贯》之书,合中外古今宗教、儒术、治学、法学一炉而冶之,归宿于哲理,以为大同之根柢。后忽思孔子述而不作,达摩面壁无言,故稿未成而弃去。[①]

其二,胡礼垣在长篇诗集《满洲叹》第 75 首的注释中说道:

> 大同之道不外乎忠恕。予初著书名曰《天人一贯》,本孔子忠恕之道以立言也。因系少作,弃而不录,岁丁未撮其要为一诗,凡三千五百四十五言,登于《梨园娱老集》中,复为诗曰:"岁已周花甲,人非附凤才。时时吞明月,何日吐珠胎。"盖去初为书时已四十年矣。[②]

《梨园娱老集》完稿于 1908 年(清光绪三十四年冬月)[③],

① 《胡翼南先生全集》(264)卷 26,1 页。

② 《胡翼南先生全集·满洲叹》(264)卷 37,16 页。

③ 胡礼垣为《梨园娱老集》作序的时间落款是"戊申(即 1908 年——引者注)冬月,逍遥游客翼南胡礼垣识于香港厚丰园"——《胡翼南先生全集·梨园娱老集》(263)卷 23,1 页。

《满洲叹》完成于1911年9月[①]，因两种诗集最后完稿的时间不同，故在理解诗集序文中"四十年"的问题上有了3年的差异。按照《梨园娱老集》的记载，胡礼垣写成表述"大同"理想著作——《天人一贯》的时间应当是1868年（清同治七年）。依照《满洲叹》的记载，胡礼垣表达"大同"理想的思想应该在1871年（清同治十年）。据此可知，当胡礼垣还是一个20多岁的年轻人时，他就已经对"大同"理想有着较为成熟的认识。《天人一贯》比康有为1902年（清光绪二十八年）出版的《大同书》早了31～34年。而此时即1912年康有为已经48岁。遗憾的是，胡礼垣因受孔子"述而不作"、达摩"面壁无言"的影响，没有将《天人一贯》一书发表问世。

随着胡礼垣人生阅历的丰富以及他对严酷现实愈来愈深的体悟，他对"大同"理想的认识经历了一个由浅至深、由朦胧到清晰的发展过程。就现有史料来看，胡礼垣的大同理想形成大致分为两个阶段。19世纪60年代至1911年辛亥革命爆发前，此为第一阶段。在此阶段，胡礼垣完成的著述主要有：1868年（或1871年）的《天人一贯》，1898年的《康说书后》、《〈劝学篇〉书后》，1908年的《梨园娱老集》，1911年的《满洲叹》。这些著作、诗集，清楚地显现出胡礼垣对大同理想的认识脉络。19世纪60年代，在焚毁了首部揭示"大同"理想的《天人一贯》一书之后，胡礼垣将该书的中心思想概括成一首"长不过三千五百余言"的诗歌，"而崖略梗概可得知矣"[②]。

---

① 胡礼垣为《满洲叹》作序的时间落款是"辛亥七月中旬，翼南胡礼垣书于香江之厚丰园"——《胡翼南先生全集·满洲叹》(264)卷36，1页。

② 《胡翼南先生全集·梨园娱老集》(264)卷26，1页。

这便是40年后《梨园娱老集》的“则天徐策第五首”。这是胡礼垣首次阐述其“大同”理想。为此，胡礼垣在《梨园娱老集》的序文中再三声明，其阐发“大同”思想，绝不起于1908年出版的《梨园娱老集》，“读者勿以此为一时兴到之言也。盖意匠惨淡经营中者有素矣”[①]。在以后的有关涉及“大同”思想的著述中，胡礼垣对传统典籍作了新的注释，进一步从学理上阐释了“大同”思想存在的必然性。在《〈劝学篇〉书后》中，他认为，伏羲所作同人之卦，即是“大同”思想的张本。他说：“同人者，谓与人同也；人同者，谓既为人类即不得而异视之也。”“同人者，乃大同之道，至公之真。人苟能取其同于远，合其同于外，如于旷野之地而获同心，则四海之内皆兄弟，天下之大合一家，攸往皆坦途，无不通之道矣。”[②]10年后，胡礼垣对“大同”理想的认识就更加深入，他公开声明，1908年出版的《梨园娱老集》，是“为大同之治而作”[③]。他在对“则天徐策第五首”的注解中用明确的语言，表达了对“大同”理想的认识。胡礼垣认为，无论是宗教家、理学家，还是不可触摸的祖宗的在天之灵，路数虽各有差异，但其终极关怀，却皆归于“大同”。可谓是殊途同归，涓流汇海。他说：

> 一则诸宗教家，必以大同为救世；二则诸理学家，必以大同为利世；三则诸祖宗在天之灵，必以大

① 《胡翼南先生全集·梨园娱老集》(264)卷26，2页。
② 同上，(263)卷16，1页。
③ 同上，(263)卷23，1页。

同为能保我子孙黎民也。三者踞天道人道之全矣。①

诗集《伊藤叹》写于1910年，是胡礼垣“大同”思想的重要组成部分。在长达125首诗篇中，胡礼垣以首任朝鲜殖民总督伊藤博文被刺亡为主线，强烈谴责侵略战争，警告世人，侵略征服只会加剧民族间或人与人之间的仇恨、仇杀，杀人者必被杀。只有在一个平等相处，友善和睦的环境里，方可有人类共享的幸福。这个幸福的乐园就是“大同”社会。因此，完全可以说，《伊藤叹》是胡礼垣向东西方列强发布的“大同宣言书”，向全世界各民族发出的“大同倡议书”。其写作宗旨与良苦用心，正如好友田浦源所言，使“读者知天下环球各国之必将趋于大同之道也”，“亦以卜他日寰宇大同之盛轨发轫于此也”②。胡礼垣于1911年9月写成的《满洲叹》，表面看来是揭批清王朝的专制统治，实质仍然是为了宣达其“大同”理想。在此诗集中，胡礼垣将其心目中的“大同”理想，概括为“忠恕”。用其话语表示即是：“大同之道不外乎忠恕。”③

胡礼垣的“大同”思想是经过了一个由起步到渐趋完善的历程的，就其“大同”思想的构成元素、认识水准以及思维方式而言，他已经明显超越了前人，将中国传统的“大同”思想推到了一个崭新的阶段。但同时，其“大同”思想也存在着表述分散、不系统等缺陷。更有甚者，胡礼垣对“大同”理想寄予了过

---

① 《胡翼南先生全集·梨园娱老集》(264)卷26，1页。

② 同上，《伊藤叹》(264)卷35，1页。

③ 同上，《满洲叹》(264)卷37，16页。

高的期望，理想化地将“大同”理想视为拯救中国、拯救人类的惟一指针。

从辛亥革命爆发到第一次世界大战结束，为胡礼垣“大同”思想形成的第二阶段。这一时期，胡礼垣发表的著述主要有：1911 年 11 月 2 日的《民国新乐府》，1914 年的《德皇叹》，以及在此期间与孙中山、伍廷芳、李提摩太等人的往来书信。其中 1914 年的《德皇叹》比较系统、全面地阐述了胡礼垣的“大同”思想。

胡礼垣之所以能在第一阶段逐渐形成他关于“大同”思想的基本观点，主要是因为空前的民族危机和民族主义思潮的勃兴。历经东西方列强长达半个多世纪的蹂躏，20 世纪初叶，中华民族已经陷入亡国灭种的困境，外国列强依恃着坚船利炮和不平等条约，在中国大地上为所欲为，横行霸道。外国军舰随意游弋在中国的沿海、内河，传教士竟敢按照行政区域划分教区，参与地方事务的裁决，漫长的海岸线竟没有一处中国人自己的通商口岸。面对着国破家亡的严酷现实，中国人不禁仰天长叹，“天涯何处是神州”。国势衰微与亡国危机的并存，使得民族主义思潮勃然兴起。19 世纪末 20 世纪初，当西方不同流派的民族主义思潮传入中国时，敏锐的知识界立刻对此表现出了浓厚的兴趣，将其视为拯救中华民族的法宝。《浙江潮》第一、二、五期连载的《民族主义论》一文，最典型地代表了这一时期知识界在民族主义问题上的态度。文章认为，“合同种，异异种，以建一民族的国家，是曰民族主义”。该文大声疾呼：“今日者，民族主义发达之时代也，而中国当其冲。故今日而再不以民族主义提倡于吾中国，则吾中国乃真亡矣。”尔后维新巨人梁启超、民主革命的先行者孙中山等都曾撰文阐述其民族主义观点。梁启超认为:“大民族主义者何？合国内本部之诸族以对于国外之诸族是也。”也就是要“合汉合满合蒙合苗合藏,组成一大民族,提全球三分有一之人类,以高掌远——于五大陆之上”①。孙中山则认为,未来的中华民族是“合全国人民,无分汉、满、蒙、回、藏,相与共享人类之自由”,“合五大民族为中华民国”②。

经过梁启超、孙中山等人的具体阐释,合汉满蒙回藏为一族的民族理念成为近代中国民族主义的核心思想。此种民族主义是由于共同文化、宗教、语言产生的归属感,是传统的“中国情结”在外力压迫和外部观念刺激下的汇集。它同建立在统一的国内市场经济基础上的民族主义相比较,显得幼稚、空洞和脆弱,因而易变为政治上的排外主义和文化上的保守主义。

尽管如此,民族主义思潮的勃兴仍然成为近代中国不死的民族之魂,成为汇集千百万人民投身反帝爱国洪流的旗帜。在列强瓜分中国的民族危机日趋严重和民族主义思潮蓬勃兴起之时,胡礼垣作为一个身受东西方文明熏染的文化边缘人,不能不对中西文明予以思索,做出抉择。在这两个原因中,后者对他的触动最为深刻,前者对他的刺激则更为直接。《梨园娱老集》就是胡礼垣在民族危机达到顶峰时,对民族出路、人类相处之道的探索与思考。他曾经用明确的语言概述了《梨园娱老集》的写作宗旨与具体内容。他说:

---

① 梁启超《饮冰室文集》(13),沈云龙主编《近代中国史料丛刊》(台湾)75～76页。

② 《孙中山全集》第二卷,中华书局,1982年,48页、89页。

> 此集(《梨园娱老集》——引者注)为大同之治而作。弁言一篇是大同影子,第一册破专制,开大同之基也。第二册箴自由,立大同之极也。指点当前,为仁不远。此女界售物诸诗所为,附录于后也。论说归宗,注言详达,而大同之道,此集昭昭矣。读此集者亦可以昭昭矣。①

在《梨园娱老集》中,胡礼垣针对国内民族主义思潮中的非理性倾向,带着对政治上排外主义和文化上的保守主义的担忧,阐述了其心中的"大同"理想。他认为,以怨报怨,以仇复仇,到头来只会加剧人与人之间、族与族之间、国与国之间的相互仇视和敌对,于恩怨、国仇的解决丝毫无补。依照当前的国内、国际环境而言,就目前人类的认识水平,觉悟程度而论,眼下人类社会虽然已经露出些许仁爱的曙光,但远远未到毕其功于一役的境界。至此,胡礼垣断言,惟一能够化干戈为玉帛,消解矛盾,解除敌对的理想社会就是大同之世。此处有胡礼垣为"则天徐策第五首"所写的"诗说"为证:

> 此篇言欲免报仇之祸,而进化之功无或间阻者,则必期之于至治大同之世。或问大同之世何以知其必无报复?曰:"赏焉而人我皆不自知其为恩。刑焉而人我皆不自知其为怨。无恩无怨,报何有焉?是之谓大同。"②

---

① 《胡翼南先生全集·梨园娱老集》(263)卷23,1页。

② 同上,《则天徐策第五首》(264)卷26,1页。

平实而论，胡礼垣所揭示的“大同”理想有其可取可嘉之处。他从关怀人类出发，诠释了人类社会至高无上的美好愿望，在一个崇尚“强权即公理”、大兴尔吞我并之念的“霸道”时代，为人类社会描绘了一个幸福祥和的理想世界，给苦难深重的弱小民族指出了一条充满希望的大道。与此同时，又向穷兵黩武、迷信战争的东西方列强敲响了警钟，训诫他们，侵略、杀伐、征服，既不是人类生存的全部内容，更非人类社会的最终目的。友善相处，平安祥和，才是人类的至高理想；自由平等的大同之世，才是人类社会的终极目标。但是，还应该认识到，胡礼垣虽然明确阐发了他的“大同”理想，述说了“大同之世”的伦理规范和相处原则，但在如何实现“大同之世”的方法上，即在操作层面上却显得空泛、无力。他仅仅是从“天道人道”方面，提出了“大同”理想，没有也不可能在“霸道”猖獗的时代，为人类社会找出一条通往大同世界的光明大道。他虽然不遗余力地谴责侵略战争，但却找不到一种切实可行的消灭战争的办法；虽然向往人类之间的自由、平等，但却无法阻止列强各国作为胜利者的飞扬跋扈；虽然渴望中国的富强、独立，但却难以改变中国贫弱的殖民地半殖民地境况。理想与现实的巨大反差，实际上成为了胡礼垣一生挥之不去的心痛，这也为他晚年逃离现实，倾心向佛埋下了伏笔。事实上，胡礼垣在《梨园娱老集》中，已经初步表述了其“大同”理想的基本观点与思路。

在胡礼垣“大同”思想形成的第二阶段，中国在辛亥革命后的现实境况及第一次世界大战的爆发，成为其“大同”思想确立的两大直接动因。从胡礼垣在 1911 年 11 月 13 日写成的《民国新乐府》及其与孙中山、伍廷芳的往来书信可以发现，他将中华民国南京临时政府视为实现其大同理想的乐园、福地。因为按照胡礼垣"大同"理想的设想,推翻封建君主专制统治是推行"大同"理想的第一要务。在获得了自由、民主、平等的中国,随之而来的就应该是"大同"理想的具体实施。"废君主为民主,由大暗而复其大光,万国大同,和会之基永远平等,自由之福,将于此是赖焉。"此段话语当是胡礼垣思想的真实流露。然而,严酷的现实宛如一桶刺骨的冷水浇得胡礼垣战慄不已。辛亥革命虽然推翻了清王朝,结束了统治中国2000余年之久的专制体制,但缺乏社会转型的物质、精神、文化和政治上的长期准备,国民整体素质低下,对民主共和的真谛认识不够,清朝皇帝被赶下了历史舞台,却又滋生出一个个拥兵自重的"土皇帝",中华民国成为一块徒有虚名的招牌。

如果说,辛亥革命后的中国现实给胡礼垣以极大的刺激,那么,第一次世界大战的爆发则给胡礼垣造成了巨大的痛苦,引起了他对"大同"理想的深刻反思。胡礼垣生活的环境和自身所具有的知识学养,加之受好友何启的耳濡目染,他对以英国为代表的西方文明一直怀有深深的感情,并且将建立议会政治作为推翻专制统治之后实现"大同"理想的第二步。他曾用简捷的语言表示,"天下太平"必须以"环球立宪"①为前提。换言之,在胡礼垣的心目中,君主立宪政体是人类社会实现"大同"理想的政治保证,采用君主立宪政体的英国为全球万国提供了一个可供借鉴的现成样板。只要效仿英国的现行做法,人类社会就能结束纷争,顺利进入理想的"大同之世"。但

① 《胡翼南先生全集·则天徐策第五首》(264)卷26,1页。

是，第一次世界大战的爆发，加深了胡礼垣对西方文明的认识，改变、修正了他所孜孜以求的“大同”理想。这场战争是人类有史以来真正意义上的世界大战，参与战争的除英、法、俄、德、奥、意等国外，还有27个国家，卷入战争漩涡的人口多达15亿以上。历经4年旷日持久的厮杀，死伤3000多万人。对于这场发生在主要西方国家之间、由西方国家导演加主演的不义战争，中国的知识界表现出了前所未有的惊愕、诧异。因为从1840年中国人睁眼看世界开始，就把西方国家视为中国摆脱贫穷落后，实现独立富强的榜样，大凡是到过西方或对西方国家稍有认识者，无不对西方国家所展现出的文明、富强高山仰止。在长达数10年的宣讲中，西方世界成为绝大多数中国人心目中“理想国”“桃花园”。当第一次世界大战的惨烈场面展现出来时，中国人尤其是中国的知识阶层大有信仰危机、理想破灭的感觉。痛定思痛之后，中国的知识精英们又开始了对民族出路、人类理想的艰难探求。第一次世界大战的隆隆枪炮声，轰坍了中国人自以为是的“理想国”，击碎了中国人心仪已久的“桃花园”，暴露了西方文明的固有弊端，使中国人认识到徒有物质财富的高度发达，是不能为人类造就一个良好的生存秩序的。因而，“西方文明已经没落”，以东方文明拯救西方的舆论风靡一时。1918年，以思想敏锐而又“流质易变”著称的梁启超赴欧洲考察，看到战后欧洲残破不堪的景象，又听到“西方文化已经破产”的惊呼，引发他对中西文化重新进行反思。归国后，梁启超于1920年发表了《欧游心影录》。书中引述一个美国记者赛蒙氏的话，“西洋文明已经破产了”。“我回去就关起大门老等，等你们把中国文明输进来救拔我们。”宣称偏重物质文明的西方文明的弊端在第一次世界大战中已经暴露无遗,“不惟没有得着幸福,倒反带来许多灾难”[1],今后惟有以中国固有的文化去矫正西方资本主义文化的弊病。可以说,梁启超在《欧游心影录》中的表述,典型地代表了欧战后中国知识分子对东西方文明的重新反思。

国内政治风潮的涌动与世界局势的改变,自然影响到中国知识界对东西方文明价值的重新判断,引起中国知识分子对民族走向、人类未来前途的关注。在此时期,胡礼垣的思想认识颇值得后人玩味。当东西方知识界都在高呼“西方文明已经没落”,要用东方文明拯救西方之时,胡礼垣没有加入这个大合唱,而是以独特的视角,另辟蹊径,向世人提出了拯救中国、拯救全人类的构思与设想。具体说来,胡礼垣的救世之说仍然是他所热衷的“大同”理想。在胡礼垣看来,无论是东方文明,还是西方文明,都不能承担起永远解除人类痛苦的重任,1840 年以来国破家亡的现实已经证明了前者的式微,第一次世界大战的爆发亦显露了后者的疲软。而惟一能够将人类社会带入极乐世界的只有“大同”理想。此时,胡礼垣的“大同”思想较前有了部分的修正,不再将西方文明视为美轮美奂的现成样板。他在强烈谴责崇尚武力的侵略战争,愤怒声讨战争给人类造成无与伦比的灾难的同时,也辩证地评判了第一次世界大战,认定第一次世界大战不仅不能割绝人类对“大同”理想的向往,反而会加速“大同”理想的实现。在《德皇叹》“其二百二十九”诗中,胡礼垣借用报刊言论表达了他对此次战争的总体评价:“此次战争在近代为最愚而无意义,且其性

---

① 梁启超《欧游中一般观察及一般感想》。

质为无用。”[1]1914 年“冬月”出版的长篇诗集《德皇叹》完整地表述了胡礼垣此期对“大同”理想的构思与设想。对于第一次世界大战的爆发，胡礼垣认为这纯粹是因为列强各国扩军备战，争霸世界所导致。本来，人类社会为了解决国际争端已经达成了若干共识，形成了诸多决议性纲领，这便是“海牙国际会议”与“海牙公约”。1899 年、1907 年国际社会两次在荷兰海牙举行和平会议，参加会议的有中国、俄国、英国、法国、美国、日本等 26 国。会议均以“限制军备和保障和平”为宗旨，前后通过了包括《和平解决国际争端公约》、《限制用兵力索债公约》、《关于战争开始的公约》、《陆战法规与惯例公约》、《陆战时中立国及其人民的权利》、《关于战争开始时敌对国商船地位的公约》、《关于商船改充战舰的公约》、《敷设自动水雷公约》、《战时海军袭击公约》、《日内瓦公约诸原则适用于海战的公约》、《海战时限制行使捕获权的公约》、《关于设立国际捕获物法庭的公约》、《海战时对中立国权利义务公约》在内的 13 个公约和一些声明，统称“海牙公约”或“海牙法规”。海牙国际会议的召开和海牙公约的通过，曾经给胡礼垣带来无限的遐想，认定这是国际社会走向和平的第一步，人类社会迈向大同的大幕将由此拉开。但令胡礼垣伤心不已的是，海牙公约的余音尚在，东西方列强就在全球开始了史无前例的人与人之间的屠杀，一度出现的“大同”曙光，完全被淹没在浓浓的血色中。面对严酷的现实，胡礼垣不得不重新审视东西方列强。可以说，第一次世界大战暴露了帝国主义国家之间业已存在的矛盾，揭示了资本主义制度的虚伪性，昭示着只要有帝国主

① 《胡翼南先生全集·德皇叹》(265)卷 43，17 页。

义的存在，就会有侵略，就会有战争。但可惜的是，胡礼垣只看到了问题的表象，没有也不可能认清问题存在的根源，他仅仅是将战争的爆发归咎于各缔约国没能遵守“海牙国际公约”，一味诉诸武力。他说：“今日之战（欧战——引者注），其祸伏于各国平时以武功为尚也。”并天真地认为，评判各国地位高低的标志应该是道德而不应该是武力，“向使海牙和平会于各国之国位等级之高下，不定以武备之强弱，而定以道德之高低，则天下之干戈息矣”。至于如何衡定道德高低，胡礼垣提出了“当以各国每年刑名案之多寡为断”[①]的标准。据此可见，胡氏是一个理想主义者，或是一个和平主义者，在其思想的深处，充满着热爱和平，向往平等的美好愿望。然而，其生存的时代，人所具有的利己性缺陷，或人性的不完美性，让思想家们的愿望每每落空。由此，可以称胡礼垣是“中国大同理想的传人，中国的圣西门”。

令后人敬佩的是胡礼垣对“大同”理想的渴望与固守。按常理而论，第一次世界大战的爆发已经宣告了人类社会一个繁荣昌盛期的结束，昭示了建立在“泛道德”之上的大同理想只能存在于人类臆想中的“天堂”，不可能建立在人类生活的现实。胡礼垣的可悲可叹之处在此，可敬可佩之处也在此。他对“大同”理想的固守真可谓是“虽九死不改其志”。在经过了一段痛苦的反思之后，胡礼垣乐观地认为，大同理想是人类永恒的追求，它不会因战争的爆发而消亡，相反却会因此而激起人类对和平的向往，加速大同理想的实现。在《德皇叹》第70首诗中，胡礼垣认为，欧战让世人明白：战争并不能让人类

---

① 《胡翼南先生全集·德皇叹》(265)卷39,3页。

趋于幸福之境，中立同样也不能使人免遭战争之祸。战争、惨祸作为反面教材，促使人类懂得：只有大同，才能使人类社会进入一个自由境地。他说："知战争之不可为，乃谋于中立；知中立之不可恃，乃谋归于大同。故今之战，乃促进大同之道也。"①

为了让世人接受其观点，胡礼垣引征欧美人士的言论，加强其立论的力度。如在《德皇叹》"其一百五十七"诗的按语中，胡礼垣提到，欧洲有一《门西杂志》发表了一篇预言性的文章。文章中提到，此次欧战为人类战争的结束。因为战争、屠杀绝对是与人类的文明教化相反，"物极必反，理所当然"。据此，胡氏乐观地认为："大战必有大和，而大同之局或即出于耳。"②在对《德皇叹》"其二百二十一"诗所做的注释中，胡礼垣说道："1914 年 11 月 19 号《循环报》登李君佳白一论，就战事之影响于中国者而言，固为的论。然为全球计，则大同之道，永息干戈一事，当由此造成。"③

至此，胡礼垣完成了他对"大同"理想的构筑工作，形成了其带有时代特征的东西合璧的"大同"思想。而要正确理解和把握胡礼垣的大同思想，必须首先弄清楚其"大同"思想的内涵，因为它是其大同思想的基点和逻辑核心。

汇集胡礼垣对大同理想的有关言论可以发现，"大同"思想是胡氏思想最集中的表现，也是其思想最高度的凝缩。至

---

① 《胡翼南先生全集 · 德皇叹》(265)卷 40，8 页。"其七十"："世界从知贵转移，大同有道戒趋岐。通商柔远安边境，与国和亲绝出师。寿夭穷通无鬼卦，凶灾疠疫得神医。修明人事还天理，上帝闻之亦解颐。"

② 同上，卷 42，3～4 页。

③ 同上，卷 43，13～14 页。

于何为胡氏的“大同”理想，就其前后论述而言，是有所不同、有所差异的，呈现出略显庞杂的特征。例如在20多岁时写就的《天人一贯》书中，胡礼垣将先秦儒家思想概括为“大同”理想，认为孔子的“忠恕之道”就是“大同”理想。他曾说过：“大同之道不外乎忠恕。予初著书名曰《天人一贯》，本孔子忠恕之道以立言也。”①1914年在《德皇叹》中，胡礼垣则认为：“大同者，以天下为一家也，直以天下为一人。”②有意思的是，即使在同一部诗集中，胡礼垣对“大同”思想的解说也存在着前后不一致的地方。在《德皇叹》中，胡氏还将“天下共和”解释为即是“大同”。③ 有时甚至将殖民者所提出的“门户开放主义”也并于其“大同”理想之中。如在《德皇叹》“其二百六十二”诗中，胡氏说：“英国柏提督于中国以开门主义待天下各国也。此虽然于大同之道为近，而尚未能铖大同之脑焉。故仅曰：‘减斗争而已。’”④

在此就涉及到胡礼垣“大同”思想的来源问题。仔细研读《胡翼南先生全集》可以发现，胡礼垣的“大同”思想来源有三：其一是中国传统文化，尤其是先秦儒家的“忠恕之道”。其二是包括佛教、基督教、道教在内的宗教思想。其三是受西方思想影响而形成的全球国家观念。胡礼垣在1908年为《梨园娱老集》所作的序言中对此曾有过明确的交待。他认为，宗教、

① 《胡翼南先生全集·满洲叹》(264)卷37，16页。

② 同上，《德皇叹》(265)卷40，12页。

③ 同上，卷42，16页，“其一百八十四”：“我欲今番战胜余，军兵水陆各捐除。从前守御剽攻具，尽作公家众库储。视国富贫摊岁费，因人弃取选名誉。强权统一三年任，天下共和四字书。”

④ 同上，卷44，7页。

理学、祖宗在天之灵，涵盖了天道人道的全部内容。而三者的终极关怀全以“大同”为归宿。他说道：

> 一则诸宗教家，必以大同为救世；二则诸理学家，必以大同为利世；三则诸祖宗在天之灵，必以大同为能保我子孙黎民也。三者踞天道人道之全矣。四十年前予曾为《天人一贯》之书，合中外古今宗教、儒术、治学、法学一炉而冶之，归宿于哲理，以为大同之根柢。①

胡礼垣在述说自己大同思想的形成时，曾经多次谈到与先秦儒家思想的关系。除了用确凿的语言将儒家的“忠恕之道”归纳为“大同”理想之外，胡氏还作诗言明，诗《满洲叹》“其七十五”可证：

> 当年孔子本无奇，情理拈来作主持。
> 不仕恐流专制血，讲书能入后生脾。
> 楹间梦奠檀弓陋，道统相承邱浚欺。
> 我学仲尼惟一贯，下因水土上天时。②

诗中胡氏清楚地表述了对孔子的认识，以及对待传统文化思想的态度，即传统文化必须与现实结合，不得泥古不化，惟传统而传统。同时，表达了其所谓“大同”理想的基本思想与内容即“孔子忠恕之道”。

① 《胡翼南先生全集·梨园娱老集》(264)卷26，1页。
② 同上，《满洲叹》(264)卷37，16页。

胡礼垣对宗教尤其是对佛教素有研究，卷帙浩繁的《胡翼南先生全集》赫然记载着其对佛教的探索。特别是在晚年，胡氏对佛教的研究简直达到了痴迷的地步。他晚年完成的大量著述、诗作，无一例外地充斥着佛教的精髓，流溢着佛教的教义。"大同"理想作为胡氏思想的最高体现，自然也渗透着佛教的浸染。早在1908年的《梨园娱老集》中，胡礼垣就从佛教教义的角度，解释了何为"大同"。他认为："无恩无怨，报何有焉。是之谓大同。"[①]《德皇叹》作为胡礼垣"大同"思想的成型作，其内容同样显现出其"大同"思想与佛教的亲密关系。在第144首诗中，胡礼垣依照佛教的教义诠释了第一次世界大战，认为战争的发生全都在于交战双方平时所作之"业"。参战国在战争中蒙受的灾难，同样是陈陈相因的因果报应。诗中写道：

全球俶扰罪维均，意见捐除理始真。
曲直本来人亦我，是非究竟我犹人。
无因可决从无果，有果应知定有因。
不讲大同难免战，休将成败论陈陈。[②]

按照心理学原理，宗教里的"天堂"和"极乐世界"也可以说就是一种乌托邦心态，是对未来归宿的一种向往。国外学者马汉曾将这种心态分为"天国将临心态"和"自由人文心态"。前者是"出世"的，甚至是否定世俗文化的。后者是"入世"的，肯定世俗文化，并且以伦理而非教义作依据。胡礼垣的乌托邦心

① 《胡翼南先生全集·梨园娱老集》(264)卷26，2页。
② 同上，《德皇叹》(265)卷41，19页。

态显然应该属于后者。他曾经明确地说道:“宗教家以大同为救世,哲学家以大同为利世。”[①]他相信教义是可以作为“入世”之用的,尤其是以慈悲为怀的佛教,最可化解当世的国与国之争、族与族之争以及人与人之争的局面。也正是在这种意义上,他要援佛入哲。他表示:“必合佛、哲二学,同条其贯,方能天下归仁。”[②]其实,在中国近代史上,认为佛教可以造福人类,并非胡礼垣所独有。康有为作为中国近代史上最著名的乌托邦提倡者,代表作《大同书》同样渗透着浓浓的佛教情结。其“大同说”虽来自儒家,但其理论基础实际上是大乘佛教。康有为曾说过:“孔教乃佛法之华严宗也,众生皆成佛。”

从宗教尤其是佛教的类型划分,佛教应该是最出世的宗教,但如康有为、胡礼垣这般极度关怀世俗之事的政论家、思想家却无一例外地将佛教当成入世的理想世界而用。对于这种看似矛盾的现象,德国著名的社会学家、历史学家马克斯·韦伯作了极具说服力的诠释。韦伯依据他所独创的“理解”和“理想型”的方法论,论证了宗教在东西方国家近代化中的不同功效。在《新教伦理与资本主义精神》一书中,韦伯集中探讨了理性的资产阶级、资本主义如何兴起的论题。韦伯在此力图论证:理念与理想并非总是物质环境的反映,它可以成为引发社会经济变迁的真正独立又自发的动力。具体地说,西方民族在宗教改革以后所形成的新教,对于西方近代资本主义的发展起了重大的促进作用。韦伯认为,新教伦理不仅和资本主义精神有着一种内在的亲合力,而且是导致资本主义

① 《胡翼南先生全集·梨园娱老集》(264)卷26,1页。
② 《胡翼南先生全集·涅槃经论》(266)卷53,12页。

制度形成的一个活跃的、决定的力量。韦伯以新教中的加尔文派的教义为例来说明这个问题。加尔文派信奉上帝预选说，认为人的生死是由上帝永恒的天命所决定的，“按照上帝的旨意，为了体现上帝的荣耀，一部分人与天使被预先赐予永恒的生命，另一部分则预先注定了永恒的死亡”[①]。因此，加尔文教徒为了避免遭到上帝的惩罚，争取获救，便开始了无休止的劳作和有条有理的世俗活动。这种建立在“天职”基础上的合理的经济行为，导致了物质财富的大量积累，为现代资本主义的产生创造了必要的物质条件。加尔文教徒的天职概念，还创造了一种与众不同的“劳动精神”。勤奋工作是一种美德和一种道德义务。大量清醒、谨慎而且特别勤奋的工人，为资本主义的生产提供了一支充满这种精神力量的劳动大军。此外，加尔文教的禁欲主义教条不允许它的教徒们消耗财富，要把已经获得的财富用于投资，“禁欲主义的节俭必然要导致资本的积累。强加在财富消费上的种种限制使资本用于生产性投资成为可能，从而也就自然而然地增加了财富”[②]。总之，韦伯在该书中所宣扬的核心观点是：新教伦理使物质（资本主义的制度性）与精神（资本主义的规范性）达到了高度的结合，从而促成了现代资本主义的产生。

受韦伯观点的影响，日本学者中村元也阐释了佛教的入世意义。他提出，各种行业都有宗教意义（宗教给予伦理规范），所谓“各人之职业，乃一佛之分身”。因此，佛教不仅具有

---

① 〔德〕马克斯·韦伯著，于晓、陈维纲等译《新教伦理与资本主精神》，三联书店，1987年，15页。

② 同上，135页。

“近代性”，而且与社会伦理有深切的关系。[①]

当然，就康有为、胡礼垣而言，他们都没有把佛教当作有利于近代物质文明的因子，但他们都不约而同地认为佛教教义可以作为理想世界的伦理规范。胡礼垣曾说过：

> 大同之理，以天下为一家，以中国为一人。其视地球各国，决无大小强弱之分，而生其攀援傲慢之见也。慕圣贤已饥已溺之怀，则仁同覆载，学善士大慈大悲之念，则爱及愚蒙。[②]

又说：

> 农业国与工业国为物质上之协，东洋文明与西洋文明为精神上之协。一方为发展自由之特长，一方确收国际上之道义。[③]

据此可知，胡礼垣要以“和协”“道义”取代“争夺”与“权利”，作为国际社会的相处准则。也正是在这种思路之下，胡礼垣批判了达尔文的“物竞天择说”。

英国博物学家达尔文在完成了环球考察后，于1863年推出了影响人类进程的巨著——《物种起源》。在该书中，达尔

---

① 详见中村元著《日本宗教的近代性》，东京春秋社，1964年。中村元著《宗教与社会伦理——古代宗教的社会理想》，东京岩波书局，1965年。

② 《胡翼南先生全集·宗教略义下》(266)卷56，7～8页。

③ 同上，卷55，14页。

文依据生物界演化的现象，提出了“物竞天择”的进化论观点。该书首次引进中国是在1920年，由马君武翻译，中华书局出版，书名为《达尔文物种原始》。但达尔文思想在中国的传播，却首推中国近代传播西学的始祖——严复翻译赫胥黎的《天演论》。赫胥黎的原著《进化论与伦理学》，写于1894年。严复在英国留学时，正是进化论、庸俗进化论流传的年月。1896年夏天，面对东西方列强在甲午战后掀起的瓜分中国的狂潮，严复翻译了赫胥黎的名著，取名曰《天演论》。严复在书中突出了赫胥黎所宣扬的社会达尔文主义，强调人类历史也如同自然界的进化一样，演绎着种族冲突与弱肉强食的逻辑，这便是“物竞天择，适者生存”。严复用心良苦地警示国人：倘若不思进取，墨守陈旧，中华民族也将如自然界中被淘汰的物种，面临着种族灭绝的危险。客观地说，赫胥黎所宣扬的进化论观点，是对达尔文进化论的误解，在某种意义上为帝国主义侵略提供了理论依据，其本人也成为列强侵略扩张的辩护师。但赫胥黎的理论观点，切中中国的现实，因而一经问世，便即刻风靡中国知识界，成为在马克思主义东来之前对中国影响最大的理论思想。严复也有了“近代中国传播西学始祖”的美誉。鲁迅先生尝言：“佩服严又陵（严复，字又陵，又字几道——引者注）究竟是‘做’过赫胥黎《天演论》的，的确与众不同：是一个19世纪末年中国感觉锐敏的人。”①

按照社会达尔文主义者的理论，人类社会的历史就是一部充满着血腥与争斗的历史，“胜者为王，败者为寇”即是人类社会发展的全部内容，并且这种现象将伴随着人类的始终。

① 鲁迅《热风·随感录二十五》。

它同胡礼垣所描绘的“爱人如己”的大同理想格格不入。因而，遭到胡礼垣的反对、批判，自然就在情理之中。胡礼垣对进化论观点的抨击主要体现在《德皇叹》中。胡礼垣认为国际社会间的争斗，尤其是第一次世界大战的爆发，主要是一般人误解了《天演论》，把本来存在于自然界的“优胜劣汰”规律，错误地引入到人类社会，并且将之当作国际间争夺的理论基础。而事实上，达尔文进化论所说的“优胜劣汰”在人类社会的表现应该是“争胜于道德，非争胜于血气”①，并且所谓的竞争是“与天争竞，非与人争竞”②。

在《德皇叹》中，最能代表胡礼垣对进化论观点批判的诗文有三处，在此将一一列举，且加评判。

其一为：

其一百三十三

鼎鼎百年无几屐，茫茫千古一盘棋。
思穷纽顿探天日，想透裴根格物时。
倾覆栽培都自召，胜优败劣岂他为。
先尊意识才科学，争竞生存勿见欺。③

胡氏在此对欧战进行反思，徒有科学进步，忽略道德文明提高，不仅不能使人类趋于幸福，反而只会给人类的犯罪(战争、残杀等)插上翅膀，助纣为虐。

在对该诗所加的按语中，胡礼垣表达了其对进化论所倡

① 《胡翼南先生全集·德皇叹》(265)卷39，1页。
②③ 同上，卷41，15页。

言的“竞争”的理解，明确指出，与天竞争，而非与人竞争，才是达尔文、赫胥黎观点的本意；与天竞争，带来的是人类文明的提高，与人竞争，造成的是人类之间无休止的杀伐凶残。遗憾的是，世人没能准确地把握达尔文、赫胥黎的思想观点，将之误读、误解，结果导致了人类社会有史以来最大的一场悲剧发生，这便是第一次世界大战。其按语如下：

予尝论达尔文及赫胥黎二子之书言争竞者，乃与天争竞，非与人争竞也。与天争竞者何？夏葛冬裘是其一端也。与人争竞者何？杀伐凶残是其最甚也。与天争竞者，愈争竞则愈进于文明；与人争竞者，愈争竞则愈促其祸败。惜世多昧，昧此与自由二字皆口头禅之为累也。一千九百一十四年十一月九号，英京大宴联军各代表于大会堂，众人颂扬之下，法使代联军答云：“他日史册中所言此次战祸兵燹之惨，联军断不任咎。如斯惨戮，是由博士所教，助以格致之理，俱皆为世所未前闻者，联军只凭后人之公断而已。”①

其二为：

其二百零二

一从死走一生趋，竞爱相悬两异途。

① 《胡翼南先生全集·德皇叹》(265)卷41，15页。

仓扁善医仁者术，原屏好战咎之徒。
冬裘夏葛功应赏，毒手凶拳罪必诛。
天演诸篇如误会，焚书秦政是良图。

胡氏在此重申其对《天演论》进化观念的理解。他认为，《天演论》中所讲的进化理论，是指自然界的进化，并不能包含人类社会特有的规则；争存竞生理论或现象也纯指自然界万物的生存规则。可悲的是，该理论问世以来，却屡屡为别有用心的人所借用、宣扬，用之于人与人之间的关系处理上，遂导致了人类之间的相互杀伐。此真乃该理论的发明者达尔文、赫胥黎先生的悲哀。换言之，倘若早知如此，即一种学术理论会给人类社会带来如此深重的灾难，还不如效仿焚书的先祖秦始皇将其销毁在面世之前。

仓扁谓扁鹊、仓公，皆善医者也。……原屏见宣公十二年晋楚泌之战。近世讲学家谓：人类之进化，一由于相爱之力，一由于相竞之力。爱力为团结之势力，宗教之说也。竞力乃分子之改良，天演之说也。余谓：天下后世必以宗教之说为尚。若天演之说所谓争存竞生，乃与天争竞，非与人争竞也。栽者培之，倾者覆之，是其义也。若与人争竞，如此番之战，则是反背文明，凌迟礼教。讲学若此，其书可焚也。[①]

---

① 《胡翼南先生全集·德皇叹》(265)卷43，1～2页。

其三为:

其二百一十四

误世方针不可传,将军白耳说风癫。
甘陈有武原余事,绛灌无文本自然。
铁血一言人变兽,和平二字佛而仙。
曹彬托疾吾心爱,恰与维摩结净缘。

胡礼垣再一次表达他对进化论的认识。他认为,对天演论的最好理解,应该是遵从儒家学说的"中庸之道"。儒家学说的创始人孔老夫子曾说过:"过犹不及,是谓中庸。"此种观点不仅适用于人类,同样也适用于自然界。西方国家之所以将进化论观点无限制地扩张,是因为他们没能理解"中庸之道"的真谛,没能掌握人与人之间相处的关系,没能领悟人与自然相处的奥秘。胡礼垣在此表现出对自然界认识的不可知论,并且继承与发扬了中国传统文化"天人合一"的整体观念。依照他的观点,人们认识自然的能力与改造自然的能力是有限的,而大自然的奥秘是无穷的。以有限的人力是永远无法彻底征服自然的。正确的做法应该是保持人与人之间的和谐,人与大自然之间的和谐,努力创造一个充满和谐的世界。欧美人的可悲之处在此,欧美人的罪过也在此。当他们从中世纪神的阴暗下解放出来之后,就无限制地扩大了"人"的能量,错误地认为"人"是无所不能,无所不有的。尤其是在他们凭借着科学的力量取得了阶段性的改造自然的成就之后,更是将"人"的能量渲染到无以复加的地步,狂妄地认定,"造物之精华有限,不能供人之求",从此便有意和无意地曲解达尔文、赫胥黎的进化论观点，人为地为自己开辟了一个争斗的场所，这便是“人与人之争，国与国之争”，使原本充满和谐的人世间，变成了一个充斥着罪恶、血腥的屠宰场。最具讽刺意味的是，当他们完成了一次次的屠杀、抢掠之后，他们还振振有词地宣称，我们这样做是有科学依据的，是合乎人类社会发展规律的。在此，胡礼垣愤怒地斥责道：“持此以往，则达尔文、赫胥黎其罪无穷，永永为地狱中人耳。”

为让读者更好地理解诗文，胡礼垣特地为其作了一个长达 200 余字的文字说明：

> 天演之学，吾屡以中庸栽者培之，倾者覆之之说解之，而谓优胜劣败者，乃与天争，非与人争也。天地之秘奥，蕴藏无穷，如江上之清风，山间之明月，取之无禁，用之不竭，惟人不知自浚其聪明，乃反谓造物之精华有限，不能供人之求，于是人与人争，国与国斗，持此以往，则达尔文、赫胥黎其罪无穷，永永为地狱中人耳。想其立言之初，心必非如此，解者之误，吾无疑焉。德国白以那的将军著书专主战争之说，而谓和平为政府欺人之语。窥其所学，乃崇尚卑士麦之外，无余思焉。至书由始及终，凡关人道与公法、公理者，一意摧残，不留余地，乃知今日之战祸有所由来也。①

胡礼垣在辨析达尔文、赫胥黎进化论观点的同时，还痛斥

① 《胡翼南先生全集·德皇叹》(265)卷 43，9 页。

文明倒退，明确指出，造成文明倒退的根源在于误解了进化论。在《德皇叹》第256首诗中，胡礼垣写道：

请盟梨树蕃难信，献簿泾州虏可疑。
奸诈古人曾有此，野蛮今日复由之。
江黄日本高勾丽，虞虢刁敦比利时。
若使文明论进步，千年未见长毫厘。

胡氏在此诗中针对1914年第一次世界大战所发生的前所未有的人类之间的相互屠杀，深刻反思了人类社会有史以来的进步，文明的进化，经过比较得出了让人痛心的结论：就占有欲、侵略欲、征服欲、野蛮性以及为达到目的无所不用其诈的阴险性而言，几千年以来人类没有进步可言。为了强调此种观点，胡礼垣在对该诗所加的按语中，特地录用了德国进步党首领巴沙文氏所作的演说词："1914年12月14号英外务部电德国报章登录德国进步党首领巴沙文氏向该党员演说声言，'德军将永占现据之地'。其言曰：'愿吾谨守占有之胜利，以图吾人其余之所需。有血肉之战，然后有优美之胜仗。此乃今日之所应道者也。'"①

1914年10月28日，香港《华字报》转载了奥地利人鲁定格在上海中西旅馆发表的演说词。鲁定格在演说中，毫不顾念母国在一战中遭受的灾难，反而向中国人大放厥词，称："战争为世界之所不能免，文明进步皆由于此，故深有希望于中国之陆军云云。"胡礼垣读后，抑制不住心中的愤怒，当即撰文批

① 《胡翼南先生全集·德皇叹》(265)卷44,3页。

驳。这便是《德皇叹》第 260 首诗。他认为，所谓文明进步关键在于“自修”并不在于通过杀伐来促进，否则便是文明的倒退。胡礼垣说：“欧洲此番之战为文明者之所不齿，而奥国之伤残尤甚，乃犹作此论，而欲中国之步其覆辙，焉知其言乃一人之私言，而非天下之公言也。按进化，文明之进步，只在自修，若与人争竞，至于杀伐、凶残，则其为野蛮退化之道，亦复何疑？”①

胡礼垣在《德皇叹》第 273 首诗中，发表了他对文明倒退原因的看法。他认为，第一次世界大战实际上是人类科技水平的一次大展览，交战双方拥有的兵种之全，武器之精良，可谓亘古未有，它在某种意义上代表了人类的“文明”程度。倘若据此认定人类文明较前有了巨大提高，那才是大错特错。凭借先进科技武装相互杀伐，并不标志着文明的演进，而是对文明的亵渎，实际上是“文明”本身的倒退。至于导致“文明”蜕变的缘由，胡礼垣认为，就在于欧美国家误解了《天演论》的进化观念。此处有诗为证：

撇漩捎渍无险阻，欹帆侧柂入波涛。
逍遥河上升平舰，惶恐滩前乱世艚。
二十华藏成孽海，千条界划尽军濠。
岂真天演害如此，犹诩文明进化高。②

达尔文的进化论观点自提出至今，就遭到了无休止的质

① 《胡翼南先生全集·德皇叹》(265)卷 44，6 页。
② 同上，13 页。

疑，截至现在，虽不能从根本上推翻其说，但至少可以肯定的是，达尔文所提观点存在着某些缺陷。至于胡礼垣在当时的情况下对达尔文进化论的辨析，则是学理压倒实证，需要多于求真。著名学者汪荣祖曾对此作过精当的注解。他说："礼垣对《天演论》的'新解'不一定正确，但其'新解'的意义，不在是否正确，而在显示其大同思想的观点。"①

在如何实现大同理想的途径上，胡礼垣"大同"思想明显受西方现代国家观念的影响。探究胡礼垣大同思想的起源则会发现，西方思想的主权意识、民族观念、国家学说是其大同思想发轫点之一。换言之，正是西方近代思想观念的灌溉，才使得胡礼垣抛弃了中国传统思想中的王朝观念，代之以崭新的国家观念、民族意识。《新政真诠》作为胡礼垣与何启的变法理论著作，处处流露着他们对国家的忠诚和民族富强的渴望，但是身为深受西学浸淫的新式知识分子，胡礼垣又时常陷入一种两难的境地，他既为亡国灭种的危机而忧心忡忡，又对欧美国家的富强与霸道而艳羡、愤怒，在其"大同"思想中也由此存在着一种难以理清的矛盾。西方人的说教与示范，促成了胡礼垣国家观念、民族意识的升华，使之成为坚定的爱国者、民族主义者。但中国在一次次改革失败后的继续沉沦，又让他痛心不已，上下求索。如何在东西方列强的铁蹄下保全中国，为贫弱国家寻找一条新生之路呢？胡礼垣在当时的历史条件下，惟一能够找到的就是"大同"思想。且其"大同"理想是超越国界、超越民族的。这又同胡礼垣思想中对祖国富

① 汪荣祖《晚清变法思想论丛》，（台湾）联经出版事业公司，1983 年，187～188 页。

强的期盼形成内在的紧张。其实，胡礼垣深深懂得，只要有国家存在，有民族存在，人类社会就会因利益的驱动而发生争执、战争，就会有弱肉强食的现象。因而，胡礼垣所推崇的“大同”理想含有浓重的空泛性、虚妄性。他曾经提出了一种“定于一尊”的全球国家观念，即全球各国成为一大共和国，通过全球公民投票选举产生大总统，其人虽掌握天下兵权，但必须是全球民意的代表。如此以来，便能天下太平，消弭战争。这便是《德皇叹》第 64 首诗中所表达的主题思想。

行路难歌日未昏，九关虎豹尚风喧。
闲时制械兴妖物，盛世多财长祸根。
对酒投壶欢舞影，闻雷失箸悸亡魂。
伯灵台偃俱佳话，他日终推定一尊。

在对该诗的注释中，胡礼垣更是清楚无误地宣达了他的全球国家观念。他说：“使地球合共为一大共和国，兵权总于一人。而此一人者为天下各国之公选，而常随天下之公议，则虽欲不太平不可得也。”[①]在对实现“大同”理想的解释中，胡礼垣虽也曾按照儒家“己欲立而立人，己欲达而达人”的说教，强调应“本一公字而分其缓急、轻重则得之矣”，据此即可显现“大同之效”[②]，但他更多地是寄希望于欧美国家。实事求是地讲，胡氏的“大同”理想就内容而言是含混不清的，就实现途径而论同样也是模棱两可的，且随时在变。当欧战爆发之际，胡氏

① 《胡翼南先生全集・德皇叹》(265)卷 40，6 页。
② 同上，12 页。

对西方社会产生了悲观失望，但当美国总统西奥多·罗斯福发表演说，强调加强国际合作，制止战争、禁止凌弱之后，胡氏遂将罗斯福之言论视为实现其“大同”理想的最佳方案。在《德皇叹》第263首诗中，胡礼垣写道：

汉王何事重歌风，据陆龙蛇一扫空。
理盾强权安宇内，情除虐政酌时中。
群雄揖让昭文德，万国共和显武功。
正正堂堂常胜阵，公平二字是元戎。

在为该诗所加的按语中，胡礼垣将美国总统西奥多·罗斯福视为大同思想的同道，对罗斯福的讲话进行了高度评价。他说：

劳斯福之论中有斩钉截铁之语，如惟有以强权为公理之后盾，以证明公理，乃真正之强权。又曰：“必也合全世界诸文明大国，订立万国协约，以各他国之实力辅助各国及弱国之无故被人侵犯者，庶克有济，是也。”是语也，将进天下于大同矣。①

其实，早在欧战爆发之初，胡礼垣在给英国传教士李提摩太的致函中，即表达了加强国际合作，实现大同理想的强烈愿望。1914年，香港《华字日报》发布一条新闻：英国传教士李提摩太提出“全球弭兵之议”，称其“欲联合英、俄、法、德、美、

① 《胡翼南先生全集·德皇叹》(265)卷44，7页。

中国、日本、义、奥、比10国组织一公立机关，各举代表，更互选立会长一名，合订一共同遵守之平和公法，而予会长以强制执行之权力，各废海陆军，但办巡警，即以十大国每年之军费移办实业，庶可成一庄严灿烂之世界"。读罢报道，胡礼垣高兴异常。据他自称："闻此曲踊三百，欢喜非常"，认为倘若此种倡议果真能实现，则"救世教之名义大有光矣"[①]。胡礼垣在暗自祈祷的同时，写信给李提摩太，倾诉同志间的心声，阐述他对大同之世的认识。信中，胡礼垣详细向李提摩太介绍了自己多年来对大同理想的探索与追求。他称道：1908年出版的《梨园娱老集》其实就是为"大同之治而作"。该集的"弁言一篇是大同影子，第一册破专制，开大同之基也；第二册箴自由，立大同之极也。指点当前，为仁不远，此女界售物诸诗所为，附录于后也。论说归宗，注言详达，而大同之道，此集昭昭矣。读此集者亦可以昭昭矣"[②]。在随后的述说中，胡礼垣认为，不管是东方人，还是西方人，在对人类的终极关怀上是相同的。这就叫做"人同此心，心同此理。理既同矣，则人之好善，谁不如我"？从这种意义上讲，"梨园者，世界人情之代表也"。尤其是伴随着"海运大开以来，各国智识交换，文明进步一日千里，便程服物等事，精益求精，进而愈上，实为前古之所无"，为人类的交往、对话建立了一个坚实的平台。目前，人类社会惟一存在的缺陷是"未能止息干戈耳"。可以断言，"他日环球各国必将相与大破专制，通行自由，而成至治大同之

① 《胡翼南先生全集·寄李提摩太书》(266)卷59,10页。

② 同上,《梨园娱老集》(263)卷23,1页。

盛”①。

在信函的最后，胡礼垣热切地希望，环球各国“能联成一会，以保宇宙之太和，合天一而一贯”②。

“大同”理想是胡礼垣毕生的追求，是他人生的最高目标，为此他付出了一世的心血。他如慈母照料婴儿般对其百般呵护，疼爱有加；他如画师般对其细心描绘，倾力打造；他如园丁般对其仔细侍弄，时常裁剪。但是，严酷的现实，却每每让胡礼垣伤心不已，受挫不止。辛亥革命后，中国社会没有呈现出胡礼垣臆想中的“大同之治”，代之而起的是武人掌权，文人变节，中国依旧贫弱不堪，整个社会陷入无序的状态。更令胡礼垣想像不到的是，他曾经寄予厚望的西方国家不仅没有承担起引领世界走向“大同”盛世的历史重任，反而在继续扮演着追逐名利，杀伐征服的强人角色。第一次世界大战结束后，虽然有“国际和会”的产生，有“国联”的成立，但世界局势的发展并没有由此走向和平、大同，国际间奉行的准则依旧是“强权即公理”。1919 年结束的第一次世界性大会——“巴黎和会”虽名之曰“和平会议”，实则成为东西方列强的“分赃会议”。作为战胜国出席该会的中国且不说没有赢得胜利者的尊严，在事实上仅成为了东西方列强利益的牺牲品，争相瓜分的对象。强权再次战胜公理。此时此刻，离胡礼垣病逝已经过去了 3 年，倘若胡礼垣地下有知，他定会为人类，为中国，更为魂牵梦绕的“大同”理想欲哭无泪，仰天长叹。

---

① 《胡翼南先生全集·寄李提摩太书》(266)卷 59，12 页。

② 同上，14 页。

终其一生的理想追求，“大同”理想是胡礼垣最高的政治理想，最高的道德理想，最高的价值理想。为此，他不惜倾注几十年的心血精心打造，不断补充完善。事实上，胡礼垣也明知“大同”理想决非一蹴而就。他在寄李提摩太的书信中对此曾经有过清楚的表述。在向李提摩太介绍何以将自己的诗集起名为《梨园娱老集》时，胡礼垣说：自己虽然极度向往大同盛世，但“独恐目今无的真英雄豪杰能转移风气，力挽狂澜，必俟后世贤者乃能为之，使我不能及吾身亲见之耳。因托于诗歌，发挥胸臆，上诉真宰，聊以自娱，而名曰：《梨园娱老集》”①。据此可知，胡礼垣是明知“大同”理想难为而为之，反映出身处社会转型期的中国新式知识分子因对现实的无奈而寄希望于未来的心声。大同理想是胡礼垣精心构筑的梦幻乐园，他那颗孤寂的心灵在此享到了些许慰藉；大同理想是胡礼垣苦心经营的避风港，当他拖着疲惫的身心归航时，他会在此暂住、歇息；大同理想是胡礼垣的伤心地，他归来时伤心，走出时依旧是伤心，直至带着伤心步入他的“无所有之乡”。

二、民权思想

向来自视甚高的康有为曾经将自己看作近代中国首倡民权思想的第一人。他说：“仆在中国实首创言公理，首创言民权者，然民权则志在必行，公理则今日万不能尽行也。”②梁启超作

① 《胡翼南先生全集·寄李提摩太书》(266)卷59，12页。
② 汤志钧编《康有为政论集》(上册)，中华书局，1982年，476页。

为康有为的弟子在其《康南海先生传》中也有类似的说法。他认为康有为是与卢梭、马志尼、吉田松阴相媲美的"现时之人物""造势之英雄",是中国民权的首倡者①。其实,历史事实并非如康梁师徒二人所言。根据目前所见资料,笔者认为,何启、胡礼垣才是中国民权思想的首倡者。法学博士王人博先生在《中国的民权话语》一文中也有过类似的提法。他称:"康梁师徒可能是民权的鼓吹者,但未必是使用民权概念的第一人。"②著名史学家汪荣祖先生曾经高度评价了何启、胡礼垣对中国民权思想产生与发展所做出的创造性贡献。他在《论晚清变法思想析论》一书中说道:"何启与胡礼垣更倡议人权,所论略似西方'天赋人权'之说,谓人人有免于压迫、欺凌、不法之权利。"③

民权思想在何启、胡礼垣整个思想体系中占有最重要的地位,是其政治改良思想体系的核心,也是他们明显有异于同时代其他改良思想家的突出之处。

下面将从两个方面展开对该问题的论述:民权思想的精神来源;民权思想的外在实体。

(一)何启、胡礼垣民权思想的精神来源

揆之于卷帙浩繁的《新政真诠》,考察何、胡在该问题上具体阐发的论点,结合何、胡二人的家庭出身、所受教育及生活

① 梁启超《康南海先生传》《清议报》第100号,《饮冰室合集·文集之六》66页。

② 王人博《中国的民权话语》,《二十一世纪》(香港)2002年9月号,总第6期。

③ 汪荣祖《晚清变法思想论丛》,(台湾)联经出版事业公司,1983年,40页。

的社会环境，促成何、胡民权思想形成的来源主要有二：中国传统的民本思想；西方国家的天赋人权思想。但二者在其整个的民权思想系统中所占比例并不均等。前者仅仅是对后者的补充、完善，后者才是其民权思想最主要的发轫点。

其实，单就“民权”一词的出处而言，它如绝大部分现代汉语词汇一样，也是一个舶来品。根据一些学者的考证，“民权”一词既不见于中国古代典籍，也不是康有为的发明，而是西文“民主”（democracy）一词的日本译法。日本人之所以将democracy译作“民权”，是因为“民权”一词更能彰显“人民权力”之义[①]。对于此种说法，近来有两位学者提出了质疑。谢放、王人博都认为，“民权”一词来自日文是毫无疑问的，但如果把“民权”一词说成是西文democracy的日译则不准确。实际上，西文democracy在日语中更多地是译为“民主”。据日本学者实藤惠秀考证，democracy在近代日语中被译作“民主”，译成汉语最初为“德谟克拉西”，后期为“民主”[②]。另，《日本国语大辞典》和《日本语大辞典》也把“民权”和“民主”分列为两个词来解释：“民权”是指人民参政的权利（suffrage）；人民的人身和财产的权利（civil rights）。“民主”是指人民的主宰者地位和人民主权。由此可知，将“民权”说成是democracy的提法是不准确的。

那么，“民权”这一中文词汇从何而来呢？根据目前资料

---

① 韦杰廷、陈先初《孙中山民权主义探微》，广西师范大学出版社，1995年，24页。

② 〔日〕实藤惠秀著，谭汝谦、林启彦译《中国人留学日本史》，三联书店，1983年，338页。

可知，最早对此问题做出答复的是何启、胡礼垣。可惜的是，很长时间以来，没有引起中国学界的注意。1899年，何启、胡礼垣在辩驳张之洞的《劝学篇书后》中，曾有过明确的说明，认为“民权”的中文词汇是中国的知识分子对日文的“自由”(liberty)的转译。

> “里勃而特”译为自由者，自日本始。虽未能尽西语之意，然以二字包括之，亦可谓能举其大由。自由二字而译为民权者，此必中国学士大夫读日本所译书者为之，其以民权二字译“里勃而特”一语，吾无间然，独惜译之者于中外之理未能参究其同，阅之者或至误猜其意。①

对于何启、胡礼垣的此种说法，当代学者王人博先生做了较为妥切的注释：

> 何启和胡礼垣氏的说法或许有一定的根由，但上述的日本两部辞书仍把“自由”和“民权”作为两个词来分述的。而在中文文献中他们也是被分成两个词，如，严复的《原富》按语中即同时出现有“自由”、“民权”二词。日文的“自由”一词涵义颇繁，作为西文的译语则有二：一是 freedom，二是 liberty，前者主要指精神的自由，后者主要指政治的自由。法学意义上的“自由”指的是法律上的权利。从这个意义

---

① 何启、胡礼垣《新政真诠·劝学篇书后·正权篇辨》(263)卷18，21～22页。

> 上讲，“民权”也可理解为法律意义上的“自由”。严复把 rights 译为“权利”，后又主张译为“民直”而与“民义”(obligation，又译为“义务”)相对应。《东浙杂志》1904 年第 4 期刊《民权篇问答》称：“权在西书者为 rights 五字，此五字者，或译为毅力，或译为原力，或译为心德，日本人概译为权。”唐才常引王韬语：“欧洲有议院，有国会，君民共治，一秉至公，所有法律，皆受成国会，故其为法，以护人民权利为主。”杨度言及“民权”时亦说：“民若皆知国者我之国，而君为民而设者，则必于身命财产之权利各出其死力以自保。”中国的知识者或许正是从日文的“法律自由”的意义上使用民权一词的。①

何启、胡礼垣在使用“民权”一词，阐发其民权思想时，的确是从“法律自由”的意义上进行表述的。更有趣的是，何启、胡礼垣在使用“民权”一词时，一方面给这一蕴含着鲜明政治色彩的词汇赋予了西方式的注解，另一方面又从中国传统文化宝库中，引经据典，旁征博引，大行中国“古亦有之”的思维方式。其宗旨不外乎最大限度地减轻来自传统社会“非圣无法”的压力，消解保守势力内心的紧张情绪，在东西方文化之间架起一座能够对话的桥梁。在这一点上，何启、胡礼垣与同时代的启蒙思想家们的做法并无二致。在此，需要强调的是，何启、胡礼垣的这种做法，既是一种宣传策略上的考虑，但更多的是信仰上的思考。换言之，中国传统的“民本”思想，是

① 王人博《中国的民权话语》，《二十一世纪》(香港)2002 年 9 月号，总第 6 期。

何启、胡礼垣“民权思想”灵犀的重要来源之一。

“民本”一词最早见于《尚书·夏书》的《五子之歌》：“民为邦本，本固邦宁”。稍后的《诗·大雅》则从人性观上对“民为邦本”作了进一步的说明：“天生烝民，有物有则，民之秉彝，好是懿德。”《春秋左传》则首次点化了“君”与“民”的依存关系，强调了“民”先于“君”而生，“君利”的前提是“利民”：“天生民而树之君，以利也。民既利矣，孤必与焉。”《春秋左传》襄公十四年（公元前559年）晋师旷从“天命”的角度深化了君主“牧民”“爱民”的重要性。他说：“天生民而立之君，使司牧之，勿使失性。……天之爱民甚矣，岂其使一人肆于民上，以从其淫而弃天地之性？必不然矣。”在诸子百家中将“民”这一社会构成基本元素重要性的认识提升到民本主义的则是儒家，《孟子》是对有关民本主义阐述最详尽、最深刻的儒家文献。《孟子·尽心下》有：

孟子曰：“民为贵，社稷次之，君为轻。是故得乎丘民为天子。”

为了加强对这一儒家政治民本主义的经典表述，突出“得民心”与“失民心”对君主专制统治安危的重要性，儒家思想的发扬光大者孟子又引征夏桀、商纣失国的史实，作了更进一步的阐发。《孟子·离娄上》有：

桀纣之失天下也，失其民也。失其民者，失其心也。得天下有道，得其民，斯得其天下矣。得其民有道，得其心，斯得民矣。得其心有道，所欲与之聚之，所恶勿施尔也。民之归仁也，犹水之就下。

不可否认，正是儒家学说的存在，为中国传统文化注入了民本主义的思想血液，引起了统治者对"田野之民"[①]生存环境的重视，对"田野之民"存在价值的考虑，最典型的如大唐天子李世民"水可载舟，亦可覆舟"的君民舟水之喻。这也就是为何在中国几千年的封建社会里，每逢改朝换代，社会鼎革之际，新立王朝，每每将关心民生疾苦放到一个相对重要位置的缘由所在。知识分子准确地说是儒家知识分子也据此博取到社会的独特位置，体现了这一社会阶层的特殊价值，成为转达圣旨，传递舆情的中介体，确立了高居"四民之首"的地位。但是，还应该看到，儒家知识分子在抱定民本主义衣钵的同时，还在扮演着君主专制统治合法化鼓吹者的角色。在他们倡导"民为贵，君为轻"的同时，又诉说着"君子者，天地之参也，万物之总也，民之父母也"[②]。纵览中国数千年的历史，就会发现，即便是那些激烈批判君权的儒生，也是以主张"君为民主"为前提的。提出"明君论"的罗隐曾说过："百姓所赖在乎一人，一人所安资乎万姓，则万姓为天下之足，一人为天下之首。"[③]以竭力反对君权而著称于世的陈亮也说："君臣，天地之义也，君臣不在其终，则大道废而人道阙也。"[④]明末清初以反对君权而享有盛名的黄宗羲在批判君权时也曾声明："原夫

① 朱熹《四书章句集注》："丘民，田野之民。"
② 《荀子·王制》。
③ 罗隐《两同书·损益》。
④ 陈亮《陈亮集·问卷六》。

作君之意，所以治天下也。”[①]据此可知，在儒家所设计的并且自认为是最理想的“君主民本”的政治范式中，“民为本”与“君为主”是连为一体的，“民为本”的确切意义应当是“君为民作主”，“君”牢牢地占据着社会发言人的中心位置，“民”作为一个消极被动的客体，只能无可奈何地退居社会的边缘。“君”当仁不让地位居万民之首，是万民意志的主宰者，是阳光雨露的播撒者。对于这样一个处处隆升君权，时时为王朝的长治久安殚精竭虑的学派，君主们抬高他们的地位，又何乐而不为呢？就百姓而言，统治者的倡导、灌输，外加该学派对民间疾苦的些许关注，接受儒家自然也就成为一种无可奈何的选择。这就是儒家自汉朝以降、由春秋战国时期百家中的一家而锐变为至尊的原委所在。就儒家在中国历史上数千年独享至尊的境况而言，真可谓是集百家宠爱于一身。对此，有学者作了鞭辟入里的剖析：“他们（儒家——引者注）既经常给君主提出劝告性的意见，又时时强调‘君主统治’的不可或缺。这样，通过对君主的道德规劝他们便争取到了民众面前的‘话语优势’；通过强调民众服从统治的重要性他们又在君主面前取得了政治舆论的支配权。”[②]

儒家传统的说教方略影响着迈入近代社会的中国知识界，儒家民本传统的内在价值自然也就成为与西方民权概念对接的资源。鸦片战争后，西方人在器物层面上取得的一连串胜利，引发了中国知识分子对西方富强奥秘的探寻，对中国衰败原委的追问。经过几十年的探求，中国的先进知识分子

① 黄宗羲《明夷待访录·原君》。

② 王人博《中国的民权话语》，《二十一世纪》(香港)2002 年，总第 6 期。

将西强东弱的症结归于民主与专制，想当然地认为，西方之所以富强，就在于采行了民主体制，而民主体制的畅通无阻，就在于扩张民权。尽管这种答案并非问题的全部，但在当时的历史条件下，中国知识分子还是坚定不移地认为：仿效欧美，采行民主体制，中国就能走出贫穷落后的困境。答案已经找到，但如何将西方的民权观念移植到东方，实现西方话语与东方话语的自然嫁接呢？中国的知识分子不约而同地将目光投向了传统文化，大有"发思古之幽情"的企盼。他们发现，在中国传统的文化宝库中，惟一接近于西方"民权"概念的就是儒家的民本主义。尽管西方的民权概念与儒家的民本传统有着本质上的区别。但他们相信，通过对民本传统的重新诠释，就能够在东方的民本主义与西方的民权主义之间搭建起一座相互沟通的桥梁，实现东西方文化的对话。与此相伴的，便是最大限度地消解来自守旧势力的强烈攻讦，为宣扬民权赢得一个相对宁静的舆论氛围。从谋略上，这是一个一石二鸟之计。从方法上，这是一个"旧瓶装新酒"的思路。在近代中国开一代新风的梁启超就曾直言不讳地声明，光绪年间，翻印黄宗羲《明夷待访录》的目的，是为了把它"作为宣传民主主义的工具"①。所以，"民权"是中国近代知识分子调和传统的民本思想与西方激进的民主概念创造的一个为中国人能够接受的新名词，是中国传统的创造性转化。沿着这种思路，近代知识分子为未来中国所设计的理想政治体制自然就是君主立宪。以实行君主立宪而富甲天下的大英帝国更增加了他们的说服

① 朱维铮校注《梁启超论清学史二种·清代学术概念·中国近三百年学术史》，复旦大学出版社，1985年，147页。

力。何启、胡礼垣曾经说过:“民权之国与民主之国略异,民权者其国之君仍世袭其位,民主者其国之君由民选立,以几年为期。吾言民权者,谓欲使中国之君世代相承,践天位于勿替,非民主之国之谓也。”①这就是近代中国知识分子绝大多数抨击专制制度,但极少有人反对君权的深层原因。

何启、胡礼垣作为深受西方文化侵淫的新式知识分子,他们有着同时代人无法比拟的先天优势。他们对西学的认识深度、广度,同时代的中国人罕有比肩。他们对中学痼疾的批判,同时代的中国人难以比拟。但他们尤其是中学学养颇深的胡礼垣也深深懂得,儒家传统既是中华民族赖以生存的胚胎,又是中华民族得以繁衍进化的基因,具有强劲的稳定性、持续性、浸染性,一经踏入就会感受到它无形和有形的存在,就会被它的魅力和魔力所吸引。因此,生活于这种氛围中的人,如同跳入如来佛手中的孙行者,极难逃脱传统的掣肘。社会学家正是基于此种认识,将“传统”视为一条世代相传的事物的“变体链”,围绕一个或几个被接受和延伸的主题形成的不同变体的一条“时间链”,指出:“传统是一个社会的文化遗产,是人类过去所创造的种种制度、信仰、价值观念和行为方式等构成的表意象征;它使代与代之间、一个历史阶段与另一个历史阶段之间保持了某种连续性和同一性,构成了一个社会创造与再创造自己的文化密码,并且给人类生存带来了秩序和意义。”②社会学家的论述,揭示了一条质朴但却永恒的真理:人类社会的发展实际上就是传统的发展。传统作为一

① 《胡翼南先生全集·劝学篇书后》(263)卷18,12页。

② 〔美〕E.希尔斯著,傅铿等译《论传统》,上海人民出版社,1991年,3页。

架吸纳器，经过无数次的吐故纳新、整合调适，驾驭规范着人类的演化，将社会推出了远古、中古，推到了现在，推向遥远的未来。人作为人类活动的主体，既是传统的载体，又是新风尚的创造者。在社会转型期中涌现出的文化边缘人，欲求谋取到发言人的地位，实现民族独立富强的鸿鹄之志，必须经历逸出传统——融入传统——高扬传统的过程。“全盘西化”、“全面复古”既不现实，也不可能。富强的西方只能作为一个现实存在的参照物，学习追赶的已有目标，至于在实现本民族富强的道路选择上，还必须从中华传统文化资源中去寻找，并在此基础上，完成民族文化与外来文化的融合。

何启、胡礼垣在驳难张之洞的《劝学篇书后·正权篇辨》中，用清晰的语言，明确地说道，民权观念并非今日西方人的发明创造，其实早在中华民族作为民族国家出现之初，中国的先哲圣贤们早就在倡导、施行着民权之说，并且在实际的政治操作层面取得了为后世敬仰的业绩。与西方所不同的是，民权之说一直畅行于欧美，但在中国却自秦朝之后中断不行。而正是如此，才导致了今日欧美国家的富强，中国的贫弱。

> 中国民权之说，尧舜三代无不率循，虽其事不及今日泰西之昌明，然其义则见于《尚书》古史。自秦而后，其理顿晦，二千年于兹，未能复矣。苟其能复，则中国国祚断不至移于五洲天限之人。①
>
> 《易》曰：“各正性命，保合太和。”《书》曰：“罔拂百姓，以从己欲。”《诗》曰：“民之秉彝，好是懿德。”此

① 《胡翼南先生全集·劝学篇书后》(263)卷18,3页。

皆中国古书，童蒙即须成诵者也。而人人有自主之权，其义已昭然若揭，何可目自主之理为怪妄，而谓出自外国之教之书哉?①

何启、胡礼垣作为西学素养极深的新式知识分子，在中国传统儒家学说中寻找民权思想资源的同时，他们更多地是接受、吸纳西方的天赋人权思想。西方的天赋人权思想是何、胡民权思想的发轫点，让·雅克·卢梭的天赋人权思想成为何、胡二氏民权思想的最重要资源。卢梭作为18世纪法国大革命的精神领袖，欧洲启蒙思想家，高举张扬个性的大旗，在哲学上，强调精神第一，情感第一，信仰第一，主张人们在大自然中，凭借"内在之光"，即可发现自己有所谓天赋的道德观念。在社会观方面，认为在原始社会的"自然状态"下，人人都享受"自然"自由和平等，现实存在的社会应是经过协议，订立了契约的"公民的社会"；强调人民有权推翻破坏"社会契约"、践踏"人权"、违反"自然"的专制政体。有多年留学欧洲经历和对西学极为精通的何、胡二氏对卢梭思想的精义自然不会陌生。因而，他们所宣扬的民权思想，实际上就是天赋人权观念的自然延伸。特别是在诠释"权"的概念时，何、胡二氏所依循的学理就是天赋人权观念。

夫权者，非兵威之谓也，非官势之谓也。权者，谓所执以行天下之大经大法，所持以定天下之至正至中

① 《胡翼南先生全集·劝学篇书后》(263)卷18,15页。

者耳。执持者必有其物，无以名之，名之曰权而已矣。①

在解释清楚了何谓“权”的概念之后，何、胡二氏又依据天赋人权的观念阐释了人人与生俱来的生存权、财产私有权，并在其中融入了中国传统的民本思想，郑重强调：“天子之权，得诸庶民”，“一切之权，皆本于天”。这实际上是中国传统的“君权民授”观念与西方天赋观念的杂糅。在何、胡二氏的语境中，西方观念中神秘莫测、无处不在、无处不有的“天”，变成了中国现实生活中的“人”。但应强调指出的是，何、胡二氏所谓“顾性命之权、身家之权”以及“民为之摧”的主张，和人民有权推翻不良政府的观点，明显已经超出了传统的民本思想。

以大经大法之至正至中者而论，则权者乃天之所为，非人之所立也。天既赋人以性命，则必畀以顾此性命之权。天既备人以百物，则必与以保其身家之权。是故有以至正至中而行其大经大法者，民则众志成城以为之卫；有不以至正至中而失其大经大法者，民则众怒莫压而为之摧；此非民之善恶不同也。民盖自顾性命、自保身家，以无负上天所托之权，然后为是已。讨曰天讨，伐曰天伐，秩曰天秩，位曰天位，一切之权，皆本于天。然天不自为也，以其权付之于民，而天视自民视，天听自民听，天聪自民聪，天明自民明，加以民之所欲，天必从之，是天下之权，惟民是主。然民亦不自为也，选立君上以行其

① 《胡翼南先生全集·劝学篇书后》(263)卷18，1～2页。

权，是谓长民。乡选于村，邑选于乡，郡选于邑，国选于郡，天下选于国，是为天子。天子之去庶民远矣，然而天子之权，得诸庶民，故曰：得乎邱民而为天子也，凡以能代民操其权也。选于村者不善，则一乡废之；选于乡者不善，则一邑废之；选于邑者不善，则一郡废之；选于郡者不善，则一国废之；选于国者不善，则天下废之。故曰：失其民斯失天下也，凡以不能代民操其权也。尧舜三代之隆，莫不由此。泰西富强之本，亦莫不由此。今日无一益而有百害，则是孔孟垂教之书可以焚，外国持平之政可以反矣。①

"权"的概念弄清后，何、胡二氏随之为"民权"下定义。他们说：

国者何？合君与民而言之也。民，人也，君亦人也。人人有好善恶恶之心，即人人有赏善罚恶之权。然就一人之见而定，则易涉私心，就众人之见而观，则每存公道，是故以好善恶恶之心，行赏善罚恶之权者，莫若求之于众，民权者以众得权之谓也。如以万人之乡而论，则五千人以上所从之议为有权，五千人以下所从之议为无权。以中国四万万人而论，则二万万人以上所从之议为有权。二万万人以下所从之议为无权。有权者必须行之，无权者不能行也。以国内一人而论，则无论其人为民者无权，即为官者亦无权，即为

① 《胡翼南先生全集·劝学篇书后》(263)卷18，2页。

> 君者亦无权。以国内大众而论，则无论君在其列者有权，官在其列者有权，即君与官俱不在其列者，亦有权。凡以善善从长，止问可之者否之者人数众寡，不问其身分之贵贱尊卑也，此民权之大意也。[①]

据此可知，何、胡二氏将民权定位在"人人平等""少数服从多数"的前提下，确立了一个衡定公平合理的评价标准，评判是非曲直的价值尺度。

（二）何启、胡礼垣民权思想的外在实体

民权思想是何、胡二氏社会改革方案的基本原则、指导思想。纵览何、胡二氏所发表的一系列政论文章可以发现，何、胡二氏民权思想的形成经历了一个由模糊到清晰，由局部到整体的发展过程。在《新政真诠》中，最早写于 1887 年的《曾论书后》，只是对当时中国法律制度的不公平、不合理进行了具体的揭批，强调遵循万国公法的重要性。虽然没有对民权问题提出很具体的建议或看法，但是在其论述中已经初步显现出民权思想的星光。何、胡二氏反复强调：君能臣贤，治国是否得当，应当以民之感受为标尺，"民立"乃国家自立，"国之所以自立者，非君之能自立也，民立之也。国之所以能兴者，非君之能自兴也，民兴之也。"警示统治者，"民虽寡学，而断不可欺，民纵愚蒙，而善能知感"[②]。1895 年的《新政论议》全面

---

① 《胡翼南先生全集·劝学篇书后》(263)卷 18，22 页。
② 《胡翼南先生全集·曾论书后》(261)卷 3，25～26 页。

系列地介绍了资本主义制度的现行状况，具体提到了整个选举制度、议会制度，甚至于内阁制，以及对人权保障的陪审制度，监狱的设备改善，报纸的言论自由权等。何、胡二氏明确提出民权观念是在《劝学篇书后》中。1899 年，针对张之洞在《劝学篇》"正权"一节中所提出的观点，何、胡二氏在《劝学篇书后》的"正权辨"中详细解释了"权"，"自由"等的定义，强调了民权的意义。此后何、胡二氏所写的《新政安行》、《新政始基》等，重申了实行民权的必然性和正当性，《新政变通》则总结了民权的精神，"国而无民权，无异于谓天之无日月"①，光大民权是挽救中国的惟一出路。

民权思想是何启、胡礼垣思想的重要组成部分，它主要体现在何、胡二氏所提出的一系列社会改革方案中。何、胡二氏是近代中国整体改革论的倡导者，在他们合著的第一篇政论文章《曾论书后》中，就发起了对洋务运动的抨击，揭批洋务派治标不治本，在改革的举措上，本末倒置，训诫以知洋务而闻名的曾纪泽，"侯欲治外，请自治内始；侯欲治内，请自得民始；侯欲得民，请自得民之心始。民心不可见，见之于信耳。此一定不易之程途也"。明确提出："人之根本在元气，国之根本在民情。"②在其后的政论文章中，何、胡二氏始终沿着重视民情、释放民情、扩大民权的思路，批评清末改革在路线上的错误，阐发着他们的改革思想。1899 年的《劝学篇书后》，代表了何、胡二氏关于改革中国设想的最高水准，典型地体现了他们社会整体改革的路向：

① 《胡冀南先生全集·新政变通》(263)卷 19，17 页。
② 同上，《曾论书后》(261)卷 3，34 页。

> 中国宜变之法，何法哉？曰：君民隔绝，其法宜变；官府蒙蔽，其法宜变；诬罔人才，其法宜变；商务无权，其法宜变；衙门刑讯，其法宜变；理财失实，其法宜变；俸禄不称，其法宜变。变隔绝则应设议员，变蒙蔽则应行选举，变诬罔则应行实学，变商务则应去官督，变刑讯则应设陪员，变理财则应核进支，变俸禄则应行厚给，此所谓变法也。……已上各事则命脉也。若命脉一变，则百病皆除。①

何、胡二氏的这段话，借用现代化的理论，明晰地显示了他们已经突破了"中体西用"的变法框架，摆脱了洋务派徒知在器物层面上变革的西化痼疾，将中国的变法改革运动引向了制度层面。何、胡二氏也因此而成为中国近代史上从理论上深刻批评"中体西用"论的第一人。遗憾的是，后人往往将此地位留给了 1902 年以"牛体马用"为喻批评"中体西用"论的严复。

大致说来，何、胡二氏提出的以民权为核心的社会整体改革方案，包括有议院制度、行政管理制度、官员选拔任用制度、司法制度、财经制度、教育制度等，可谓是一个涉及面极广的体制改革方案。

1. 议院制度

此为何、胡二氏改革变法的至上内容，即民权思想的集中体现，与何、胡二氏深谙西方主要是英国民权与民主思想演进的历史有密切的关系。何启留学英国的 10 年间，正是英国代

---

① 《胡翼南先生全集·劝学篇书后》(263)卷 17，11 页。

议制度渐趋成熟的年代。19 世纪英国民权与民主思想的演化主要体现在三个方面:即选举权的扩大,政府内阁制的发展和下议院权力的提高等。1832 年通过的改革法案,赋予了中产阶级大部分成年人、及几乎全部小地主和佃农以选举权,确立了中产阶级至高的权力,1858 年废止下议院议员必须拥有财产的条件,1867 年将选举权扩大到城镇中所有的工人,1884 年所有的农民享有了投票权等等,由此所带来的启示就是,民主运作已经发展到执政就必须考虑民众利益、争取一般民众的支持。到 19 世纪中叶,内阁制的发展更被民众视为宪法中不可或缺的一部分,成为应然的东西。下院有权弹劾内阁,且弹劾一旦成立,内阁首相必须立即辞职,或解散内阁,交付全民复决。下议院成为一个拥有国家财政决定权的较大权力机构。医生兼律师出身的何启对此自然是再熟悉不过,加上身处英国文化主导下的香港社会,仿效施行英国式民主政治改革当然就顺理成章。

何、胡二氏认为,"新政之行必设议院,而议员俱由民众公举"①。这是改革的关键。在此,需要指出的是,何、胡二氏所提"议院"已经不是洋务派、"早期改良派"心目中的"通下情"的"备咨询"机构,而是在三权分立原则下所确定的表达国家意志、体现国家主权在民原则的立法机构。对于议院的职能,何、胡二氏在《新政论议》中作了初步的描述:"新政既行,则目令之法令宜若如何,俱经议员订定。将来之法令若有再改,亦经议员酌商,是议员者已操政令之实矣。而行此政令,其责在

① 《胡翼南先生全集·新政论议》(262)卷 6,13 页。

君，君则命官以治焉。”[1]4年后，何、胡二氏在《劝学篇书后·正权篇辨》中，对议院的职能作了进一步的阐述：

> 议院议员之所知者，惟务本节用之大经，安上全下之大法，以及如何而可以兴利，如何而可以除弊，凡有益于地方者，务求善策以使之行，凡有害于人民者，务必剔厘而使之去，因时者在是，制宜者在是，其志首行于一乡、一邑，次及于一县一府，至于环球之大势，非其所须知也，国家之经制，非其所必守也，外国政教兵器等事知之也可，不知亦可，皆非议员之责也。议员之责，在决其事之可行与否，非在能督办其事也。[2]

关于议院的职责，何、胡二氏认为，主要就是制定法令，确保政府施行。“众情所趋，必且见之行事，论而不行，是为无权，虽设议院无益也。论而必行，是为有权。”对于那些涉及国计民生的大事，由“各省议员一年一次会于都会，开院议事，以宰辅为主席，议毕各员将其本省来岁应行之事，如公项出入，选取人员等件，记明画押公奏，主上御笔书名，以为奉行之据，如有未洽，则再议再奏，务期尽善而止。如此则一公而无不公，一平而无不平”。在何、胡二氏的心目中，议院是人民意志的集中表现，它代表了民意，集合了全国百姓的智慧，体现出“主权在民”国家形式，因而也是国家繁荣富强、长治久安的根

---

① 《胡翼南先生全集·新政论议》(262)卷6,8页。
② 《胡翼南先生全集·劝学篇书后》(263)卷18,3页。

本保证。何、胡二氏确信:国家的“长治久安,必基于此”①。

至于议员的产生,何、胡二氏主张通过选举的方式进行。按照何、胡二氏的构想,议员分为三级:县议员、府议员、省议员。具体来说,就是每“县设六十议员,是谓县议员,一府设六十议员,是谓府议员,省设六十议员,是谓省议员”。其职责是分别选举出县官、知府、总督,然后“奏闻天子奉玺书而后行”②。不仅地方官员由选举产生,即使中央大臣、各部部长的产生也必须走议员选举的道路。何、胡二氏说:

> 中央大臣的选举,皆由议员,宰相由议员公举,天子任命。部长由各省议员保举,宰相择定。议员有罢黜宰相、部长之权。

在议员的选举资格上,何、胡二氏表现出了相当的进步,摒弃了西欧国家最初的关于议员选举资格受财产、出身等方面的限制,明确宣布,“凡男子二十岁以上,除喑哑盲聋以及残疾者外,其人能读书明理者,则予以公举之权”。当然,基于中国民众参政议政能力的欠缺,何、胡二氏最终还是将议员的选举资格定为“读书明理”者,而这主要是指由秀才、举人、进士所组成的知识分子群体。但是,“有教无类”的授学传统,决定了中国的秀才、举人、进士与西方世袭的公侯有着本质的区别。何、胡二氏之所以选中旧式知识分子作为议员的后备人选,一是看重了他们所拥有的知识素养,二是将他们视为“才

① 《胡翼南先生全集·劝学篇书后》(263)卷 18,15 页。

② 《胡翼南先生全集·新政论议》(261)卷 4,13 页。

德”俱佳的社会群体。这就是他们所强调的“议政者惟重才德，不重富贵”①：

> 县议员于秀才中选择，其人公举者，平民主之。而凡不愿为议员之秀才，可以举愿为议员之秀才也。府议员于举人中选择其人，公举者秀才主之，而凡不愿为议员之举人，可以举愿为议员之举人也。省议员于进士中选择其人，公举者举人主之，而凡不愿为议员之进士，可以举愿为议员之进士也。②

此外，何、胡二氏还对议员补缺作了补充规定。凡是由公举而产生的各级议员，“以几年为期，随时酌定，遇有缺出，则以公举法择人补之”。

2. 行政管理制度

何、胡二氏本着重视民权的思路，针对中国的现实情况，提出了一套极富特色的行政改革方案。在《新政论议》中，何、胡二氏基于中国幅员辽阔的现实，认为一旦有事，各省议员聚商极为不便，这样势必耽误国家大政方针的制定。为此，何、胡二氏主张在全国分设四个都会，以京畿为总都会，合而为五。天下太平无事，地方事务由各省议员独立承担，天子定时巡行四都会，听取汇报，作出决断。遇有外敌入侵，事关国家安危，或牵涉数省事务，则各省议员云集京畿，聚商大策。他们说：

---

① 《胡翼南先生全集·新政论议》(262)卷6，13页。

② 《胡翼南先生全集·新政论议》(261)卷4，13页。

独是中国地图广大,若合各省之议员会于一处,恐形不便。新政行,宜分中国为四都会,而以京畿所在处为总都会,合而为五,遇外国交涉之事,或关涉数省之件,则议于总都会,其余各省内之事,则议于所属都会,天子以四时巡行四都会,而听其议政,书名颁行。①

据此可知,何、胡二氏所提“分设都会”方案,带有明显的地方自治的意味,是其民权思想的进一步扩大。

在中央各部机构的改革设想上,同样渗透着何、胡二氏的民权理念。他们仿效英国君主立宪的体制,依照三权分立的原则,设计了一套糅合中西的中央各部机构。具体说来,就是采行内阁制。规定:凡是担任中央各部长官者必须是翰林出身且须经由各省议员联名保举。由于“部员日近天子,以备天子随时顾问,故谓之内官之徒”,而由各部派往全国各省府州县的官员,“故亦谓之外官之长”。宰相作为中央各部的最高行政长官,既由各省议员选举产生,又有权组阁、挑选各部长官的具体人选。

凡为翰林者,其才可为某部长官,则各省之议员必出名保举,主上视其多人保举者存记其名,部长不过一人,而在举者多则数十人,少亦数人,皆可以为某部之长,而能称其职者。宰相既立,则主上出此等人之名,使之自择,以期合志同方也。翰林中及部长

① 《胡翼南先生全集·新政论议》(262)卷6,14页。

> 中有具宰相之量者，则各省之议员亦出名保举，主上视其多人保举者存记其名。宰相不过一人，而在举者多则十余人，少亦数人，皆可以为宰辅之员，而能胜其任者也。及爰立作相，主上则于此等人之中，而择其一，以期君臣一德也。宰相以三年为期，善于其职者留。若旷于其职，则天子可以黜之，而令议员另举。议员亦可以黜之，而请天子另取。部员亦然，若善于其职，则与宰相同留；若旷于其职，则宰相可以黜之，而令议员另举。议员亦可以黜之，而请宰相另取也。①

何、胡二氏的这套设想，实际上是规定了宰相（包括部员）、议员、君主（皇帝）三者之间的关系，确立了君主立宪体制下，皇帝至高无上的权力，赋予了以宰相为首的内阁执掌国家行政的权力，各省议员罢免内阁的权力。按照何、胡二氏的构想，如此即可实现权力的分配与转移，彰显主权在民的民权精神。

本着同一精神，何、胡二氏提出了改革中央六部的新思维。在中央官制上，中国传统社会一直沿袭隋唐以来的"吏、户、礼、兵、刑、工"六部制，并不断补充完善，使之日趋完备。应该说，中央六部制是农耕文明的高度凝缩，总括了农业社会的方方面面，确保了中国传统社会的有序性。据此，中国构建了世界上最早同时也是最完备的文官制度，为后世提供了一个可供借鉴的官制范式。遗憾的是，曾对历史发展起过巨大积极作用的中央六部官制，伴随着君主专制体制的日渐式微，

---

① 《胡翼南先生全集·新政论议》(261)卷5，10页。

到鸦片战争之后已经越来越显示出它的滞后性，既不能应对“数千年未有之变局”，又不能涵盖中国社会前所未有的新变化，改革六部官制已是大势所趋。正是基于此种现实的考虑，何、胡二氏本着与国际社会接轨、与急剧发展的中国社会客观现实相适应的原则，提出了对中央六部进行改革的方案。其改革方案的要旨有三：一是合并，二是新添，三是重新排定位次。何、胡二氏认为，作为宗法社会的产物，传统的吏部、礼部已经不再符合、适应当今社会，而应弱化其职能，将两部合而为一，改称“内部”。自海道大通以来，世界越来越呈现出一体化的端倪，通商贸易、文化交流、对外交涉成为国与国交往的三大事务，在一个主权国家的内政事务中居于越来越重要的地位。而中国传统的六部中央官制对上述三大事务则缺乏相应的对接，或没有专门的机构，或仅仅是所属职权的一部分，难以凸显三大事务的重要性。为此，何、胡二氏提出了在保留六部官制下的“户部、兵部、刑部、工部”的前提下，增添“商部、学部、外部”的建议。按照何、胡二氏改革中央官制的构想，改革后的中央官制由传统的六部变成了八部，即内部、商部、学部、外部、工部、户部、兵部、刑部。商部，掌管商贸交通事务；学部，负责培育人才；户部，执掌财政；兵部担任国防；刑部，承担民刑案件；工部，担负铁路、轮船、矿务以及制器、机局、墟市、民廛之营造；内部，主要沟通上下，因为“立法之意虽良，而行法时或不能尽协者，则其中必有议更之款”，故必须有专门性机关负责协调左右、沟通上下；外部，即相当于后来设立的外务部或外交部，凡涉及各国人民之往来、教门之保护、招工之章程、和约之条款等事务，均由该部“以万国公法为根底，辅之以各国律例”，全权交涉。

在对八部位次的排列上，同样显现出何、胡二氏改革思想的进步性。何、胡二氏认为，随着中国由农业社会步入工业社会，随着中国由臆想中的世界中心，变为残酷现实中的世界边缘，传统六部在国家事务中的地位自然要发生变易，只有这样才有可能实现与国际社会的接轨。为此，何、胡二氏按照变更后的八部在国计民生中的地位差异，排定了新的座次。具体说来，“商部为第一，学部第二，户部第三，兵部第四，刑部第五，工部第六，内部第七，外部第八。”此种排列，体现了何、胡二氏崭新的治国理念。“吏部”自隋唐起中经宋元到明清，一千多年来始终位居六部之首，掌管全国官吏的任免、考课、升降、调动等事务，权大势重，罕与伦比。但在何、胡二氏所提的改革方案中位次仅居八部中的第七，并且是在经过了与“礼部”合并之后。“礼部”主要掌管礼仪、祭享、贡举等职。

针对社会舆论的责难，何、胡二氏诠释了撤并“吏部”“礼部”的缘由，认为：当下社会所流传的“礼”，实质上已经丧失了传统典籍《传》、《礼》所强调的“安国家”“定社稷”“辨上下”“定民志”的功能，沦丧为虚伪与无实。“虚名者，即今中国之所谓礼也”。中日甲午战争就是中国为虚名所累。本来中国之于朝鲜仅有一宗主之虚名，且为此虚名而开战，最终殃及国内，铸成大错。由此来看，虚伪无当之“礼”，足以令国家灭亡。“国家社稷之危，危在于此。上下民志之散，散在于此。”①

这里何、胡二氏对“礼”的虚伪性的揭批是到位的，但他们将中日甲午战争的爆发完全归咎于中国对“宗藩制度”虚名的恪守上，则并不符合史实。但无论如何，吏部、礼部由显赫到

① 《胡翼南先生全集·新政论议》(262)卷6,15页。

式微,折射出何、胡二氏革命性的改革路向,渗透着他们对传统宗法观念、对宗法社会的排拒,流露出他们对扩大民权的呼唤。更有甚者,在中国这个以农业为主的传统国度里,商业历来被视为“末业”,从事商业活动的群体始终位于四大阶层之末,所谓“士农工商”是也。在儒家文化的说教下,整个社会更是充斥着对追逐“末利”的蔑视。衡量中国人社会地位高低的标准,并不在于其拥有财产的多寡,而是看其在官僚阶层中官职的品位——尽管中国历朝历代不乏拥有万贯家产的贪官污吏。从中国历史发展演进的进程看,轻视商业、蔑视商人,既是中国文化的传统,同时也是造成中国整体社会演化迟缓的主要原因之一。重商主义在西方国家的盛行,与欧美国家的富强之间所存在的内在关联,为落后民族提供了一个现实的范例。饱受西方文化浸淫的改良主义者们自然将对商业的重视与否作为探索西富东贫的一条路径。何、胡二氏也正是基于此种认识,继承发扬了晚清早期改良主义者重视商业的传统,首次从政治体制上鲜明地提出提高商业的观点,将重视商业的呼声建立在一个确有保障的基础上。他们说:“商务不兴,则不能与敌国并立,故加立商部且进之为一者,欲中国以商务称雄也。”[①]此段话,突出地体现出了何、胡二氏大力发展工商业、欲求商务争雄的思想,代表了近代中国民族资产阶级日益强烈的参政、议政要求。

3. 官员选拔、任用制度

何、胡二氏在其新政改革方案中,本着扩张民权的理念,制定了一套官员选拔、任用制度,并因职能的不同略有差异。

---

① 《胡翼南先生全集·新政论议》(261)卷5,9页。

大致说来,何、胡二氏所提出的官员选拔、任用标准有二:一是要求精通业务即官员的专门化、知识化;二是清正廉洁。何、胡二氏认为,如今时势大变,传统的选拔、任用官员的办法已经落伍,中国要实现跻身于世界强国之列的目标,就必须改革官员的选拔、任用办法,未来中国的官员首先要熟悉西法,精通业务。陆军军官要参照德国的选拔办法,海军军官要仿效英国的选拔办法,士兵的选拔要以西法为标准,司法官员同样要参酌西法去选拔、任用。官员精通业务的一个标准是通晓英语。何、胡二氏在此吸取日本改革成功的经验,提出一个新式的用人准则。他们认为,日本之所以改革获得成功,其中最关键的一条是:日本制定了一套极富创造性的选拔官员标准。"特设新例,凡为官者必须通晓英文","其独重英文,是志在广推商务。"日本明治维新正是依托大量具有新思想、新知识的新式人才的鼎立支持才获得了成功。它山之石,可以攻玉。中国应当以日本为师,选拔、培训一支高素质、开放性的官员队伍。在当时的中国,能符合此种标准的只有从海外留学归来的留学生。而这正是何、胡二氏所要表达的意思。在论及出任工部官员的条件时,何、胡二氏称:"工部多名物象数之事,其属员须由学校考取,必其人各有所专长,各能司其事方为称职。""目今中国之人有曾自备资斧出洋学习得其一二事而回者,此等已堪为后学之师。"①朝廷应抛弃陈规陋习,仿效日本,吸纳留学生进入官员队伍,为新政的推行提供有力的支持。基于当时中国留学生甚少的事实,何、胡二氏提出了一个开放性的办法即聘用洋专家:

① 《胡翼南先生全集·新政论议》(262)卷6,19~20页。

> 商学内外四部名目向为中国之所无，宜以中国明于西例者及外国出色有名者为之提倡。户兵刑工四部名目虽中国之所有，亦宜以中国曾学西法者及外国精深此道者为之督理，则新政虽当草创亦俨然纲举目张矣。①

具体到商部官员任用制度的改革，何、胡二氏提议，"商部为新政之创举"，商部官员宜分为内外两部分，内者为专职，必须通过考试选拔，业务精通；外者为兼职，由国内、国外两部分人组成，兼顾各省、外洋各埠的商务、交涉。② 不仅商部是如此，即是户部也"宜以洋人之精炼者为参赞"。

与此同时，何、胡二氏从民族自决、独立自主的观念出发，强调指出：聘用洋专家仅仅是一种权宜之计，并非长久之策。中国的问题还需中国人自己来解决。"新政之始所以参用洋人者，为资熟手耳。若华人已可自为，则必从而改换。"何、胡二氏所说的"新政"，实际上就是发展资本主义。而发展资本主义对于当时的中国来说，是一个前所未有的新课题。面对突如其来的社会巨变，中国人是在仓促之中应战的，这便多了一份陌生、尴尬和茫然。痛恨洋人、敬慕洋人，成了中国人矛盾心理的真实写照。向强者学习，成为弱者无奈的选择。"驾而上之"，更是中华民族不死的信念。对此，何、胡二氏用坚定的语气说道："新政行，则户部司财之职宜先用洋人，俟规模既

① 《胡翼南先生全集·新政论议》(262)卷6，14～15页。
② 同上，20页。

立,法守既明,不虞乾没,则改用华人,奚为不可?”①

清正廉洁,是何、胡二氏所强调的另一项官员准则。政府官员作为国家行政、司法的执行者,肩负匡扶正义、主持公道的使命,清正廉洁本是千古不易的黄金准则,也是政治清明的可靠保证。然而,在强调人治高于法治的中国封建社会,制度腐败与执法者的腐败互为表里,最终酿就了不绝于书的整体腐败。清王朝作为中国封建王朝的最后一个,自然也就集封建制度的腐败于一身,有过之而无不及。行贿受贿之风的猖獗,集中显现了清末官场的腐败。何、胡二氏对此给予了深刻的揭露:

> 今中国大小衙门,上下官属,于贿赂一事,既已视为理之所当然,分之所应有,一人如此,人人亦如此,无复敢以受贿相讥。盖事当未败,固不嫌以受贿之名自污,直以受之为是也。其中岂无廉介之士,力矫颓风,而徒手无援,孤立无助,势必致反为同僚所鄙,怪其不近人情,国势岌岌之形,实基于此。②

何、胡二氏清楚地认识到,倘若任由官场腐败之风滋生蔓延,必将会造成全社会乃至一个民族的整体腐败;官场腐败不止,一切新政举措终将化为泡影。为此,何、胡二氏提出了乱世用重典,惩治官场腐败的主张。“文员武员受及民间一钱一物,或擅支国库一毫一厘者,立行革职,永不再用,恩俸尽削。如

---

① 《胡翼南先生全集·新政论议》(262)卷6,18页。

② 《胡翼南先生全集·新政论议》(261)卷4,4页。

此，则贿赂之风未有不绝。"

何、胡二氏随之剖析了贿赂之风盛行的原委，提出了一个"厚官禄以清贿赂"的办法。他们认为，造成清朝官场整体腐败的根源在于官俸过低。入不敷出，薪俸不能养家糊口，自然会令为官者产生非分之想，做出苟且之事，为此，何、胡二氏提议，"我国家诚念及此，则凡官禄匪颁之数，宜特加隆，不独赡其所需，并宜预其积蓄"，以解除为官者后顾之忧。按照当时中国人的消费水平，何、胡二氏提供了一份朝廷命官的俸禄表：

> 在内为相臣者年俸四万两，其属递趋递降，以是为差。在外为总督者年俸二万两，其属递趋递降，以是为差。提督、将军年俸各一万五千两，其属递趋递降，各以是为差。下至兵丁水手，月俸七两至十两，月终颁俸，分毫不得扣减。衙门公役以及各官住所费用，由公项给发，历官十年而归田者，恩俸视其所食禄给若干成数，以终其世；二十年三十年者递加之，终于王事者，功大则以恩俸之数，给及其孙之终身，功小则给及其子之终身，再小则给及其子之成人而止。①

何、胡二氏乐观地认为，大幅度地提高为官者的待遇，并且恩被后世，自然就能养成官员忠于职守，倾心政务的良好职业道德，终止贪赃枉法，消除贿赂风行的官场痼疾，带来政治清明

① 《胡翼南先生全集·新政论议》(261)卷4,5页。

的新气象。其实,厚薪养廉并非何、胡二氏的发明创造,中国历史上历来不乏此种声音。厚薪养廉,以杜贿赂,以清百官,以正朝纲,以定国是,历朝历代皆有呼声,几乎成为封建制度下,中国人为解决官场腐败所能开出的惟一药方。遗憾的是,老药方难治顽疾。每朝每代,贪赃枉法之事,俯拾即是,且呈愈演愈烈之势。当然,何、胡二氏并非简单地照搬历史上的老皇历,而是在这个看似老药方中注入了新的药种,此即扩张民权思想,调动广大民众参政、议政的积极性。何、胡二氏认为,提高官员待遇,必然带来更多的求仕者,由此所引发的便是卖官鬻爵之风的终止,"天下之士,得毋由此而屈,不知吾正欲使天下之人,人人皆可以为官;天下之士,人人皆可以从政"[1]。

4. 司法制度

何、胡二氏是以法治国的提倡者、皈依者,并将其视为张扬民权的最终体现。改良司法制度,在其治国理念中居于举足轻重的地位。

号称世界五大法系之一的"中华法系",以法的形式高度浓缩了自然经济的文明成就,总括了农耕文明的辉煌历史。但是,随着闭关锁国时代的终结,中国传统法律明显地滞后于大裂变所造成的社会现实。外国领事裁判权的形成和确立,则象征着东西方列强对中国传统法律的排拒。更有甚者,中国传统法律的残酷性更在东西方之间划定了一条深长的鸿沟。中华民族素以"礼义之邦"享誉省内外,殊不知在温情脉脉的背后还蕴存着一整套非人道的刑罚体系,刑名、刑具应有尽有,施罚手段残酷无比。除法定的"讯杖"、"夹棍"、"拶指"

---

① 《胡翼南先生全集·新政论议》(261)卷4,5页。

外，还有“炙烙”、“压额”、“击头”、“夹帮”、“蟆蚀月”、“脑箍”、“签指”、“压踝”、“跪碎瓦”、“干榨油”、“站砖”、“锥刺”、“凤凰晒翅”、“击胁”、“椓阴”、“辗腹”、“披麻戴孝”、“老虎凳”、“烟熏”、“灌鼻”、“精神拷讯”[①]等非法拷打手段，更有“凌迟”、“枭首”、“戮尸”等严刑酷法。自夏、商、周以至明清，数千年来，刑律日趋完备，刑罚愈显暴虐。单纯的惩罚、报复和威吓变成了刑罚的原则，正当的刑罚变成了酷刑。美国著名汉学家费正清正是在这个意义上把古代中国称之“将残杀制度化”的国家。随着人类社会文明的进化，更随着西方法律文化的全面冲击，违反人道的中国旧律遭到了欧美国家的猛烈抨击。来华西人“讥为贱视人类，驱民入教”[②]。马克思曾指出：“和中世纪刑律的内容连在一起的诉讼形式一定是拷问”，“例如中国法里面一定有笞杖”[③]。尽管历朝历代皆有明达之士，提出减刑轻刑的主张，反对滥用刑讯逼供。但口供定案的诉讼制度和吏治的腐败，致使明确规定拷囚之法的《唐律》、《乾隆会典》变成了一纸空文，非法刑讯愈演愈烈。以此为源头，中国历史上真可谓是冤狱遍野，屈打成招者比比皆是。

熟悉中国历史，精通西律的何、胡二氏提出了参酌中外法律，改革中国司法制度的主张。早在 1887 年与曾纪泽的论战时，何、胡二氏就指出，造成中国主权丧失，国将不国的根源就在于：“在中国无平情律例，无公当法司耳。”

---

① 金良年《酷刑与中国社会》，浙江人民出版社，1991 年，46～70 页。

② 〔清〕朱寿朋编《光绪朝东华录》(四)，中华书局，1984 年，4744 页。

③ 《马克思恩格斯全集》第 1 卷，人民出版社，1985 年，178 页。

今者中国之律例，其有平乎？无也。罪案未定，遽用刑威，何平之有？供证无罪，辄罹笞杖，何平之有？毙于杖下，意气杀人，何平之有？瘐死狱中，有告无诉，何平之有？陵迟枭首，死外行凶，何平之有？今者中国之法司，其有公乎？无也。缙绅名帖，可逮无辜，何公之有？苞宜载道，上下皆同，何公之有？情面枉法，贫者无辞，何公之有？吏胥勒索，富室倾家，何公之有？监牢刻酷，不得为人，何公之有？其不平不公也如是。[①]

1895 年，何、胡二氏在《新政论议》中论及改革中国司法制度的动因时，直言不讳地说："乃中国之法比外国为残忍独绝，吾不能不取外而酌中矣。"为此，他们提出了四项司法制度改革的新举措：废除严刑酷法；改良监狱条件；设立陪审员；推行律师制度。

何、胡二氏认为，刑法是治国的必有之物，中外皆然，但"中国繁刑，闻者欲呕，天下皆知"。既然"刑莫重乎死"，就不必在死刑的划分上条分细缕，有"凌迟"、"枭首"、"缳首"的区别，而应简化条目，统一死刑。既然"刑莫辱于挞"，就不必区分"挥鞭而挞"与"打板而挞"，而应执行统一的挞刑。此者虽然仅仅是刑名上的改变，但却映衬出了文明进步的程度。为此，何、胡二氏强调指出，"今欲明刑，须除苛法"[②]。

现代的监狱，是对罪犯执行刑罚而设置的机构，而中国古

① 《胡翼南先生全集·曾论书后》(261)卷 3，19 页。
② 同上，《新政论议》(261)卷 4，24 页。

代的监狱除了部分具有上述性质外，还是诉讼当事人、嫌疑犯和干连证人的管收场所，及各种所谓“违法”分子的羁押场所。在中国，监狱最初称为“圜土”[①]，汉代称为“狱”，明代称作“监”，清代合称“监狱”。清代监狱分为“内监”“外监”。“内监以居重要人犯”，“外监”亦称“羁所”，主要是拘押轻犯及案内听审人犯。除此之外，还有“交差押带”“私设班馆”等非法关押场所。由于设置多头，体系庞杂，古代狱制管理混乱。狱内低洼湿潮，“狭隘污秽，凌虐多端，暑疫传染，多致瘐毙”。牢头狱霸横行无忌，恣意凌辱囚犯。监狱俨然成为人间地狱。“仁人不忍睹闻”，“外人尤为痛诋，比之以番蛮”。[②] 自 1846 年以来的历届国际监狱会议，均不给予清政府代表资格。改革中国狱制已成为 19 世纪末中外人士的共同呼声。深谙中国狱制黑暗的何、胡二氏明确提出：每县必须设有监狱，“而囹圄之建，必须光爽干洁，所以却疠疫，减薰蒸、恤愚蒙，期改恶也”。狱中管理人员要严格执法，“不许苛虐”犯人。监狱主管部门应“多到巡查，有事则委员代理”。对犯罪者施行劳动改造，教会他们一技之长，将来出狱后成为“有用之人”，“无复如前作恶矣”[③]。

何、胡二氏所提优化监狱环境的设想与主张，流露出模仿西方近代法制，改造中国旧式狱制的思想。数千年来，中国监狱法一直依附于刑律，没能成为独立的部门法，刑罚执行的地位远逊于定罪量刑的实体法、侦查起诉审判的程序法，这是造成中国狱制黑暗的深层原因。实际上，监狱状况是衡量一个国

---

① 《竹书纪年》：“夏帝芬三十六年，作圜土。”

② 〔清〕朱寿朋编《光绪朝东华录》(四)，中华书局，1984 年，4745 页。

③ 《胡翼南先生全集·新政论议》(261)卷 4，25 页。

家文明程度的标尺，关乎着一个国家和民族在国际舞台上的地位和声誉。为改变清政府凶恶残暴的形象，使中国跻身于世界文明国家之列，何、胡二氏提出了一系列整治狱制的方案和措施，尤其是“罚锾赎罪”、劳动教化的刑罚理念，体现了民权思想的内涵，为20世纪初叶清末法律改革开创了历史先河。

为保证司法公正，维护犯罪人的权利，何、胡二氏提出了设立陪审员、律师的主张。

陪审员是指在国家审判机关参加审判刑事、民事案件的非职业审判员，[①]起源于奴隶制国家雅典、罗马，盛行于近代欧美国家。何、胡二氏以“中国古已有之”的态度论证了设立陪审员的传承性。孟子曰：“左右皆曰贤，未可也；诸大夫皆曰贤，未可也；国人皆曰贤，然后察之，见贤焉，然后用之。”此即“公举议员之意也”。循着此种思维逻辑，何、胡二氏对儒家经义进行了引申，“左右皆曰可杀，勿听；诸大夫皆曰可杀，勿听；国人皆曰可杀，然后察之，见可杀焉，然后杀之。即此篇陪审员议判之意也”。中国法律传统中，始终缺乏“诉讼法”，在案件的审理过程中，“健讼之流，诪张为幻”，执行者一人，知识有限，难能明察秋毫，“虽问官亦不无自疑”。倘若执法者品行卑劣，贪赃枉法，所审案件就更无公正、公平可言。为此，何、胡二氏提议设立陪审员：

> 新政立，宜令各省府县选立秉公人员，或数十名，或数百名，所谓陪员是也。每遇重案，则此等人轮值传赴审司署，少者数人，多者十余人，与审司听

① 《中国大百科全书·法学卷》，中国大百科全书出版社，1984年，450页。

讯两造之供词以及律师之辩驳，审毕，审司以其案之情节申论明白，令陪员判其是非曲直，视陪员之可之者否之者人数多寡以定从违。①

何、胡二氏乐观地认为，实行陪审员制度后，“不容犯人之狡展以抗公评，而真情出矣”。由陪审员参与的判案，必定是“可对青天”的铁案。

律师是指接受国家机关、企业、团体或个人的委托，或者经法院指定，协助处理法律事务或代当事人进行诉讼的法律专业人员。② 日本称之为“辩护士”。起源于古罗马，普及于近代欧美国家。中国古代社会始终没有建立律师制度，因而也就无近现代意义上的律师出现，有的只是被贬称为“讼棍”的“讼师”。讼师常常虚构事实，颠倒是非，混淆黑白，教唆诉讼，或串通胥吏，从中渔利。因其笔如利刃能杀伤人，故亦称“刀笔吏”。至少自唐代以来，封建法律都对其活动作过歧视性的惩戒规定。《唐律·斗讼》：“诸为人作辞牒，加增其状（将罪情夸大——引者注），不如所告者（与事实不符——引者注），笞五十。若加增罪重，减诬告一等（按诬告罪减一等——引者注）。”又规定：“即受雇诬告人罪者，与自诬告同。赃重者坐赃论加二等。雇者，从教令法。若告得实，坐谋论；雇者不坐。”《大明律集解附例·诉讼》规定：“凡教唆词讼及为人作词状，增减情罪诬告人者，与犯人同罪。”《大清律例·诉讼》沿袭明制，并在法令中首次出现

① 《胡翼南先生全集·新政论议》(261)卷4，23～24页。

② 《中国大百科全书·法学卷》，中国大百科全书出版社，1984年，396页。

“讼师”的名称。[①] 何、胡二氏正是基于对中国传统法律审判过程中所存弊端的认识，甄采欧美近代法律人性化的做法，提出了设立“状师”即律师的建议，以期惩恶扬善，保护犯人的合法权利，杜绝司法腐败，维护司法公正。他们说：

> 若夫人非险健，则于公堂对质每多嗫嚅；人若奸顽，则虽三尺当前犹能诡辩；使无律师以代伸委曲，则审司每为所愚。中国之问官审司既于律法非所素娴，而所用之刑名幕客又于律学不轻传授，生死系其只字，枉直视其片词，稍有依违，则官司之前程难保。若无贿赂，则在讼之受屈必多，则何如明张其词，按律辩论之为得也。新政立，宜以状师辩案。[②]

揆诸资料可知，最早明确提出在中国推行律师制度的应当首推何启、胡礼垣，至少要比近代法学家伍廷芳所提建议早11年。[③]

---

① 引自王申《中国近代律师制度与律师》，上海社会科学院出版社，1994年，7～8页。

② 《胡翼南先生全集·新政论议》(261)卷4，24页。

③ 1906年4月25日，担任清末修律大臣的伍廷芳在上奏朝廷的奏折《奏诉讼法请先试办折》中提出设立律师。他说：“宜用律师也。按律师一名代言人，日本谓之辩护士。盖人因讼对簿公庭，惶悚之下，言词每多失措，故用律师代理一切质问、对诘、复问各事宜。各国俱以法律学堂毕业者，给予文凭，充补是职。若遇重大案件，即由国家拨予律师，贫民或由救助会派律师代伸权利，不取报酬，补助于公私之交，实非浅鲜。……拟请嗣后凡各省法律学堂，俱培养律师人才，择其节操端严，法学渊深额定律师若干员，卒业后考验合格，给予文凭。然后分拨各省以备办案之用。”——丁贤俊、喻作凤编《伍廷芳集》(上)，中华书局，1993年，280～281页。

法是阶级社会的产物，是上层建筑的组成部分。从本质上看，法是统治阶级意志的体现；从形式上看，法是以国家意志出现，具有普遍约束力调整人们行为规范的。中华法系对于维护中华民族的统一、发展起到了举足轻重的作用，但它作为农业文明的产物在近代已呈现出明显的滞后性，已经不能适应中国资本主义经济发展的需要。因而，遭到了当时众多思想家的抨击。从薛福成、严复、黄遵宪直至康有为、梁启超，无不痛诋中国传统法律的落后、野蛮。维新大师康有为曾批道："吾国法律，与万国异，故治外法权不能收复。且吾旧律，民法与刑法不分，商律与海律未备，无非所以与万国交通也。"①报刊、杂志更纷纷以修律为言："中国刑曹，只守旧章，势必愈趋愈下。翻新革旧，虽不可过于急骤，而刑讯时所用各种惨酷之刑，必须速为扫除。并简派刑官，将大清律例，详为考究，择其妥善，与西例相似者，悉为汇集。"②中华法系在东西方列强的冲击下，已经到了非变不可的地步。何、胡二氏的可贵之处就在于，依照西方近代法学原理，对中国传统法律体系进行了大胆删改与创新，设计构筑了未来社会的立国蓝图，推动中华法系走出中世纪，迈向近代化，为20世纪初叶中国法制改革作了初步的探索。"凌迟"、"枭首"、"戮尸"等酷刑的废止，表明了何、胡二氏对中华法系立法精神——儒家伦理的排拒。唐朝以后，中国传统法律明确规定，凡触及礼教传统的犯罪，在刑罚裁量过程中，均有严厉的惩处。从对上述酷刑的判处看，历代大多仅限于"十恶"中的"大逆"、"谋反"、"逆伦"

① 康有为《请开制度局议行新政折》。
② 《整顿中国条陈》，《时务报》。

等罪。对上述三种酷刑的废止提议，等于对中华法系立法的精神原则——儒家伦理的否定。设立陪审员、律师的提议，体现了何、胡二氏对法律独立与尊严的追求，开创了从否认民权到承认、维护民权的历史先河。“创榛辟莽，前驱先路”，当能概括何、胡二氏在中国近代法制史上的崇高地位。

5. 财税制度

何、胡二氏关于财税制度改革的主张，主要体现在 1898 年发表的《新政始基》中。该文的中心思想是：由忧患而发愤；理财为兴利除弊的先着，重用贤才为振兴财政的先机，正本清源的关键。

何、胡二氏首先强调了财政的重要性，分析了中国的财政状况。指出：财政在国家事务中居于至高无上的地位，“欲知其国之国不国，必观其国之财用足不足”。由于债台高筑，中国财政已经处于崩溃的边缘。19 世纪 70 年代以来，清朝举借外债的大宗项目主要有：

> 光绪四年，德国借项二百五十万元，周息五厘半算。光绪五年，汇丰银行借项一千六百一十五万元，周息七厘算。光绪十八年，汇丰银行借项三千万元，周息六厘算。光绪十九年，渣打银行借项一千万元，周息六厘算。光绪二十年，德国银行借项一千万元，周息六厘算。光绪二十一年，俄法借项一万万八百二十万元，周息四厘算。光绪二十二年，英德借项一万万六千万元，周息五厘算。现尚须筹借一万万两，以清赔偿日本之数。统计中国此时欠洋款五万万二千余元，即以大数五万万元，周息六厘而计，每年应

偿息银三千万元。[1]

经过仔细推算，何、胡二氏认为，以目前的财政收入计算，中国且不说还本，即使还息也绝无能力，“是借款断无清还之期”[2]，数十年后，中国将不战而亡，成为历史上的古希腊，眼下的土耳其。在此，何、胡二氏告白天下，东西方列强借款于中国，决非出自爱意，是为了谋取暴利。借款还债，无疑是饮鸩止渴。大借外债且中饱私囊者，“是直卖国而已！是直卖民而已！”[3]目前的中国，欲图保全，“首在理财”[4]。为加强其论点，何、胡二氏从家庭的兴衰成败谈起，进而言及国家的兴亡，根源就在于理财是否有道。

理财的前提是废除旧法。何、胡二氏认为，厘金制度是造成中国商业经济难以发展的顽症。19 世纪 50 年代清政府为筹措钱款，挽救财政危机，迅速镇压太平天国起义，按照“值百抽一”的税率收缴商品交易税、商品过境税，是为“厘金”。该税种原本是战时设置的，国内农民起义被镇压后本该取消，但清政府却视之为救命稻草，长期推行，且名目日渐繁多，如坐厘、货厘、统税、统捐、产销税、落地税、山海捐、铁路货捐等，税率也极不一致，名义上是“值百抽一”，事实上却远远不止。对此，何、胡二氏揭示道：“天下有君取其一，而君之臣亦取其一，君之臣取其一，而臣之宰且取其二者，厘金是也。”层层盘剥，

① 《胡翼南先生全集·新政始基》(262)卷 7，10～11 页。
② 同上，17 页。
③ 同上，22 页。
④ 同上，13 页。

步步设关，致使厘金制度远甚于历史上以严酷而著称的商鞅之法。[①] 厘金制度的长期推行，严重影响了中国商业经济的发展，欲图财政状况好转，必先废除厘金制度。“不惟不可以拟加，且须从之而拟减；不惟不可以拟重，且须从之而拟轻。”[②]

实行财政预算制度是理财的关键。何、胡二氏认为，缺乏财政预算制度，难以做到收支平衡，是造成清代财政危机的重要根源：

> 计除洋关年结清单为人所共知者而外，中国朝廷未尝以国家进支之数，如外国所为列其详悉宣示中外，一以表政府于公项之财取之有制，用之有节，未尝以天下为已私；一以使平人于公家之事了然于目，豁然于心，可以知为政之得失。[③]

不仅如此，缺乏财政预算制度，为地方各级官吏虚报税收、中饱私囊大开方便之门。经过测算，何、胡二氏认为，每年国家的实际收入与应收之数之间存在着的巨大差额，这就意味着每年有大量的国家税收被各级官吏中途截留，收入私囊。为增加说服力，何、胡二氏以地税为例加以剖析。除东北三省外，中国 18 省约有土地 1300 万平方公里，适宜种庄稼的约有 650 万平方公里，其中良田约 28 亿亩。按每亩纳税七分二厘

---

① 《胡翼南先生全集 · 新政始基》(262)卷 8,1 页。

② 同上,4 页。

③ 同上,18 页。

计,应征税银二亿八千万元,扣除耗散,中国田税每年应收一亿五千万元。而实际上,进入国库的不足4400万元,“则其侵蚀已在一万万元之上,其数显然”①。地税如此,盐税、鸦片税等同样如此。为此,何、胡二氏主张,应仿效欧美国家建立健全财政预算制度,简化种税,统一税收政策,确保国家的财政收入。他们乐观地认为,经过税制改革以后,国家的财政状况必定大有好转。

> 地税应得一万万五千元,盐课应得七千万元,洋关应得一万万七千二百余万元,杂项应得三千余万元,合共应得四万万二千二百余万元,除每百去十以为征收之费,可得三万万八千万元,是比于今之一万万二千余万元其数已逾三倍。……由是暂以八千万元为分还洋债本息,其余以一万万元为重振水陆军务,以二万万为京师及各省经费,则财用岂犹有患其不足哉?②

建立健全税制改革机构是理财的根本保障。针对中国传统财政制度与税收中存在的弊端,何、胡二氏认为,必须“参用洋人”,建立一整套完善的税制机构,从体制上加以规范与保证。大致说来,何、胡二氏的体制改革分为中央与地方两大模块。中央:建立以户部为中枢的中央税收机制,统管全国税收。具体而言,户部为全国21省的“财用总司”,设有正副财

① 《胡翼南先生全集·新政始基》(262)卷8,20页。

② 同上,24～25页。

用总司各一人，正副稽查委员各一人，有联名上奏，或单独上奏的权力。其职责是：每年春夏秋冬之末，将中央及各省财用度支数目，制成收支清单，交京报刊登，宣示中外；年终将年度总数及余欠等项统计报表，公开刊登。

地方：建立省、县(州)两级财政管理体制。各省设立专管财政的"库务司署"，下设正副财库司理各一人，正副稽查委员各一人，有联名上报或单独上报户部的权力。其职责是：每当春夏秋冬之末，将本省所属各府州县度支数目，制成收支清单，先报户部，后交省报刊登，明示中外，年终统计报表。各县(州)：设有专管财政的正副库务委员各一人，有联名上报或单独上报省库务司署的权力。职责是：每当春夏秋冬之末，将本县(州)钱粮等项数目，制成清单，先报省库务司署，后交县(州)报刊登，年终统计报表。各州县的地税、盐课收入全归库务委员掌管，所收银两如数上缴本省"库务司署"，待集中后统一汇交户部，各省督抚不得插手。

派出专人，加强税收监督。户部每年派往各省的正副稽查人员负责全省的税收征收工作，有权审核各省"库务署"的账目，遇有疑问之处，"可查究明澈"；有权随时招集地方士绅，询问赋税情况。其在各省的一切费用全由户部支出，不得接受地方的招待宴请。各省"库务司"每年也要定期派出稽查人员前往各州县，负责各州县的税收工作，所需费用由省库务署承担。具体程序如下：

> 凡户部派遣巡查之人所经查数目，必须签押其名于末，而以查对无讹等字批注之，将其进支总数电达户部，各省库务署所派者其查阅押名批注亦如之，

而将其进支总数电达该省库务署。①

添设“善后局”,专管地方税收。州县以下历来是中国中央政府控制的薄弱地带。为此,何、胡二氏提议加强对地方的监管力度,增加地方税收。具体做法是:州县以下城市乡村设立“善后局”或“公务局”,由地方官兼任该局主席,除负责征收“房屋租项及地方各饷”外,还要承担地方社会治安、地方公益事业等职责,但所要经办事项必须征得由民选产生的代表的同意方可施行,否则绝不得自行办理。年收入在3000万元的杂税,统归该局委派专人征收,全部作为地方城市乡村的公益金。遇有国家官俸不足,或驻军粮草困难,可从中酌情补助。②

据此,一整套以户部为中枢,以“库务司署”为链条,以“善后局”为补充的税收机构就建立起了,同时确立了从“财用总司”经“财库司理”到“库务委员”的独立运行机制。按照何、胡二氏的设想,各省州县必须提前一年将地方所需经费详细统计,上报中央,由户部统一预算,确定预算支出。国家、朝廷同样也要将年度开支及购置战舰等重大经费支出汇集成册,报请户部统一预算。国家财政预算的原则是:每年的支出总额,不得超过当年财政税收总数的四分之三,必须预留下四分之一,用以偿还外债。很显然,何、胡二氏的税制改革参酌了欧美国家的税收体制,用以避免旧法由督抚直接理财所带来的弊端,以期有效地防

① 《胡翼南先生全集·新政始基》(262)卷9,7页。
② 同上,8页。

止历史上皇帝派人征税激成民变悲剧的发生，含有财政独立的意味。尤其是，州县以下城市乡村税制改革，完全体现了民间社会的意愿，赋予了人民更大的权力，带有鲜明的地方自治色彩。何、胡二氏的财政改革依然是其民权思想的体现。

6. 教育制度

倡导大众教育是何、胡二氏教育制度改革的主体思想。而这一思想观念的提出，是建立在对科举制度的批判和现行人才状况的剖析之上的。

自隋唐以来创设的科举取士制度，是对魏晋以来的"门阀制度"的一次革命。它打破了家庭出身对人才的限制，为众多有为青年步入社会的高层提供了一条捷径，实现了人生的追求与价值，创造了中国古代社会举世无双的文官制度。大唐天子唐太宗曾满怀喜悦之情说道："天下英雄尽入我彀中"。可以说，盛唐时期的繁荣，是与科举取士制度的发展完善密不可分的。但是，随着中国封建专制统治走向极端，到明清时期，科举制度已经蜕变为封建统治阶级实行独裁专制的强有力手段，已经由隋唐初创时富有改革气息的举措，变成了明清时期扼杀人才的摇篮。出题范围不出四书五经，答案要以朱熹的注释为标准，就连答题的格式也要统一，即所谓的"八股文"。"八股文"形式呆板，内容空洞，陈陈相因，千篇一律。数以千万计的读书人，为求光宗耀祖，衣锦还乡，毕生为之皓首穷经。有限的时光，耗失于读书诵经中。到清朝后期，科举制度更加腐败，连试卷的字体也必须是"小楷"。千军万马，能通过独木桥的毕竟是少数。为数不多的金榜题名者，也远非社会急剧变革中的有用之才，大多迂腐笨拙，思想僵化，缺乏创意，既不能济世，也不能救民，甚至于“竟有不知司马迁、范仲淹为何代人，汉祖、唐宗为何朝帝者”。科举制度已经走向了绝境。就连晚清重臣李鸿章都发出这样的疑问：“科举中未必即有真人才，培养根本之道或不尽系此耳。”①

深受西学浸淫的何、胡二氏自然更不例外。他们在《新政论议》、《康说书后》、《新政安行》、《新政变通》②等政论文章中多次抨击科举取士制度，痛诋科举误国误民。他们认为，科举取士制度，学非所用，用非所学，箍制人心，泯灭天智。“今之搭截等题，何异清谈？试策文字，多由剽窃，清谈剽窃以之论人，岂为佳士？以之治国，多误苍生。”因受选拔人才标准的误导，天下读书人皆把科举高中作为摆脱困境，跻身于社会高层的门径。而在文字狱的高压下，“聪明特达有志之士，则又流为考据研经铸史，枉费心力而实用无裨”。正如百姓所言：“八股出而天下无真才。”③

针对顽固守旧之士“治天下以文”，重文轻技艺的谬论，何、胡二氏运用发展的观念，进行了全面的辩驳。他们认为，所谓“治天下以文”，此论并非绝对错误，而是有其合理性，即存在的土壤。因当时为典型的农业国家，分工不细，耕作粗放，故形成了认知上模糊含混的特征，认为只要一心研读圣贤书，即可经天纬地，即是上知天文，下知地理的“通博之才”。

---

① 吴汝纶《李文忠公全书·朋僚函稿》卷 15，4 页。

② 《胡翼南先生全集·新政变通》(263)卷 20，11 页。“八股声韵之艺，经策史论之文，费时最多，无裨实用，古今干大事、立奇功、建良谋、成至计者，俱非由此，而国中英俊无不于此问途，则以贡举用人，功令所尚，官爵禄秩，多出其门，明知无益犹必侥幸以图者，利之所在故也。”

③ 《胡翼南先生全集·新政论议》(262)卷 6，25 页。

但处在科技日新月异、分工精细化的今天，如果仍然抱定由读圣贤书所获取的所谓经天纬地之学以治天下，必是大错特错。倘若“孔子生逢今日”，他也必定会因后辈的抱残守缺而伤心不已，忧心忡忡。“圣人必不欲以固守旧章，为天下后世之累。”事实上，造成今日西富东贫的根源并不在于“外国智而中国愚”，而是因为东西方在认知上存在根本性差异。西方人注重知识更新换代，强调对学理原委的探索。中国人则信古法古，教条化地对待先哲们的学说，将其视之为千古不变的绝对真理。在思维方式发展史上始终缺乏一个机械唯物论阶段，虽然强调对自然界、人类社会整体性、统一性的认识，却缺乏对这一整体各个细节的认识能力，使人们容忍思维的朦胧性，满足于用朴素的对立统一观念去谈论宇宙的一般法则，既勿庸担忧客观实践的检验，也不受逻辑规则的制约。加之，中国古代文化一般是在师友相传的条件下发展起来的，缺乏欧洲文化自由辩论的社会环境，学人的文化工作往往限于注经、解经，这无疑限制了理论思维的发展，尤其是妨碍了实证学风的发展。科举取士制度正是通过合法权威的方式，凝结了中国文化的弊端。为此，何、胡二氏强调指出：

> 是故八股经义之法不改，则学问必无进境之机；科第用人之法不除，则中国必无振兴之望。则尝深求中国所以穷而不变之故，其祸本于骄傲满盈；又尝深求其所以致此骄傲满盈之故，其病根于八股经义。①

① 《胡翼南先生全集·康说书后》(262)卷14,4页。

围绕如何解决人才短缺的难题，何、胡二氏提出了发展学校教育，普及大众教育的新观念。何、胡认为，国将不国的病根在于缺乏拥有大批真才实学的新式人才，科举取士制度既然无法胜任此等重任，就只能仿效欧美国家广置学校，培养大批符合中国社会发展需要的新式人才，变传统的精英教育为大众教育。他们说："学校者，人才之所以出也。人才者，学校之所以造就也。"试看今日国势益蹙，全"由于无真才，其病皆由于无实学。继自今而言，学校非实不可；继自今而言，取才非诚不能"①。从所培养的人才规格而论，科举取士制度倡导的是空谈论道的学风；从教育的宗旨而言，科举取士制度是典型的精英教育、特权教育。在此种教育体制下，固然有极少一部分人通过科举，获取到功名，步入了社会的高层，但代价却是绝大多数人丧失了接受教育的机会。可以说，自隋唐以来，与科举制度相伴而生的是大量文盲的出现。且不说科举取士制度有违圣人"有教无类"的传统教育宗旨，剥夺了人与生俱来的受教育的权利。单就造成的客观后果而论，科举取士制度罪大莫焉。它既是统治阶级钳制思想、控制知识分子的驾驭术，又作为专制政体的组成部分，强化了专制体制。因此，在追求民主、科学的今天，无论是从张扬民权的角度看，还是从推翻专制统治的角度论，废弃科举取士制度势在必然。

为了加强推广大众教育的论说力度，何、胡二氏对清政府所创办的洋务教育进行了点评。从 19 世纪 60 年代起，清政府陆续设立了一些新式学校，如京师同文馆、天文算学馆、上海广方言馆、广州方言馆、求是堂译局等，所开设的课程内容

① 《胡翼南先生全集·新政安行》(262)卷 11，5 页。

也一改传统私塾的做法，仿照欧美国家的近代课程编排，设有声、光、电、化等自然科学，但到头来，成效并不显著。何、胡二氏认为，造成此种现象的原因仍然在于精英教育。清政府所推行的洋务教育就其实质而言，依旧是一种精英教育，尤其是京师同文馆、天文算学馆就更是如此。作为国家投资创办的高等学校，清政府对上述两所学校学生的入学资格有严格的要求，如天文算学馆的学生入学前必须是“满汉举人及恩、拔、岁、副、优贡”，和“前项正途出身五品以下满汉各官”①。据此，就把一大批亟待接受欧风美雨洗礼的青年学子阻隔在学校大门之外。精英教育更是一种特权教育。根据清政府的规定，凡进入该校学习的学生，在校期间享受丰厚的生活待遇，领取较高的生活补贴，三年后视其成绩优劣，优先授予不同的官职。何、胡二氏对此进行了深入的剖析。他们认为，从所开设的课程来看，东西方并无差异；从最终的成效来说，东西方却是截然不同。造成二者之间有天壤之别的根源就在于教育理念的不同。何、胡二氏说，欧美国家每年的教育投资多达一两亿元，中国则仅有少得可怜的 30 万元。在西方国家，从来没有学生在校读书期间领取工资这回事，但在中国，凡进入学校读书者则每月领取 30 元的薪水。一个人口总数四五千万的西方国家，每年在校接受教育的多达上千万人。拥有四亿人口的中国，每年能跨入学校门槛的则仅有 500 人。选拔标准的不同，也导致了东西方之间人才的盈余与匮乏。在西方国家，“试法问十得五，即为通才，故百人同考可中百名。中国

① 《筹办夷务始末》(同治朝)卷 46，4 页。

试法三场，偶失即见摈黜，而百人虽通仅取一人”①。仅从表面上看，东西方教育的差异是录取人数的多寡不同，即“限额与不限额之分”，但就实质而言，东西方在教育上的这种差异是教育理念的差异即大众教育与精英教育的不同。何、胡二氏认为，中国社会的发展急需大批受过新式教育的人才，而大批新式人才的涌现则有赖于新式学校的广泛设置。为此，他们强烈呼吁，放弃传统的精英教育观念，参照欧美国家的做法，推行大众教育，“广设艺科，勿限以额”。他们坚信，随着大众教育的推广，将会有取之不尽的有用人才脱颖而出，中华民族的整体文明程度自然会有大幅度的提高。

透过何、胡二氏所提改革主张，可以清晰地发现，无论是其议院制度、行政管理制度、官员选拔任用制度，还是其司法制度、财经制度、教育制度等，都带有鲜明的民权思想色彩，流溢着浓烈的民权意识。简而言之，民权思想是何、胡二氏政治改革主张的灵魂，他们正是以民权思想为主调勾画了未来中国的蓝图，以民权思想为基石，构筑了未来中国的大厦。

三、宗教哲学思想

相比于在社会改革方面的建树而言，何、胡二氏在哲学上的贡献就逊色得多。但作为能够提出一整套社会改革方案的思想家，何、胡二氏尤其是胡礼垣在哲学问题上还是有所阐发的，尽管其哲学体系带有明显的驳杂、零乱。从哲学派别的划分上看，胡礼垣的哲学思想应当归于宗教唯心主义之列。

① 《胡翼南先生全集 · 新政安行》(262)卷 11，7 页。

胡礼垣是一位学贯东西的大学者，颇有建树的思想家，一生对宗教问题有研究，有心得。根据他的自述和朋友们的追忆可知，胡礼垣 20 多岁时，就写出了合中外宗教、法学、治学等于一炉的《天人一贯》学术专著，初步宣达了其宗教哲学思想。到了晚年，特别是辛亥革命后，第一次世界大战期间，胡礼垣更是带着对现实世界的失望，醉心于宗教研究。在此期间，胡礼垣凭借着深厚的中学基础，深入研读世界各大宗教经典，充分吸取近代科技成果，广泛借鉴社会学、文化人类学、伦理学等学科的理论，完成了《灵魂不死》、《宗教略义》、《佛理哲学》、《金刚般若驭世经》、《作如是观》、《涅槃经论》、《持斋诵经论》等论著，进一步补充完善其哲学思想。值得注意的是，胡礼垣潜心于宗教哲学研究是以关注现实为前提的。他试图通过佛理与哲理的"两两比较"，为人类社会开辟出一条通往现实大同郅治的通衢大道。胡礼垣曾经清楚地表明："鄙人之于佛，无所辟亦无所佞，惟欲抉出佛心，以为世用而已。"①他自称是"以身示疾而救众生"的佛教的"维摩净名"，基督教的"托尔斯泰"，认为"佛景二教均足以措天下于和平"。也正是基于此种认识，"一真居士"黎和南作为胡礼垣的至交、挚友曾经这样评价他与他的治学：

逍遥先生少年慕道，撷三教之珠英，长岁修行，斩六根之毛贼，士徵四妙，亭筑三休，笑范子真之堕溷飘茵，异陶元亮之攒眉入社。凡心学之书，多所研究。其未达之也，必求其通；其既通之也，必求其用；

① 《胡翼南先生全集·涅槃经论》(266)卷 53，11 页。

其欲用之也，必多方考证。择其屡试屡验者，然后笔之于书，以为法则。观其《新政真诠》前后两总序三万四千余言，谆谆以言必求验，为辞可谓既详且尽矣。①

在胡礼垣的著作中谈及宗教哲学的有许多，但集中阐述宗教哲学思想的惟有《灵魂不死》一篇。因而，笔者在此将以《灵魂不死》为原本，旁及其他著述，探讨其宗教哲学思想。

《灵魂不死》写于 1914 年。是年，好友区凤墀、何启先后谢世。胡礼垣在痛心之余，怀着对挚友同道的追忆、对激战正酣的第一次世界大战的忧虑，于 8 月前后撰写了此文。他在文章的结语处交待了写作该文的原旨："今者慨杀运之未除，叹良朋之殂谢（是岁，区君凤墀，何君沃生相继而亡，而欧洲战务其祸正烈），肆笔书此，聊寄我怀。"②为此文作序的黎和南说得就更加清楚。他说，《灵魂不死》一文作于"何君沃生出殡之日"。1914 年 7 月 22 日，何启的追悼会在香港隆重举行。据黎和南介绍："出殡之日，官商士女临穴者云集骈阗。先生（胡礼垣——引者注）顾而悦之曰：'黄封九锡，原非文章，道德之光，青史千年，才是志士仁人之寿。'乃归而为此篇焉。"③

"灵魂不死"是一个极富挑战又极具诱惑力的哲学命题，为东西方宗教所共同关注。因教义、教旨的不同，"灵魂"在东西方宗教中各有所指。"自耶稣氏出，而圣神为灵魂，魔鬼为

① 黎和南《胡翼南先生全集·辑印金刚般若驭世经序》，(266)卷 57，1 页。
② 《胡翼南先生全集·灵魂不死》(265)卷 47，28 页。
③ 黎和南《灵魂不死序》同上，1 页。

体质，其说遂立于欧洲。自柏拉图出，而唯心为灵魂，唯物为体质，其说遂开于希腊。自乔答摩出，而净者为灵魂，染者为体质，其说遂倡于印度（净染之说在佛氏唯识论第八阿赖耶识）。自汉宋诸儒出，而天理为灵魂，人欲为体质，其说遂行于中国。”[①]按照胡礼垣的理解，“灵魂不死”这一命题总括了中外哲学的全部，是中外哲学赖以存在的精髓所在，只要正确地理解与把握了该命题，人世间包括生与死、过去与未来、心灵与物质在内的一切问题都能迎刃而解。

> 此一语（灵魂不死——引者注）为能包括哲学之全也。夫哲学为诸学之本原，而灵魂不死一语，了死生明，断续无过去未来之别，无心违地隔之分。其原始反终，又为哲学之本原，极无极而穷无极，最堪研究。……此一语也，总括二仪，远包三界，弥纶八极，洞贯十虚。[②]

“灵魂不死”如此重要，如何才能把握与理解它呢？胡礼垣认为，要真正地理解与把握这个命题，必以明了宇宙的开辟为前提。而宇宙的开辟或形成是一个奥妙无穷的问题，决非仅凭所见所闻能解释清楚的。现存关于宇宙形成的解释，或者“由因应而得者焉”，或者“有由对待而得者焉”，或者“有由推测而得者焉”，但是，所有这些解释，要么是以偏概全，要么是拘泥于形式，要么是臆测妄断，都没能提供一个足以为世人

---

① 《胡翼南先生全集·灵魂不死》(265)卷 47，5 页。

② 同上，4～5 页。

所接受的标准答案。

为此,胡礼垣罗列了日本哲学家井上圆了的观点,通过论辩的方式,阐明自己对“灵魂不死”问题的理解。据此也就表明了自己的哲学观点。井上圆了是日本明治维新后涌现出的著名哲学家,融会东西方宗教哲学,与川尻合著了《哲理微言》一书。在该书的第一部分,井上与川尻集中探讨了宇宙的问题。

关于宇宙的形成问题。井上与川尻称,按照基督教的上帝创造说,世间万物形成皆有原因,因而,由万物构成的世界的形成也必有原因,此即上帝。沿着这一思路,继续推导下去,那么,上帝形成的原因,上帝形成原因的原因又是什么呢?很显然,基督教的上帝创造说是不符合逻辑思维的,因为在这种说教中,上帝既是事物变化的起点,又是事物变化的终点。

胡礼垣认为,万物成形必由后天所造,创造之法分为两种,一种是借助人工之力所造,一种是自然进化而成。而后者成形必须具备四种条件,即变化的时间,变化的地理环境,变化的规则,变化的本原。概言之,即是自然界自然进化的结果。基督教的上帝创造说,就如同中国老子所宣讲的自然创造说:“人法地,地法天,天法道,道法自然”。无论是老子自然创造说中的“自然”,还是基督教上帝创造说中的“上帝”,它们都具有化腐朽为神奇,化神奇为腐朽的能量,而这种能量是不为一切“人事”所能理解的。因此,决不能依据人的思维逻辑去推导上帝创造世界的说法。

关于宇宙的动力问题。基督教上帝创造说认为,自然界如同死物一般,是静止不动的。自然界变化的动力,包括人兽活动的动力,不是来源于内部,而是来源于外部,即在自然界和人兽之上，存在着一个超然之物，这便是上帝。上帝是自然界和人兽运动的动力。井上与川尻称，这种说法是不正确的。按照开发说的理论，世界万物都处于运动状态，而促成万物运动的动力不是来自于外部，而是来自于内部，即世界万物皆自动。“宇宙世界者一大活物也。”[1]科学理论与实验均已证明了此说的确凿性。再者，草木皆能自我生长，人兽皆能自动，如果按照上帝宇宙万物共同的动力来源的说法，为何金石、土块却不能自生呢？这明显有悖于基督教自由平等的精神。很显然，万物运动来源于他动——上帝的说法是荒诞无稽的。

胡礼垣在此问题上采用了一种含糊的表述方法，认定宇宙间存在一种超自然的动力——“神”，也即基督教创世说中的“上帝”。他说，促成万物运动的动力有两种：一为自身内部所具有的，一为借助于他物的。但不论何种动力，就其归属而言，均是一种“神力”。既然如此，人们就没有必要一定要分清何者来自于内部，何者来自于外部。同样，人们也没必要因金石土块之不能自生而怀疑“神力”或“上帝”的存在。因为，“以动为乐”，“以静为忧”这种划分本身就无道理。万物之间显示存在方式的区别，是各按天性使然，不能硬性强求，但就其实质而言，“自然与自然一而二，二而一，同条共贯，异途同归”。作为世俗中人，“为身所累”，无法理解“上帝”的伟大，因而才有这种无必要的追问，万能的“天帝惟有不言，而时行物生，使人自会而已”[2]。

---

① 《胡翼南先生全集·灵魂不死》(265)卷47,9页。

② 同上,11页。

此外，胡礼垣还针对井上与川尻既然上帝是万物之母、平等对待万物，为何人有美丑之分等诘问进行了辩解，核心观点是“上帝为一大灵魂”，“上帝宗教决不可破，决不容破”[①]。

随后，胡礼垣从“灵魂从何而来”、“灵魂从何而去”、“灵魂何以不死”、“灵魂不死之据”四个方面全面阐述了所坚持的“灵魂不死”理论，这就是胡礼垣的宗教哲学观点。

灵魂从何而来？“名曰以太”[②]。胡礼垣认为：

> 世界者，其精锐乃一大灵魂耳。此一大灵魂也，其名曰以太（Ether）。以太者，电浪也。其为物也，乃传空气至神至妙之用者也，无窍不入，息息相吹。而地球中大小知觉运动之物，莫不取诸

① 《胡翼南先生全集·灵魂不死》(265)卷47，15页。

② “以太”，古希腊哲学家首先设想出来的一种媒质。17世纪后为解释光的传播，以及电磁和引力相互作用现象而又重新提出。当时认为：光是一种机械的弹性波，但由于这类波的传播必须有某种弹性媒质作为媒介（如声波的传播要有空气或水等作为媒介），而光却可以通过真空传播，所以必须假设存在一种尚未为实验发现的以太作为传播光的媒质。为了解释光在传播中的各种性质，必须认为以太是无所不在的（包括真空和任何物质内部），没有质量的，而且是“绝对静止”的（一切物体相对于以太的运动就是它的“绝对运动”）。电磁和引力作用则看作是以太的特殊机械作用。以太这一概念到19世纪曾为人们所普遍接受，但也暴露了不少问题。如为解释更多的现象，它必须具有各种显然是不合理的性质；企图用实验来确定以太的存在（如迈克尔孙-莫雷实验），又都归于失败。直到20世纪初，随着相对论的建立和对场的进一步研究，完全确定了光（电磁波）的传播和一切相互作用的传递都通过各种场，而不是通过机械媒质。这样，以太就成为一个陈旧的概念而被抛弃。19世纪传入中国后，被近代思想家如康有为、谭嗣同、孙中山等作为哲学名词、物理学名词使用，赋予了其精神、物质两方面的内容。

大灵魂，以为其小灵魂焉(小物所得者只谓之魂，不得谓之灵魂，详后)。然则人之一身何处为灵魂之府乎？其在于目乎？其在于耳乎？其在于周身之脉络乎？夫目为光学之原，其睛、其胞、其窠、其罩、其壳、其络、其廉、其瞳、其房、其水，皆为收光之件，小而厘毫丝忽，大而河岳日星，靡不现于粒粟之中。观于发光、敛光、回光、射光之辟阖，抑何奇也。耳为声学之原，凡声之来由，外窍传耳膜(西人谓耳鼓)，耳膜传椎骨，椎骨传砧骨，砧骨传小珠骨，小珠骨传马镫骨，马镫骨传内窍，内窍之水膜通，而声浪质点之动荡，空气往来之速率，无微不至焉，又何巧也！然而耳目之奇巧，与周身脉络之功用，虽为灵魂之佐，而非灵魂之府也。灵魂之府，厥为脑气筋。脑气筋者，电术之所需也。其质非筋非肉非脆骨，而如管而柔，如丝而白，外为膜胞，内为精髓，分布于五官四体，无时或息，其管之髓二，一司知觉，一司运动，咸通于脑气筋，无论吾身有何喜怒，有何哀乐，有何痛楚，耳过成声，目遇成色，知觉者递信入脑，运动者载命而出，迅速如神，不容呼吸。此其为灵魂之府也，可无疑义(西人以脑筋喻电，证据甚多而精)。夫物罔弗具脑气，具肺吸空气，而魂气之来，其即以此。①

---

① 《胡翼南先生全集·灵魂不死》(265)卷47，16～17页。

据此可知，胡礼垣借用了古希腊哲学家所提“以太”这一哲学概念，用来阐明自己对世界本原的认识。按照他的理解，“以太”是“一大灵魂”，是世界上一切有知觉、能运动之物的灵魂母体，世界万物莫不从“大灵魂”中取得“小灵魂”，但严格说来，小物所得者不能称之为灵魂，只能称之为“魂”。在关于“以太”的属性归类上，胡礼垣参照了近代医学、生理学、神经学、光学、电磁学等科学原理，将“以太”称为“电浪”，即一种近似于电磁学中的“电磁波”。而电磁波是一种客观存在的物质性的东西，它能够为科学实验所验证，为近代科学所感知。这样一来，胡礼垣就提出了一个颇令人费解的哲学命题：灵魂即物质。依照前面胡礼垣所提“上帝为大灵魂”的命题推论，自然会得出这样一个公式：上帝＝世界＝灵魂＝物质，上帝与世界联为一体，灵魂与物质合二为一。很显然，胡礼垣的宗教哲学思想是一个复杂的矛盾混合体。按照其对“以太”的解释来看，胡礼垣的宗教哲学思想中带有明显的唯物论成分，但奇怪的是，他又将灵魂与物质，上帝与世界混为一谈，人为地消除了二者之间天然存在的差异，一厢情愿地抹平了横亘在二者之间的巨大鸿沟。这种有悖于学理的命题，既无法自圆其说，且暴露出其唯心主义的宗教哲学观。这一点在随后的论述中显现的越来越清晰。他曾颇为自负地宣称：“上帝为大灵魂，此鄙人之独标已见，将以质诸天下后世者。”[①]这种提法与前说世界是大灵魂即“以太”的论断相距甚远。基督教神学观点历来强调上帝万能论，“神创造天地”[②]。胡礼垣把上帝与神

① 《胡翼南先生全集·灵魂不死》(265)卷47，15页。

② 《旧约圣经·创世记》。

学观点中的神创之物“以太”相提并论，无疑是对万能的上帝的最大亵渎。问题的关键在于，表面的不敬并不妨碍胡礼垣对上帝发自内心的顶礼膜拜。在其后的论述中，世界是“以太”的观点渐趋淡化，“上帝为大灵魂”的思想则日益鲜明。

灵魂从何而去？回归自然。胡礼垣认为，尽管中国古代文化典籍很早以来就留有关于何为灵魂、灵魂终将归于何处的诸多记载。《礼记》①、《左传》②、《白虎通》③、《抱朴子》④等均有涉及灵魂问题的讨论，但是所有这些论述，“皆不足以知人死之灵魂何从而去”⑤。在众多的中国古代典籍中，胡礼垣独崇西汉韩婴所著的《韩诗外传》，认为韩婴对灵魂归于何处的解释，接近于近代科学原理。韩婴对灵魂的归处是这样解释的：

> 人死曰鬼。鬼者归也。精气归于天，肉归于土，血归于水，脉归于泽，声归于雷，动归于风，眼归于日

---

① 《礼记》曰：“作其祝号，玄酒以祭……君与夫人交献，以嘉魂魄，是谓合莫。”又曰：“气也者，神之盛也。魂也者，鬼之盛也。”再曰：“凡祭，慎诸此。魂气归于天，形魄归于地。故祭，求诸阴阳之义也。”

② 《左传·子产》曰：“人生始化曰魄，既生魄，阳曰魂，用物精多，则魂魄强。”《乐祁篇》：“心之精爽，是为魂魄。”

③ 《白虎通》曰：“魂者何谓也。犹伝伝也，行不休也。动于外，主于情。魄者，白也，犹著人者也。主于性。”

④ 《抱朴子》，东晋葛洪著，分内外篇。内篇20卷（篇），谈“神仙方药，鬼怪变化，养生延年，禳邪却祸之事”，提出“人无贤愚，皆知己之身有魂魄。魂魄分去，则人病，尽去则人死”的灵魂观，为现存体系最完整的“神仙家言”。外篇50卷（篇），评论“人间得失，世事臧否”，反映作者内神仙外儒术的根本立场。

⑤ 《胡翼南先生全集·灵魂不死》（265）卷47，17页。

月，骨归于木，筋归于山，齿归于石，膏归于露，发归于草，呼吸之气复归于人。①

胡礼垣对此的评价是："韩婴之言，虽未能惬心贵当，然于格致之理尚有影响之可寻。""韩婴之言，各有所归，予以为颇得格致之理者也。"随后，胡礼垣借助于近代科学原理，沿着韩婴人死之后各有所归的论点，进一步阐释了灵魂归于何处的认识。与此同时，胡礼垣宗教哲学思想中的些许唯物论成分逐渐剥落，唯心主义的宗教哲学色彩日益凸显。胡礼垣称，灵魂本来就是一种没有形质的客观存在，只能去感知，绝对不能去触及，因而也就不能与有形的物质相类比，但这种超然、神秘的存在，却有灵魂。从这种意义上讲，"灵亦物也"。在此，胡礼垣特别强调，决不能因为灵魂不是物质而断然否认它的存在。

夫灵魂本无物，不得与体质之物比其伦。然虽无其物而有其灵，则灵亦物也。且纵不得谓之物，而仍不能不谓之有，格致家有大例焉。

据此可以清楚地发现，在哲学的基本问题上即"物质与精神"何为第一性的关系问题上，胡礼垣强调了"灵魂"（精神）的客观存在，突出了灵魂是可以不依赖于物质而独立存在的，将原本必须依赖于物质而存在的灵魂，提到可与物质比肩并立的高度，成为第一性的东西，形质变成了第

① 《胡翼南先生全集·灵魂不死》(265)卷47，18页。

二性的东西。这样一来，胡礼垣宗教哲学思想的主观唯心主义属性便由此可见。

有趣的是，胡礼垣如历史上的唯心主义哲学家一样，为了证明自己观点的正确性，也借鉴或者套用近代科学的原理，作为立论的依据，有意无意地向世人表白，自己的宗教哲学观点是有科学依据的，是符合科学原理的，且能经得起科学实验的验证。胡礼垣称，近代科学发明证实，宇宙万物是永恒不变的，既没有一种物质能够消灭它使之由有变无，同样也没有一种物质能够创造它使之由无变有。照此推论，“以质点之微而成，微之又微”的灵魂当然就是与永恒存在的宇宙相始相终的。对于人死后灵魂归于何处的追问，答案已经非常明晰，如西汉韩婴所言，“人之死也，呼吸之气复归于人。韩婴之言，其于灵魂之去之所之也，可谓得其类矣”[①]。

灵魂何以不死？既然相信有灵魂的存在，坚信灵魂不死自然也就毫无奇怪可言。胡礼垣认为，中国人不相信有灵魂存在，实际上是由两大误区所致。其一，曲解了孔子的微言大义。其二，因范缜之流的误导误传。胡礼垣称，中国的知识界数千年来存有一种定论，认为孔老夫子是无神论者，依据就是孔子回答弟子子路之问：“未能事人，焉能事鬼；未知生，焉知死。”以孔子的至尊地位，孔子的话语自然也就成了亘古不变的真理，人死则灵魂俱死，成为标准答案，“人死如灯灭”的谚语更在民间广泛流传。其实，这是一种错误的认识。就本质而言，孔子是一位有神论者。否则的话，孔子先师决不会在其手定经籍《礼记》的“祭法篇”、“祭义篇”、“祭统篇”中有对于天

①② 《胡翼南先生全集·灵魂不死》(265)卷47，19页。

地、鬼神、祖宗等的详尽祭典。胡礼垣认为,从表面看,孔子的确没有在有无鬼神问题上作出肯定或否定的答复,但这并不表明他就是无神论者。孔子之所以这样做是出于一种策略上的考虑。“使言其有,则起人之溺信;使言其无,则起人之猖狂。惟于祀事则惕以孔明,于礼物则言其德盛,显示之意而已。”[①]遗憾的是,凡人庸俗,曲解了孔子的本意,湮没了圣人的微言大义,致使今日谬种流传。最可恨的是南朝范缜,凭“单慧自负之资,哲理浅尝之士”,故作“清矫拔俗之言”,高举无神论和神灭论的旗帜,取媚于当世,蛊惑人心,就连年过80岁的袁子才都曾写诗颂扬他为古今天下第一聪明人:“鬓发全凋休对镜,恩仇未报尚为人。古今第一聪明士,最爱南朝范子真。”[②](范缜字子真——引者注)他从“形神相即”和“形存则神存,形谢则神灭”的根本命题出发,论证了形体和精神的关系,是“质”和“用”的关系:“形者神之质,神者形之用。”形和神的关系,正如刀刃和刀刃锋利的关系一样。肯定精神本身并非物质实体,而是人的形体的一种作用,认为“浮屠害政,桑门蠹俗”,揭露佛教在精神上奴役世人的思想,在物质上妨碍生产。特别是他与南齐竟陵王萧子良进行的关于佛教因果报应的论战,更是充满了诡辩与矛盾。南齐竟陵王萧子良酷嗜佛教,信奉因果报应,范缜则坚称无佛,否认因果报应。针对竟陵王若不信因果,何得有富贵贫贱区别的诘问,范缜答曰:人生如树,花随风落,落入茵席之上者,即是殿下,落入粪池者,即是在下,“贵贱虽复殊途,因果竟在何处?”竟陵王无言以对。胡礼垣点评道:范缜的回答充满了矛盾与肤浅。范缜以风吹

①② 《胡翼南先生全集·灵魂不死》(265)卷47,20页。

花落为喻，论证了富贵的偶然性，阐释了人在现世的富贵贫贱与前世的修为没有必然的联系，从表面看来，此种解释似乎言之有理。但如果再进一步追问，树花“究其何为而立当其席，何为而立当其粪，则不能不归其功过于花之修与不修也”②。花落茵席与粪池，显然是与花前世的修与不修有关联。因为花本身是有灵性的，倘若花无灵性，自然也就没有落入茵席之上与粪池之下的争辩了。可惜的是，竟陵王对于范缜自欺欺人的诡辩竟然无言以对，表明萧子良和范缜“皆于佛理有所未达”，没能真正地理解、把握佛教的真谛，充其量是一知半解。

随后，胡礼垣集中批驳了范缜以刀刃与锋利为喻的无神论与神灭论。他认为，范缜所谓“形者神之质，神者形之用。神之于质，犹利之于刀，未闻刀没而利存，岂有形亡而神在”的观点，是肤浅、片面的，他只是看到了问题的一个侧面，而不能洞悉问题的全部。物质的东西天然带有两重性：一种是显现在外的，它能够直接为人们所看见、所描述。另一种则是隐藏不露的，仅凭人的肉眼、肉身是无法看见、难以描述的。“刀与形”属于前者，“利与神”则属于后者。“锋利”是不依赖于刀具而客观存在的，无论是否与刀结为一体，它都是独立存在的。“神”是客观存在的，它无需与形质联为一体，便能独立存在。只要有刀和形的存在，便会有锋利和神的存在。

刀与形，物之显者也。利与神，物之隐者也。利不与刀期而必附于刀，神不与形期而必附于形。天下之刀不尽，则天下之利不尽。天下之形无穷，则天下之神无穷。化工之造物，有是形则有是神，即无是形而仍有是神。盖神也者，魂也者，弥漫天地之间。[①]

借助于现代科学批判无神论和神灭论，则更是胡礼垣的一大发明创造。在随后的论战中，胡礼垣依照物理学、生物学等科学原理，从生命的起源上或物质的构成上，阐述了他的有神论和神不灭论思想观点。胡礼垣称，现代科学研究证实，一切生命或物质"皆由小分子所成立，小分子由小原质所成立，分子、原质各具势力，此理化不可变之原理也"[②]。在此，胡礼垣创造性地提出了"点"的概念，认为"原质"是由"点"构成，如果据此而论，胡礼垣宗教哲学思想带有鲜明的唯物论色彩，但问题的关键是，前半部分仅仅是铺垫，在揭示生命或物质的最终起源上，胡礼垣又回到了唯心主义的行列，显示出他的宗教哲学思想的唯心论本色。他认为，"点"作为生命或物质的最基本单位，是由灵魂所决定，灵魂是宇宙万物的本源，宇宙万物的生成皆源于灵魂。胡礼垣进一步分析道，宇宙万物在其原始状态皆有魂，但并非所有的魂都能升华为灵魂，只有与作为"大灵魂"的神相交，接受神的感召，才能具有灵魂。"凡魂而弗灵者，只名智能(Tnsnict)，不曰灵魂。"蚕吐丝，蜂酿蜜，鸟筑巢，完全是一种本能，而"非灵魂也"。人作为万物之灵，其灵魂与生俱来，且变化万千，叹为观止。与万能的神或上帝或"天帝"相比，人虽然"实与天帝同其体"，但人终究不能取代

① 《胡翼南先生全集·灵魂不死》(265)卷47，20～21页。
② 同上，9页。

天帝而自为，原因就在于人与天帝之间存在着一段距离。天帝是纯粹的灵魂，而人则是灵魂与肉体的混合物。现实中的人常常为"肉身所累"，为七情六欲所惑，难以超越凡界，难以具有天帝般纯之又纯的灵魂。对人而言，腐朽的是肉体，不死的是灵魂。"灵魂不败者，人之类不败。"自开天辟地以来，天灾人祸频频发生，可无一能割绝人类生存的命脉，人类依旧繁衍生息，根源就在于人具有不死的灵魂。由此来看，与神或天帝同体的灵魂绝无自灭之理。对灵魂而言，人体只是灵魂寄宿的旅店而已。旅店可以常开常关，但旅客却是不绝如缕。说到这里，胡礼垣大声责问，范缜凭何而言，灵魂随人而亡呢？况且，范缜"所谓亡、不亡者，不过以见不见名之耳"。宇宙万物的存在决不能以是否看见为依据，何况，是否看见也并不能仅仅依靠耳朵和眼睛。"木之有火，而人不见也。身之有电，而人不见也。"人们绝不会因为肉眼看不见这些物质而否认它们的存在吧！人死而灵魂不死即同此理。如果说，胡礼垣此处的论说还有其合理性的成分，那么，随之而后的诠释则充分暴露了其主观唯心主义的本质。

> 夫五官之运用，皆足以生吾之见，助吾之见，抑知夫见。有空诸五官之用，而独从一心而求者。故色有不能得之于视也，则谋于心（心即谓脑），而无色之色见焉。声有不能得之于听也，则谋之于心而无声之声见焉。由是，香有不能得之于嗅，味有不能得之于尝者，皆谋于心，而无香之香见焉，无味之味见焉。甚至燥湿、刚柔、冷暖、滑涩之不能得之于触也，则谋于心而无燥湿之燥湿，无刚柔之刚柔，无冷暖之

冷暖，无滑涩之滑涩，莫不显割呈露，纤悉毕赅焉。①

按照胡礼垣的此种理解，人们认识世界并不一定非要通过直接感觉的方式而完成，人凭借先验的理性即其所说的"心"或脑就能够看见肉眼看不见的物质存在，听见耳朵听不见的声音。先验的理性不仅可以取代直接感觉，并且远比人的一般感觉更灵验。更有甚者，胡礼垣还以主观臆想中的"有"和"无"作为判定事物是否存在的依据，认为"天下事事物物之有有无无，皆视乎人意之所趋以为定准。意以为无，则虽山河、大地、器世、根身亦等诸虚空寂灭焉。意以为有，则虽梦里生涯、空中楼阁亦成其名物象数焉"②。归根到底，胡礼垣的此番话语仍然是其精神创造物质、精神独立于物质而存在理论的体现。

最后，胡礼垣以人所共知的寒暑更替、昼夜替代自然界现象为据，借用佛教生死轮回说，结束了其阴阳消长、灵魂何以不死的论说。

> 阴阳之消长也，居其阳则必知其阴。寒暑之代更也，处其寒则必知其暑。昼夜之轮转也，视其昼则必知其夜。死生之绝续也，观其生则必知其死。是非循序渐进，按部就班，然后知之也。当其居阴之时，已隐隐有阳之机。当其处寒冬之时，已隐隐有暑之机。而昼之与夜，生之与死，机缄所在，何莫不然？

---

① 《胡翼南先生全集·灵魂不死》(265)卷47，21～22页。

② 同上，15页。

然则灵魂之止有间断，全无死亡，断可知矣。[①]

灵魂不死，证据何在？胡礼垣清楚地知道，要想让世人接受自己灵魂不死的观点，在一个注重实际的国度里，必须提供灵魂不死的证据。否则，纵使理论完整，逻辑严密，推导科学，灵魂不死的观点仍不为世人所认可。为此，胡礼垣博览群书，吸取国外研究成果，阐发素为中国人所喜闻乐见的历史事实，作为灵魂不死的佐证。其用意不外乎告知国人，灵魂不死，不仅为今人所重视，且为古人所关注；不仅为中国人所强调，且为外国人所注目；不仅在学理上成立，且在事实上存有依据。

胡礼垣认为，古往今来，皆注重对灵魂不死的研究、讨论，且有言之有据的研究成果传之后世。北宋李昉主持编辑的《太平广记》、《太平御览》等书籍，采录了475种自汉至宋初的小说、笔记、稗史等资料，汇集了古代中国关于鬼神的传说与实证。中国人仅仅是通过质朴的例证来阐明灵魂不死，在科学昌盛的欧美国家，英美学者"探颐好奇，设立幽冥研究会"[②]，出版了众多有关灵魂不死方面的专著。仅仅在1884～1905年10年间，问世的著作有：詹臣的《灵魂统系》(1884年)，斯宾塞的《灵魂原理》(1890年)，刺押的《灵魂详解》(1895年)，查士杜罗的《灵魂事实》，维罗的《灵魂分析》(1902年)，铁千拿的《灵魂试验》(1902年)等。所有这些著作，"俱能持之有故，言之成理，有伦有脊，成一家言"。胡礼垣同时又认为，这些有关灵魂之学的著作存在着相当明显的缺陷，论证

① 《胡翼南先生全集·灵魂不死》(265)卷47,22页。

② 同上,28页。

过于繁琐，且“各纪其偏，非提要钩元，一言以蔽也”。“连犿者，繁征之则或流于冗，约略之则又失于疏。”因而，胡礼垣对上述著作并不十分中意。胡礼垣认为，以研究灵魂不死为主题的著作，当以英美国家主持编写的大百科全书为最佳。该书汇集了国内学识渊博的专家学者，事例丰富，理论明晰，“凡灵魂之所以为灵魂者，无不详载，且能该括而言”，实为研究灵魂之学的最佳读本。根据英国学者湛伯、美国学者弥露臣的研究获悉，人从落地为生开始，直至衰老辞世，这期间的所有一切活动，都称之为“心思智虑”。人之所以能“明善恶，别是非，迈前贤，开后学，通今古，贯天人者”，都是因为有灵魂的存在，都是由灵魂控制、操纵的结果。灵魂是一种难以名状之物，观察它的载体——人的活动，就能言清它的存在。灵魂作为一种没有具体形体的特殊存在，观察它的载体——人的活动，就能验证它存在的方式。近代物理学原理揭示，宇宙万物间存在着万有引力定律，表现为同性相吸，异性相斥。凡相互吸引者，必定是同类。这一原理作用于相同的人类之间同样也是如此。由此可见，“人之灵魂亦无不同也”[①]。

胡礼垣依照欧美学者的观点，继续阐发其灵魂不死的思想。他认为，人们之所以能熟知几百年前乃至几千年前的人和事，之所以能对几百年前乃至几千年前的人和事作出评判，就在于历史留有“瓠史稗官之记载”。人的肉身可以死亡，但其生平事实却是永恒的。社会在变，作为人的基本道德评价准则却是永远的。康德曾经说过：“神及他界者（他界谓未来世界），吾人哲学思想惟一之对象也。他界之观念不范围于道

① 《胡翼南先生全集·灵魂不死》(265)卷47，23页。

德，则亦不足观矣。”[①]探讨神界与未来世界尚且遵循道德规范，更何况研究人世间的问题呢？事实上，后人正是沿袭着人类社会基本的道德规范，点评历史，臧否人物。“其德之顺乎灵魂而遗芳百世”，“其德之逆乎灵魂而遗臭万年”。倘若再继续往下追问则会发现，道德规范的评价尺度最终是灵魂。人类的命脉不绝如缕，作为人类基本准则的灵魂自然长青长绿。反之亦然。正是因为灵魂不死，后人才觉得遥远的过去离我们是如此之近，历史上的人物是如此的鲜活。田横本是秦末汉初之人，其舍身取义之举广为后世流传，可谓不死。而田横之所以不死，是因为唐朝韩愈为之写有墓碑。“田横之不死也，以韩愈之生也。”唐尧虞舜、秦王嬴政、隋帝杨广距今遥远，而后人时常谈起，亦同此理。所不同的是，“谈尧舜，则人无不喜，喜即天堂也。谈政广，则人无不怒，怒即地狱也”。后人正是怀揣着灵魂这把道德评判的标尺，丈量着古人生前的所作所为，纵使不言，答案早已明确。“凡为善类即尧舜也，凡为恶类即政广也。”对于他们的最后归属地，世人也早已排定：前者居天堂，后者处地狱。凡此种种，皆是灵魂不死的证据。基于此种认识，胡礼垣认为，灵魂不死的证据，俯拾即是，信而有据，大可不必一定要“假社公之鬼，谋以亡曹，托莘邑之神，降而灭虢，始谓之灵爽式凭哉？然则警世之深，爱人之切，暮鼓晨钟之镗鞳，砭愚订顽之良铖，无有过于灵魂不死之据者矣”。孔子作《春秋》，乱臣贼子惧，当属灵魂不死的又一证据。灵魂不死对于约束、规范人类的行为发挥了相当重要的作用，使人生前的言行有所忌惮、有所收敛。对来世幸福的向往与对他

① 《胡翼南先生全集·灵魂不死》(265)卷47，10页。

界处境的担忧，抑制了人与生俱来的恶，促成了人性的自我修炼、自我完善，因此，与其说是道德规范了人类社会的秩序，勿宁说是不死的灵魂辅佐人类完成了自我设计。倘若灵魂真的不存在，倘若灵魂真如范缜所言，人死如灯灭，人对他界和来世的无所畏惧，势必会造成人在现实世界中的肆无忌惮，“则睚眦报怨，杀伐凶残，但求意气之快心，不顾天良之悔恨者，何惮而不为?”人类将不复有善的存在，人世间将成为罪恶的渊薮。

在《灵魂不死》的结尾处，胡礼垣用确凿的语言，全面总结、归纳了其“灵魂万能论”，系统阐发了其“天地者大灵魂也，人身者小灵魂也。大灵魂者上帝也，小灵魂者上帝之造物也”①的宗教哲学思想。他说：

> 天地一上帝，即天地一大灵魂也。其为物也，包罗宇宙散而为不可说，不可说之无数小灵魂焉。其为质也，微之又微，微而至于无，寓空气中，动而为息，息之吹，人之生也。得之以为呼吸之气。及人之死也，呼吸之气复出而为息。息之吹，返空气中与大灵魂合，寻机而散以为人之再生焉。元牝为根，希夷之精，潜运延埴为器，橐龠之用无穷，轮转陶钧，常相摩而相荡，循环动静，乃成象以成形。然则人之生也，如从睡梦中而醒。人之死也，如从醒定中而睡。是说也，无可辩焉。②

---

① 《胡翼南先生全集·灵魂不死》(265)卷47，26页。

② 同上，24～25页。

附录

1. 何启、胡礼垣大事记

1847 年(清道光二十七年丁未)胡礼垣 1 岁

出生于广东省三水县三江乡一个商人家庭。

1857 年(清咸丰七年丁巳)胡礼垣 10 岁

胡礼垣熟读四书五经,能为文,应童子试,辄冠其曹,多次参加科举考试皆名落孙山,遂弃举业,专研经史,致力于诗古文辞,复研西学,拜伍廷芳为师,学习英语。

1859 年(清咸丰九年己未)何启 1 岁,胡礼垣 12 岁。

3 月 21 日(二月十七日)

何启诞生于香港一个教会家庭,出生后即由理雅各牧师施行洗礼,成为伦敦传道会道济堂的会友。

1862 年(清同治元年壬戌)何启 3 岁,胡礼垣 15 岁。

胡礼垣跟随父亲胡献祥来到香港,进入香港中央书院学习,接受了全新的近代教育,史称“治英文、算学、格致诸科”。

1864(年清同治三年甲子)何启 5 岁,胡礼垣 17 岁。

姐姐何妙龄嫁于伍廷芳为妻。

1870 年(清同治九年庚午)何启 11 岁,胡礼垣 23 岁。

何启连跳四级,入中央书院读书。

胡礼垣以优异的成绩毕业,留校担任中文教师,成为香港第一所官办中学——中央书院的教师。

1872 年(清同治十年辛未)何启 13 岁,胡礼垣 25 岁。

父亲何进善死于广东佛山民教冲突。何启在中央书院毕业,远赴英国留学,成为第二位负笈英伦的香港华人。先入苏格兰根德郡(Kent)马格特(Margat)的巴尔美学校(Palmer House School)继续中学教育,英文水平突飞猛进。

胡礼垣辞职离校,到父亲所经营的航运公司兼职,并多次参加港府公务员考试,可惜均未录取。后来,一度曾在清末著名变法思想家王韬所经办的《循环日报》社工作,担任该报的翻译。由此,与王韬结识,成为知交。

1875 年(清光绪元年乙亥)何启 16 岁,胡礼垣 28 岁。

9 月(八月),何启考入苏格兰阿伯丁大学(University of Aberdeen)开始学习医学。

1879 年(清光绪五年己卯)何启 20 岁,胡礼垣 32 岁。

何启顺利通过阿伯丁大学毕业考试,荣获该校内科学士及外科硕士学位。再经过在伦敦圣汤玛士(St. Thomas's Hospital)医院的严格临床实习，遂成为正式的外科医生，成为香港史上第一个合格的正式西医。同年，何启被吸纳为英国皇家外科学院的会员（Royal College of Surgeons of England）。

听从恋人英国姑娘雅丽氏的劝告，弃医习法，进入伦敦林肯法学院（Lincoln's Inn）研读法律。

1882 年（清光绪七年辛巳）何启 23 岁，胡礼垣 35 岁。

1 月 25 日（十二月六日）何启从林肯法学院毕业，获得律师资格，成为在该校毕业的第二个中国人。同年，结束了 10 年的留学生涯，携新婚夫人雅丽氏返回香港。是年，被委任为“太平绅士”。

1884 年（清光绪九年癸未）何启 25 岁，胡礼垣 37 岁。

爱妻雅丽氏因病去世，终年 33 岁，何启伤心不已。后又娶华裔女子黎玉卿（父亲为美国籍，母亲为中国籍）为妻，生有九男七女。儿子：永乾、永元、永亨、永利、永贞、永安、永康、永锦、永谢。女儿：瑞金、瑞银、瑞铜、瑞铁、瑞锡、瑞华、瑞美。其中，瑞金嫁给了伍廷芳的独子伍朝枢为妻，俩人为姑舅亲。

1886 年（清光绪十二年丙戌）何启 27 岁，胡礼垣 39 岁。

是年，何启被港督任命为“公众卫生委员会”委员，直到 1896 年结束，时间长达 10 年之久。任职期间，何启凭借其娴熟的专业知识，良好的服务意识，促进了香港社会医疗卫生事业的发展，改善了市民的医疗保健状况。

是年，胡礼垣任《粤报》编辑，译《英例全书》等为中文，“前后积成卷帙，凡二百余万言”。

1887 年（清光绪十三年丁亥）何启 28 岁，胡礼垣 40 岁。

2 月 26 日（二月四日）何启用 2 万元购买了荷李活道 75～81 号一块土地，以亡妻雅丽氏的遗产作为建筑费用，建起了一座医院，名字为

“雅丽氏医院”(Alice Memorial Hospital)。后来与其他教会医院合并，改名为“雅丽氏妙龄那打素医院”，担任该医院财务委员会主席长达27年之久。

4月(三月)，何启用“华士”为笔名，用英文写成了《中国之睡与醒——与曾侯商榷》(China The Sleep and The Awaking A Replay to Marquis Tseng)，发表在《德臣西报》上，批评曾纪泽的改革观点。

6～7月间(四月至五月)，俩人首次联名发表文章:《中国先睡后醒论书后》(即《曾论书后》，全面驳斥曾纪泽以发展军事为主的改革观点，认为徒有军事的发展，并不能将中国带入一个富强文明的境地。从此，这两个性格不同，社会地位不同，但思想相通的人走到了一起。

8月30日(七月十二日)，何启出任“香港西医书院”筹建委员会主席，策划成立医校的准备工作。

9月(八月)，为孙中山讲授生理学课，与孙中山的友谊从此开始。

10月1日(八月十五日)，“香港西医书院”(Hong Kong College of Medecine for Chinese)成立。出任名誉秘书一职，作为该校惟一的中国教授，讲授法医学和生理学两门课程。

1890年(清光绪十六年庚寅)何启31岁，胡礼垣43岁。

何启出任香港立法局“非官守议员”，直至1914年。

1892年(清光绪十八年壬辰)何启33岁，胡礼垣45岁。

何启再任“香港西医书院”名誉赞助人。是年，英国政府授予何启CMG勋章(骑士勋章)，以表彰他为促进香港地区经济繁荣和东西方文化交流所做出的巨大成就。1912年，英国再次赐予何启爵士衔，以表彰他对香港社会长期做出的服务贡献、及创办香港大学之功。

1894年(清光绪二十年甲午)何启35岁，胡礼垣47岁。

上年底或是年初，胡礼垣东游日本，游览大阪、神户等地，写有“神户大铜佛诗”。

8月(七月),胡礼垣代摄清朝驻神户领事,保护华侨。

元旦(十二月三十一日),胡礼垣在日本大阪写下了谴责战争,警示日本,呼唤和平的诗篇:《普法师丹战图诗》

是年底,何启、胡礼垣在香港与日本两地,书信往来,切磋文稿,是为《新政论议》(全名为《中国宜改革新政论议》)的写作经过。

1895年(清光绪二十一年乙未)何启36岁,胡礼垣48岁。

3月(二月),何启与《德臣西报》记者黎德一起出席孙中山、谢缵泰等人在香港西营盘杏花楼酒店举行的会议,商讨有关广州起义的具体事宜,并被推举主持会议。按照会议分工,何启负责起草英文对外宣言。

3月13日(二月十一日),何启在其姐夫伍廷芳的陪同下,乘船到达上海,拜会时任中国铁路总公司督办的盛宣怀。此次上海之行是何启首次也是最后一次到内地游历。

4月(三月),胡礼垣离开日本神户回到香港,任香港文学会翻译,长达3年之久。史料记载:“和议成,先生返港,为文学会译员,任事三载。”

何、胡二氏联名发表《新政论议》(全名为《中国宜改革新政论议》),系统地阐述了他们的改革主张。此为何、胡二氏第二次合作。

1898年(清光绪二十四年戊戌)何启39岁,胡礼垣51岁。

是年,胡礼垣辞掉了香港文学会翻译一职,从此“退隐于家,日惟闭户著书,考察列国政治得失,与何君启研究法律。至于哲学、宗教,莫不穷其要理。晚年复研求佛学,具有心得”。

2~3月(一月至二月),胡礼垣与何启合著的第三篇长文:《新政始基》问世。提出了改革变法的具体方案。

7~8月(六月至七月),胡礼垣在何启的“怂恿”下,写成了《康说书后》(原名为《书报国会第一集演说后》),"以质康君,并以质诸斯时之欲为中国变法者"。

12月前后(十月至十一月),何、胡二氏联名发表《新政安行》发表,对"中体西用"作了进一步的理论批判,论述了"兴民权"的重要性。

1899年(清光绪二十五年己亥),何启40岁,胡礼垣52岁。

是年,何启促成港府颁布《保存宋王台条例》,保全了"宋王台"。

胡礼垣上书来华的日本首相伊藤博文,强调儒家的"爱人"学说,规劝日本悬崖勒马,与亚洲各国重修和好,否则日本将会走上不归之途。

2月(己亥正月),何启、胡礼垣联合推出新作《〈劝学篇〉书后》,对张之洞在《劝学篇》中宣扬的观点进行了全面批判。

是年秋,何启、胡礼垣决定将此前撰写、刊行的几篇文章汇集出版,并作总序(即《前总序》)。

是年冬,何启、胡礼垣联名发表《新政变通》,主张开民智,论述民智与民权的关系,对汉学宋学进行了严厉批判。

1900年(清光绪二十六年庚子)何启41岁,胡礼垣53岁。

5月(四月)何启策动李鸿章两广独立,将《(中国南方志士)致香港总督书》翻译成英语。

7月2日(六月六日),何启登门拜访港督卜力,向卜力汇报了策动李鸿章两广独立的可能性,详细介绍了香港兴中会草拟的上港督书,概述了建立这个新政权的理由,阐明了它的政治纲领。

是年冬,何启、胡礼垣写了一篇"后总序",置于原序(即"前总序")之后。区凤墀为之起名《新政真铨》。至此,该书编辑成册,整书发行的工作准备就绪。

11月底12月初(十月至十一月),《新政真诠》在香港出版发行。

1905 年(清光绪三十一年乙巳)何启 46 岁,胡礼垣 58 岁。

是年,何启与大房地产商、儿女亲家区德共同出资,组建了“启德投资公司”,经过投标,买得了九龙湾海床,自行填海为地,铺垫了“启德机场”的平台。

1906 年(清光绪三十二年丙午)何启 47 岁,胡礼垣 59 岁。

是年,胡礼垣动笔写作《梨园娱老集》。

1907 年(清光绪三十三年丁未)何启 48 岁,胡礼垣 60 岁。

是年,胡礼垣离开香港再次到内地作“汗漫之游”。

是年春天,胡礼垣结集成篇,是为《梨园娱老集》。

1908 年(清光绪三十四年戊申)何启 49 岁,胡礼垣 61 岁。

是年春天,《梨园娱老集》出版刊行。上下两册共收录古诗 19 首,凡 16100 余言。上下两册分别是观看传统戏剧“举狮观图传奇”和“施图公案传奇”的有感而发。

1909 年(清宣统元年己酉)何启 50 岁,胡礼垣 62 岁。

是年,何启参与“香港大学筹委会”,担任香港大学助捐董事会主席,发起捐款运动,共收到各方捐款 127 万多元,超出总体预算 2 万多元。

胡礼垣有感于日本驻朝鲜统监伊藤博文被刺身亡,开始写作长篇七律诗:《伊藤叹》。

1910 年(清宣统二年庚戌)何启 51 岁,胡礼垣 63 岁。

是年,2 月(正月),胡礼垣写有《梧桐山诗文二集序》。

12 月(十一月),胡礼垣出版刊行《伊藤叹》。该诗集为七律诗,主题是谴责侵略战争,呼唤人类和平,共 125 首,7000 字,先后在王韬主编的香港《循环日报》、英敛之主编的天津《大公报》刊发，引进巨大反响。

1911 年(清宣统三年辛亥)何启 52 岁，胡礼垣 64 岁。

是年，胡礼垣为香山若濂莫君所著《华英达辞字典》作序，阐述了学习外语的重要性。

7 月(六月)，胡礼垣开始撰写长篇叙事诗集《满洲叹》。

9 月中旬(八月)，胡礼垣完成七律诗集《满洲叹》的撰写工作，先是单篇在天津《大公报》上刊载，尔后“辑印成书”。

11 月 13 日(九月二十三日)，胡礼垣发表了讴歌新世纪，喜迎辛亥年的长篇诗集《民国新乐府》(又名《世界反正篇》)。此时距武昌起义仅 33 天。

12 月底，胡礼垣首次上书时任南京临时政府司法部长兼南北和谈南方总代表的伍廷芳，表达了对时局和未来中国前途走向的关心。

1912 年(中华民国元年壬子)何启 53 岁，胡礼垣 65 岁。

1 月底 2 月初，胡礼垣上书时任南京临时政府大总统的孙中山，重点强调弭兵息战，注重实业这一主题。

是年，港英政府赐予何启爵士衔，以表彰他长期以来对香港社会做出的服务贡献及创办香港大学之功。

2 月 14 日后，胡礼垣第二次上书伍廷芳，表达了自己的治国理想和建立“大同世界”的美好愿望。

1913 年(民国二年)何启 54 岁，胡礼垣 66 岁。

11 月，胡礼垣在《梧桐山诗文第三集序》(原名《道学辨正篇》)中，表达了对平等自由的理解。

是年，胡礼垣在给其友梧桐山人邵村田子所作《梧桐山诗文第四集》作序时流露出壮士暮年，空寂无奈的心境。

1914 年(中华民国三年甲寅)何启 55 岁,胡礼垣 67 岁。

4 月,胡礼垣发表《作如是观》(又名《雕龙诗集序》)。

7 月 21 日,何启在香港般含道 45 号 B 寓所突然休克病逝,享年 55 岁。噩耗传来,举港震惊。

7 月 22 日下午,何启的追悼会隆重举行,出席的人数以千计。会后,根据何启生前的遗愿,何启的遗体葬于跑马地基督教坟场。

8 月,胡礼垣发表《灵魂不死》一文,宣扬了其主观唯心主义的宗教哲学观点,表达了对挚友区凤墀、何启去世的思念之情。

是年冬,胡礼垣出版刊行了由 300 首诗结集而成的长篇诗集《德皇叹》,强烈谴责第一次世界大战,声讨侵略战争。

1915 年(中华民国四年乙卯)胡礼垣 68 岁。

1 月,发表《宗教略义》,谴责国家主义、达尔文的进化论,提出"宗教格致须并行不悖"的宗教观点。

是年春天,写有《小壶山馆诗存序》(原名《三生石上》)。

是年仲夏,为《矶头渔老集》作序,表达对富贵功名的看法。

10 月,撰写出《金刚般若驭世经》,畅谈对佛教的认识。

是年底,写有《渐矮》等感叹七律诗,描述晚年孤寂之情。

1916 年(中华民国五年)胡礼垣 69 岁。

是年,胡礼垣坚持锻炼身体,顽强地与病魔作斗争。

10 月 3 日,向儿子恒升交待后事,嘱托将全部著作整理出版。

10 月 14 日,病逝于香港厚丰园无可无不可轩,终年 69 岁,葬于露嘉山。妻子梁氏先逝,生有四子,儿孙 13 人。

2. 人名索引

3. 主要参考书目

1. 马克思、恩格斯《马克思恩格斯选集》,人民出版社,1977 年 9 月版。
2. 何启、胡礼垣著《胡翼南先生全集》,(台湾)文海出版社。
3. 郑大华点校《新政真诠》,辽宁人民出版社,1994 年版。
4.《孙中山全集》第 1 卷,中华书局,1981 年版。
5. 夏东元编《郑观应集》(上、下),上海人民出版社,1982～1988 年版。
6.〔清〕朱寿朋编《光绪朝东华录》,中华书局,1984 年版。
7.《义和团档案史料》(上、下),中华书局,1979 年版。
8. 中国社科院近代史研究所翻译室《近代来华外国人名辞典》,中国社会科学出版社,1984 年 6 月版。
9. 江都于宝轩辑庄辑《皇朝蓄艾文编》,上海官书局印,光绪癸卯七月版。
10. 梁启超《饮冰室文集》(13),(台湾)文海出版社。
11. 罗香林《国父之大学时代》,(台湾)商务印书馆,1972 年版。
12. 冯自由《革命逸史》,中华书局,1981 年版。
13. 陈少白《兴中会革命史要》,南京,1935 年版。
14. 罗香林《国父之家世与学养》,(台湾)商务印书馆,1972 年版。
15. 罗香林《香港与中西文化之交流》,香港中国学社,1961 年版。

16. 罗香林《国父在香港之历史遗迹》,香港珠海书院出版委员会出版,1971 年。
17. 余启兴《伍廷芳与香港之关系》,《寿罗香林先生纪念集》,香港,1970 年版。
18. 刘禹生《世载堂杂记》,中华书局,1960 年版。
19. 容闳《西学东渐记》,岳麓书社,1985 年版。
20. 林友兰《香港史话》(增订本),香港上海印书馆,1985 年版。
21. 子羽《香港掌故》,广东人民出版社,1985 年版。
22. 黄南翔《香江岁月》,香港奔马出版社,1985 年版。
23. 简又文《中国基督教的开山事业》,香港辅侨出版社,1960 年版。
24. 王治心《中国基督教史纲》,(台湾)文海出版社。
25. 李家园《香港报业杂谈》,三联书店香港有限公司。
26. 鲁永成《香港概论》(续编),中国社会科学出版社,1993 年版。
27. 陈昕、郭志坤主编《香港全纪录》(上下),上海人民出版社,1997 年版。
28. 刘锡鸿《英轺私记》,岳麓书社,1984 年版。
29. 中国哲学史组编《中国大同思想资料》,中华书局,1959 年版。
30. 王栻主编《严复集》,中华书局,1986 年版。
31. 吴汝纶编《李文忠公全书》,光绪三十四年印行。
32. 中国史学会主编《洋务运动》,上海人民出版社,1957 年版。
33. 丁贤俊、喻作凤编《伍廷芳集》(上、下),中华书局,1993 年版。
34. 佚名编《伍先生(秩庸)公牍》,(台湾)文海出版社。
35. 伍廷光编《伍廷芳历史》,(台湾)文海出版社。
36. 伍朝枢《伍廷芳博士哀思录·附哀启·诔文》,华东师范大学图书馆藏未刊本。
37. 孙中山《伍秩庸博士墓表》,华东师范大学图书馆藏未刊本。
38. 张之洞《张文襄公文集》,(台湾)文海出版社。
39. 王韬《弢园文录外编》,(台湾)文海出版社。

40. 马建忠《适可斋纪言纪行》,中华书局,1960 年版。
41. 薛福成《庸庵文编》,(台湾)文海出版社
42.《中山大学学报》编委会编《孙中山年谱》,香港大东图书公司,1980 年版。
43. 茅家琦等《孙中山评传》,南京大学出版社,2001 年版。
44. 苑书义《李鸿章传》,人民出版社,1991 年 6 月版。
45. 段云章《孙文与日本史事编年》,广东人民出版社,1996 年版。
46. 郑刚《中国人的命运》,广东旅游出版社,1996 年版。
47. 李泽厚《中国近代思想史论》,人民出版社,1979 年 7 月版。
48. 熊月之《中国近代民主思想史》,上海人民出版社,1986 年 6 月版。
49. 李锦全等编著《岭南思想史》,广东人民出版社,1993 年版。
50. 陈锡祺《孙中山与辛亥革命论集》,中山大学出版社,1984 年版。
51. 吴相湘《孙逸仙先生传》,(台湾)远东图书公司,1982 年版。
52. 韦杰廷、陈先初《孙中山民权主义探微》,广西师范大学出版社,1995 年版。
53.〔英〕阿尔诺·汤因比《历史研究》上册,上海人民出版社,1966 年版。
54.〔美〕萧公权《中国政治思想史》第三册,辽宁教育出版社,1998 年 3 月版。
55.〔美〕萧公权著、汪荣祖译《近代中国与新世界:康有为变法与大同思想研究》,江苏人民出版社,1997 年版。
56.〔美〕柯文著、雷颐等译《在传统与现代性之间——王韬与晚清改革》,江苏人民出版社,1995 年版。
57.〔美〕柯文著、林同奇译《在中国发现历史——中国中心观在美国的兴起》,中华书局,1997 年版。
58.〔美〕韦慕廷著,杨慎之译《孙中山——壮志未酬的爱国者》,中山大学出版社,1986 年版。
59.〔美〕史扶邻著,丘权政、符致兴译《孙中山与中国革命的起源》,中

国社会科学出版社,1981 年版。

60. 〔美〕许烺光著,彭凯平等译《美国人与中国人——两种生活方式比较》,华夏出版社,1990 年版。

61. 〔美〕E. 希尔斯著,傅铿等译《论传统》,上海人民出版社,1991 年版。

62. 〔美〕本杰明·史华慈著,叶凤美译《寻求富强:严复与西方》,江苏人民出版社,1995 年版。

63. 〔美〕巴林顿·摩尔著,拓夫等译《民主与专制的社会起源》,华夏出版社,1987 年版。

64. 〔美〕张灏著,崔志海等译《梁启超与中国思想的过渡(1890～1907 年)》,江苏人民出版社,1995 年版。

65. 〔德〕马克斯·韦伯著,赵一凡等译《新教伦理与资本主义精神》,三联书店,1992 年版。

66. 〔德〕马克斯·韦伯著,洪天富译《儒教与道教》,江苏人民出版社,1995 年版。

67. 〔日〕中村元著《日本宗教的近代性》,东京春秋社,1964 年版。

68. 〔日〕中村元著《宗教与社会伦理——古代宗教的社会理想》,东京岩波书局,1965 年版。

69. 〔日〕实藤惠秀著,谭汝谦、林启彦译《中国人留学日本史》,三联书店,1983 年版。

70. 〔日〕宫崎滔天著,林启彦改译《三十三年之梦》,花城出版社、三联书店香港分店联合出版,1981 年版。

71. 〔日〕日本历史学会编《明治维新人名辞典》,吉川弘文馆,昭和 57 年版。

72. 〔日〕久米正雄著,梁慈修译《伊藤博文传》。

73. 〔日〕日本民友社《伊藤博文传》。

74. 〔日〕沟口雄三著,陈耀文译《中国前近代思想之曲折与展开》,上海人民出版社,1997 年版。

75. 〔法〕勒内·达维著,漆竹生译《当代主要法律体系》,上海译文出版社,1984 年版。
76. 〔法〕费尔南·布罗代尔著,顾良译《资本主义文化论丛》,中央编译局出版社,1977 年版。
77. 〔法〕色何勒-皮埃尔·拉格特、〔英〕帕特里·拉登著,陈庚生等译《西欧国家的律师制度》,吉林人民出版社,1991 年版。
78. 〔法〕沙百里著,耿升、郑德弟译《中国基督徒史》,中国社会科学出版社,1998 年版。
79. 〔法〕安田朴著,耿升译《中国文化西传欧洲史》,商务印书馆,2000 年版。
80. 林毓生《中国传统的创造性转化》,三联书店,1996 年版。
81. 余英时《士与中国文化》,上海人民出版社,1996 年版。
82. 杜维明《现代精神与儒家传统》,三联书店,1997 年版。
83. 汪荣祖《晚清变法思想论丛》,(台湾)联经出版事业公司,1983 年版。
84. 许政雄《清末民权思想的发展与歧异——以何启、胡礼垣为例》,(台湾)文史出版社,1992 年版。
85. 张礼恒《从西方到东方——伍廷芳与中国近代社会的演进》,商务印书馆,2002 年版。
86. 张礼恒《民国外交官伍廷芳传》,河北人民出版社,1999 年版。
87. 钟叔河《从东方到西方——“走向世界丛书”叙论集》,上海人民出版社,1989 年版。
88. 钟叔河《走向世界:近代知识分子考察西方的历史》,中华书局,1985 年版。
89. 章开沅《离异与回归——传统文化与近代化关系试析》,湖南人民出版社,1988 年版。
90. 陈旭麓、郝盛潮主编《孙中山集外集》,上海人民出版社,1990 年版。
91. 郝盛潮主编《孙中山集外集补编》,上海人民出版社,1994 年版。
92. 尚明轩《孙中山传》,北京出版社,1981 年版

93. 王俯民《孙中山详传》(上、下),中国广播电台出版社,1993 年版。
94. 金良年《酷刑与中国社会》,浙江人民出版社,1991 年版。
95. 刘泽华《中国的王权主义》,上海人民出版社,2000 年版。
96. 汤志钧编《康有为政论集》上册,中华书局,1982 年版。
97.《论语》。
98.《孟子》。
99.《礼记》。
100.《荀子·王制》
101. 朱熹《四书章句集注》。
102. 黄宗羲《明夷待访录·原君》。

后记

踏入学术研究这个领域以来，时常听到老先生们说道："做学问就像女人生孩子，个中滋味只有自己知晓。"开始不懂，现在渐懂。十月怀胎，一朝分娩。随着婴儿的一声啼哭，女人完成了一生的重大转折。细细思量，感慨万千。抚摸着厚厚的书稿，回忆起成书的每一个细节，由衷感叹老先生们的比喻，真乃人生箴言。

拙著《何启、胡礼垣评传》终于完成了。特别是当听到书稿通过的消息时，我有一种暂时获得解放的喜悦。但在经过了几天的休整之后，心中总觉得这件事并没有结束，由撰写该书所聚结的激情并没有完全燃烧，还有许多话，言犹未尽。古人云：如鲠在喉，一吐为快。今借拙著交付印刷之际，略表寸心，以达吾意。

套用老先生们的话，撰写该书的我应该算是一个"大龄产妇"了。这并非说我年龄有多大,因为读者可以从扉页上的作者简介中得知,而是指写作过程中有形无形的事情太多。虽不敢如"东林七子"所称:家事、国事、天下事,事事关心,但其中有许多事还是要事必躬亲的,因为生活中的人们是无处可逃的,更何况,你逃得了初一,又如何能逃得过十五呢?无奈中,只有勇敢面对。想当初,南京大学思想文化研究中心经过慎重考察,同意了师兄闾小波的推荐。合同签过后,我有一种真实的成就感,一个终于怀孕的女人的感觉,我想大概也就是如此吧。任务接受了,随之而来的便是孕育期。在北京、上海、济南、聊城大学等各大图书馆遍查资料后,我有一种忧喜交错的感受。忧的是,截止目前,国内外学术界在对何启、胡礼垣这两位曾经在近代中国史产生过重大影响的历史人物的研究上存在着明显的不足。虽然也有不少论著问世,但准确地说,已有的成果,要么带有鲜明的阶级斗争的痕迹,对何、胡二人的评价存有不切实际的苛求;要么只是选择了何、胡思想的某一个横断面,无法让人全面了解何、胡的思想旨趣,当然也就谈不上对何、胡风雨人生的把握了;要么对有些问题干脆置之不理,如在对胡礼垣留诸后世的大量诗词、佛教论著的研究上基本上就是一个空白。其实这些内容既能显现胡礼垣思想演变的轨迹,本身又是胡礼垣思想的一个重要组成部分。更让人困惑不解的是,在对有关何、胡史料的使用上,前人、今人都存有不同程度的误解、误读,最典型的当属对陆廷昌先生所写《胡翼南先生事略》的引用上,几乎所有的人都将其作为信史看待,其实略加考证便会知晓,其中存有不少常识性的错误。前人有疏漏,后人自然难以身受恩泽。在这样一个学术层面上,能否搭建学术高层,当初我心中真有些担忧。喜的是,在最困难时期,我想起了伟大领袖的精辟语录:"一张白纸,好画最美的图画。"虽说用在此处并非完全贴近,无助中反正我是这样理解、使用了,并且这种信念一直支撑着我写完该书。

思想认识问题解决了,便进入真正的酝酿期。现代优生学理论提醒人们:怀孕期间,孕妇除摄入足够的营养物质之外,还必须保持一种平静、祥和的心境。这样产下的后代才能发育良好,身心健康。其实这种理论并不深奥,大凡有过独立学术体验的人都有同感。单就个体的人而言,要想成就一番事业,或在学术上有所建树,除天时地利人和外,还必须有经年累月的积累和一颗平常的心。话说容易做到难,尤其是在当今这个充满诱惑、物欲横流的社会,在一个处处按照指标体系量化的时代,要让一个读书人真的做到上述两点并非易事。更何况有许多时候,你不找事事找你。在该书的撰写过程中,烦心事就曾一次次打破我的平静,有时甚至寝食难安。记得在去年中秋节过后不久,所在学院一名学生因种种原因在三次服毒之后终于如愿以偿。此事虽经公安机关侦查,结论是与学院没有关系,但在法制尚未健全,尤其是法制观念尚未深入人心的国度里,死者的家属还是屡屡理直气壮地到学校吵闹,提出各种难以接受的条件,时间前后长达一个月之久。而由此所造成的后遗症则决非数月间就能平息,自然也就谈不上保持心理的宁静了,书房的灯光伴我度过了长达月余的不眠之夜。人生中的磨难仿佛在一夜间登堂入室,不期而遇。所幸的是我挺了过来。事后思忖,帮我脱离苦海的,既非万能的上帝之手,也非佛法无边的菩萨,更不是冥冥中的上天,而是人间的爱,对美好生活的向往和为人父的责任感。正是这些牵挂、依恋扶持着我，一步步爬出了生活中的深渊，深一脚浅一脚地趟过了人生中的沼泽地。风雨过后，未必一定见彩虹。如今的我比起往昔，更是平和，更具弹性。具体到本书的撰写过程，也大致如圣人云："祸兮福所倚，福兮祸所存。"在最痛苦的时候，我的手段就是强迫自己将心思用于读书、打字上，用心去触摸何启尤其是胡礼垣的灵魂，用心去与古人谈天说地，用心去感受他们的喜怒哀乐，用心去体味他们人生中的苍凉与期待。就全书而言，这是我写作速度最快，自我感觉最满意的部分。

该书的孕育期就这样度过了。南京大学思想家研究中心蒋广学先生一纸书稿通过的来函，宣告了《何启、胡礼垣评传》的呱呱落地。我期盼着下次是顺产而非难产。

在书稿付梓之前，我要特别提出，是闾小波教授为我搭建了联系的桥梁；学生韦玉娟、王莲凤在学业繁忙之际，为我收集到了大量珍贵的资料；南京大学中国思想家研究中心的蒋广学先生，为该书的出版提出了诸多具体而精当的意见，体现了学者的严谨。阎居梅女士作为该书的责任编辑，本着精益求精的原则，对书稿进行了精雕细刻，表现出高度的责任感。聊城大学图书馆的张学军女士，为该书的写作在资料方面给予了大力帮助。

对于所有爱我、关心我的人，谨在此一并表示诚挚的谢意！

张礼恒

2004 年 10 月于书房

图书在版编目(CIP)数据

何启 胡礼垣评传/张礼恒著. —南京:南京大学出版社,2005. 12(2007. 4 重印)

(中国思想家评传丛书/匡亚明主编)

ISBN 978 - 7 - 305 - 04395 - 6

Ⅰ. 何...　Ⅱ. 张...　Ⅲ. ①何启-评传②胡礼垣-评传　Ⅳ. B259. 9

中国版本图书馆 CIP 数据核字(2005)第 012143 号

中国思想家评传丛书

何启 胡礼垣评传

张礼恒　著

南京大学出版社出版发行

社址:南京市汉口路 22 号　邮编:210093

电话:025 - 83596923　025 - 83592317　传真:025 - 83328362

网址:http://press. nju. edu. cn

电子邮件:nupressl@publicl. ptt. js. cn

南京爱德发展有限公司印刷

开本 850×1168　1/32　印张 12. 125　字数 280 千

2005 年 12 月第 1 版　2007 年 4 月第 2 次印刷

印　　数　2001—3500

ISBN 978 - 7 - 305 - 04395 - 6

定价:30. 00 元